Total Leadership
for Purchasing Professionals

采购全方位领导力

宫迅伟 杨瑞霞 宫子添 著

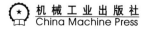
机械工业出版社
China Machine Press

图书在版编目（CIP）数据

采购全方位领导力 / 宫迅伟等著 . —北京：机械工业出版社，2022.12（2023.8 重印）
ISBN 978-7-111-71990-8

I. ①采⋯　II. ①宫⋯　III. ①采购管理　IV. ① F253

中国版本图书馆 CIP 数据核字（2022）第 209231 号

采购全方位领导力

出版发行：机械工业出版社（北京市西城区百万庄大街 22 号　邮政编码：100037）
责任编辑：岳晓月　　　　　　　　　　　　　　责任校对：龚思文　王明欣
印　　刷：保定市中画美凯印刷有限公司
版　　次：2023 年 8 月第 1 版第 2 次印刷
开　　本：170mm×240mm　1/16
印　　张：18.75
书　　号：ISBN 978-7-111-71990-8
定　　价：79.00 元

客服电话：（010）88361066　68326294

版权所有·侵权必究
封底无防伪标均为盗版

采购全方位领导力就是，在做决策时上升一个维度，站在公司视角；在执行时下降一个维度，站在基层视角；所有行为从供应链维度，站在客户视角。

体现领导力的最佳视角就是，领导谁、服务谁，就站在谁的视角。

Preface 序言

5S 领导力，成就领导者

毫无疑问，每个采购人都需要领导力。采购负责连接内外部资源，是数据交互的枢纽，不管是组织变革、流程优化、效能提升、持续改善，还是自身想拓宽职业通道、升职加薪，都需要领导力。很多采购人的短板，就是领导力。

什么是领导力？据说有90多种定义。有高大上的定义——"动员大家为了共同愿景努力奋斗的艺术"，有通俗落地的定义——"让别人听你的，一起去解决一个难题"，有绕口的学术定义——"带领人们实现自己无法实现目标的能力"。无论哪种定义，有一点大家是有共识的，领导力不是职位权力，而是一种个人影响力——一种非职位的影响力。

领导力的英文是leadership，重点不是leader（领导），而是relationship（关系）。领导力是管理周边关系、动员他人支持自己、实现工作目标的能力，本质上是一种人际关系技能、一种影响他人的能力。组织中的每一个人都会去影响他人，也会接受他人的影响，因此，每个人都需要有领导力。领导力是一种达成目标的工具，采购领导力就是动员一切力量、利用一切资源、克服一切困难解决问题，完成采购工作任务的能力。

采购需要面对上级决策者（sponsor）、内部利益相关者（stakeholder）、下属及其他支持者（supporter）和外部供应商（supplier），加上自身（self），需要5个方向的领导力，即逆向领导力（sponsor leadership）、协同领导力（stakeholder leadership）、支持者领导力（supporter leadership）、供应商领导力（supplier leadership）及自我领导力（self-leadership），简称"5S领导力"。我们将每个方向（维度）总结出5个习惯：4个积极习惯，即正向行为，践行这些行为就会增强领导力；1个消极习惯，即负向行为，这样做就会削弱领导力。它们构成了5S领导力行为矩阵（见表P-1）。本书分为5个部分，每个部分讲述1个维度；每个部分分为5章，前4章为积极习惯，最后1章为消极习惯，每个习惯即一种行为；全书共25个行为习惯，帮助采购人打造5S采购全方位领导力。作为一名采购人，需要向外展示领导力行为，向内修炼自己。

表 P-1　5S 领导力行为矩阵

5S 领导力	正向行为				负向行为
逆向领导力	解决难题	主动沟通	陈述事实	提供选择	服从权威
协同领导力	共启愿景	承担责任	集体决策	创造价值	本位思考
支持者领导力	明确目标	提供支持	给予反馈	激励结果	忽视情绪
供应商领导力	营造公平	共享信息	信守承诺	分担风险	追求单赢
自我领导力	精益求精	知行合一	破解僵局	吐故纳新	身份陷阱

我注意到，大多数涉及"推动变革"的书里都会提到领导力，不管是数字化转型，还是战略采购、流程优化、绩效提升。在出版行业，领导力类和管理类书籍的销售比例大约为5：1。可见，人们多么期待自己也有领导力，期待自己有能力"叱咤风云""纵横捭阖""力排众议"，当然也有人期待"前呼后拥""俯首帖耳""唯命是从"。后者不是领导力，而是权力。领导力不是职位权力，与头衔无关，它是一种影响力、沟通力，一种说服能力。

其实，领导力和管理本就是分不开的，任何一个经理人身上都同时具备这两种能力。管理更多强调的是权力，是可以被授予的；领导力更多强调的是非权力，是个人的影响力。领导力和执行力是一个硬币的两面，往下看是执行力，往上看是领导力。领导力强调引导、激励，执行力强调落地、结果。

在充满不确定和动荡的时代，问题在变、技术在变，人也在变，只有领导力永恒不变。领导力强调挑战现状，领导变革；管理强调维持秩序，提升效能。有领导力的人不会去过多抱怨，而是动员一切力量解决问题，他们会把问题当作机遇，把困难当作挑战。

相较那么多领导力的书，本书有什么不一样？

如果你在哈佛商学院贝壳图书馆的目录中搜索关键词"领导力"，你会获得超过 1.2 万个条目，亚马逊提供了 2000 多本关于领导力的书；通过谷歌搜索"领导力"一词，你会获得 1.88 亿条相关内容，通过百度搜索你会获得 1 亿条。

虽然书很多，但你可能感觉"大多数毫无用处"，因为它们都是描写"大人物"的，和你离得太远；或者纠结讨论"领导"和"管理"的区别；或者讨论"领导力"与"执行力"的区别，不解决实际问题；或者强调领导力是艺术，讲了很多心法，不落地实操，令读者难以学习。

其实，领导力不是强调你是什么、有什么、知道什么，而是你做什么。领导力是一系列"行为"的组合，而这些行为将会激励人们跟随你去要去的地方。领导力大师沃伦·本尼斯（Warren Bennis）说："领导力就像美，它难以定义，但当你看到时你就知道了。"

本书不一样的地方

（1）本书讲述凡人如何成功，而不是发掘"伟人"特质。本书讲述的是普通人如何动员他人实现最佳绩效，带领团队成功实现企业目标，同时拓展个人职业发展通道。

（2）本书强调解决当下问题，而不强调描绘愿景。虽然领导力主张描绘愿景、指明方向、明确战略，但我觉得，其实质还是面向未来解决当下问题，这是采购经理人的使命。

（3）本书置身采购场景，而不是泛泛讲领导力。本书讨论如何解决采购问题、完成采购任务、实现采购目标。我们把这些典型领导力行为萃取出来，写成书分享给大家，供大家学习模仿。

如何提升采购领导力

领导力是完全可以通过学习获得的。很多社会心理学家认为"多做好事就会变成好人",强调行为对思维的影响。换句话说,我们要先在行为上表现得像一个领导者,而后才会像领导者一样去思考、去做事。改变要靠行动,领导力不是强调认知,而是强调行为。读十本领导力的书,也不如按照本书做出一项改变。

《采购全方位领导力》是一本实用性很强的领导力提升指南,能帮你快速提升采购领导力。只要照着去做,本书就可以成为操作手册,让你从芸芸众生中脱颖而出,把自己和周围伙伴的最佳状态激发出来,从优秀走向卓越。拥有《采购全方位领导力》,不仅能让你在工作岗位上成为最佳员工、最佳经理,更能让你成为行业领袖,成为人人爱戴的合作伙伴。

本书与"SCAN专业采购四大核心能力"系列书籍一起构成了SCAN采购专家认证参考书,是中国机械工程学会国家级继续教育基地采购与供应链培训指定教材,不仅可以用于修炼自己从而提升领导力,还可以是领导者、咨询师、培训师做一对一教练、领导力工作坊、大型领导力提升项目的参考书。

最后,还是不得不说,领导力博大精深,我们的研究很是不足,若有疏漏,还望读者朋友们包涵,欢迎各位专家学者批评指正。有任何意见或建议,欢迎大家发邮件给我:gongxunwei@cipm-china.com。

本书已被纳入中国机械工程学会培训教材系列。

宫迅伟

中采商学首席专家

"中国好采购"案例大赛创始人

国家级培训基地采购与供应链首席专家

Acknowledgements
致谢

为了写好本书，让采购朋友们感同身受，我前后历时3年，组织了18次线下讨论，访谈了超过100位供应链资深人士，学习阅读了大量国内外领导力著作。我有30余年采购与供应链管理工作经验和咨询培训经验，在写作本书时我从中整合萃取了针对采购的"5S采购全方位领导力模型"。

2022年春，有两个多月的时间我居家沉淀，深入思考，将3年来准备的资料进行梳理消化。同时，在闭关写书过程中的社会见闻，更让我和身边的伙伴感受到了采购领导力以及专业供应链管理能力的重要性。

在本书交付出版之际，我想特别感谢，为本书的编写出版提供帮助的采购同人、供应链人士、领导力及人事管理相关人士，以及其他提供大力支持的朋友。

参与本书目录框架讨论的有：杨瑞霞、霍绍由、金勇、闫宝宏、王尧民。参与前期策划讨论的有：赵平、汪浩、邓恒进、唐振来、王曦。参与访谈的有：龚映泉、李春平、闫宝宏、武建军、欧阳萍、刘婷婷、沈敏、吴妘蓁、李志刚、柳春华、赵瑞云、祝园园、陈小妮、钟国添、张丝、周敏、周玲玲、李君君、李洪展、刘彦、黄光麟、贡麒麟等众多的采购经理人，他们提供了宝贵的案例素材。

感谢潘强、汪亮为访谈提供的专业指导。

特别感谢中采商学 CEO 陆婉清和编辑范颖为梳理案例提供的支持。

特别感谢美国佩珀代因大学商学院领导力与组织变革专业宫子添等师生提供的专业建议及讨论。

感谢机械工业出版社编辑为本书成功出版提供的帮助支持。

再次感谢所有为本书出版提供帮助与支持的朋友,希望本书能成为读者满意的、相伴终身的指导指南。

Contents

目录

卷首语

序言

致谢

导论　小王变大王，他的领导力是什么　/1

第一部分　逆向领导力
——获取上级支持，完成工作任务

第一章　解决难题　/12

第一节　慕强理论：做攻坚克难的强者　/13

第二节　找对难题，领导认定的难题才是难题　/14

第三节　借助资源，领导也是资源　/17

第四节　超越职责，要比领导想得多　/19

第二章　主动沟通　/23

第一节　影响理论：主动沟通保证决策有效　/24

第二节　沟通前，想想为什么找领导　/25

第三节 找对时间，沟通更有效率 / 28
第四节 沟通时，注意沟通策略 / 30

第三章 陈述事实 / 33

第一节 三现主义：让丰田成为第一 / 34
第二节 讲述事实，不做主观推断 / 35
第三节 涉及他人，不做定性评价 / 38
第四节 突出重点，不做流水账 / 40

第四章 提供选择 / 43

第一节 决策理论：要请示，不要总是请教 / 43
第二节 提供选择题，而不是问答题 / 45
第三节 要有操作性，不求"高大上" / 47
第四节 逼上级决策，不要拖到下次 / 50

第五章 服从权威 / 53

第一节 迷信权威：领导可能是错的 / 54
第二节 上级不一定总是对的 / 56
第三节 上级不一定了解情况 / 58
第四节 如何向上级表达不同意见 / 61

第二部分 协同领导力
——协同横向部门，达成步调一致

第六章 共启愿景 / 66

第一节 愿景领导：推动品类管理，实现跨部门协同降本 / 67
第二节 多说自己难处，多问别人难题 / 68
第三节 跳出当下，看看公司目标 / 70
第四节 求大同存小异，统一行动计划 / 73

第七章　承担责任　/ 76

第一节　敢于担责：为什么大家不喜欢老张　/ 77
第二节　油瓶子倒了，首先是把它扶起来　/ 78
第三节　出现争议时，第一个站出来　/ 80
第四节　说"不"时，同时指出另一条路　/ 82

第八章　集体决策　/ 85

第一节　集体智慧：如何降低决策风险　/ 86
第二节　会议是工具，学会使用它　/ 86
第三节　借助专家，达成一致　/ 89
第四节　回访跟踪，确保决策闭环　/ 91

第九章　创造价值　/ 95

第一节　双赢思维：促进部门协同　/ 96
第二节　站在对方立场，解决问题　/ 97
第三节　使用对方语言，更好沟通　/ 99
第四节　走出办公室，做业务伙伴　/ 102

第十章　本位思考　/ 105

第一节　竖井思维："急急急，就你急"　/ 105
第二节　"这是公司规定"　/ 106
第三节　"这是公司给我的指标"　/ 109
第四节　"不是我的事儿"　/ 111

第三部分　支持者领导力
——激发内驱力，提升组织能力

第十一章　明确目标　/ 116

第一节　目标管理：咬住目标，迸发无穷力量　/ 117

第二节　目标要具体化　/ 119

第三节　目标要可衡量　/ 121

第四节　目标要可实现　/ 123

第五节　目标要有相关性　/ 125

第六节　目标要有时限　/ 127

第十二章　提供支持　/ 131

第一节　支持理论：没有业绩，是员工的错还是领导的错　/ 132

第二节　做培训师，教员工快速提升　/ 133

第三节　做教练，激发员工潜能　/ 136

第四节　成为导师，指导下属成长　/ 138

第十三章　给予反馈　/ 142

第一节　反馈理论：我特别差劲吗，请你告诉我　/ 143

第二节　绩效反馈，好坏都要说　/ 144

第三节　正面反馈，结构化更有效　/ 147

第四节　负面反馈，要成为正激励　/ 148

第十四章　激励结果　/ 152

第一节　美好心理：除了奖金，还有什么激励方法　/ 153

第二节　建立信任，铺就领导力的基石　/ 154

第三节　充分授权，不是弃权　/ 156

第四节　及时认可，错过就错了　/ 158

第十五章　忽视情绪　/ 162

第一节　踢猫效应：压力或快乐，哪个更能让人成就卓越　/ 163

第二节　管理好自己的情绪　/ 164

第三节　疏导支持者情绪　/ 167

第四节　引导团队的工作氛围　/ 170

第四部分　供应商领导力
——撬动供应资源，提升供应链竞争力

第十六章　营造公平　/ 174
　　第一节　公平理论：为什么供应商最后都变差了　/ 175
　　第二节　公平机会，能力催化剂　/ 176
　　第三节　公平地位，伙伴黏合剂　/ 178
　　第四节　公平交易，关系防腐剂　/ 181

第十七章　共享信息　/ 185
　　第一节　啤酒效应：都是信息不同步惹的祸　/ 186
　　第二节　思想协同，心往一处想　/ 187
　　第三节　利益协同，力出一孔　/ 190
　　第四节　行动协同，动作一致　/ 193

第十八章　信守承诺　/ 196
　　第一节　立木取信：为什么出高价还买不到货　/ 197
　　第二节　谨慎承诺，树立口碑　/ 198
　　第三节　积极沟通，主动就是先机　/ 200
　　第四节　及时补救，真诚善良也是领导力　/ 204

第十九章　分担风险　/ 207
　　第一节　互惠定律：原材料涨了，是否要给供应商涨价　/ 207
　　第二节　共建风险机制　/ 209
　　第三节　共担风险损失　/ 212
　　第四节　共同及时补救　/ 214

第二十章　追求单赢　/ 218
　　第一节　零和游戏：杀鸡取卵，降价不可持续　/ 218

第二节　不要一味追求低价　/ 220

第三节　不要一味推卸责任　/ 222

第四节　要让供应商有赢的感觉　/ 225

第五部分　自我领导力
——提升个人魅力，增加影响力

第二十一章　精益求精　/ 230

第一节　专家权力：成为采购专家，领导力自然提升　/ 230

第二节　多读几本书　/ 232

第三节　多上几次课　/ 234

第四节　多参加社团活动　/ 236

第二十二章　知行合一　/ 239

第一节　二化融合：点亮采购人生　/ 240

第二节　能力显性化，让大家"看见"你　/ 241

第三节　知识结构化，全在点子上　/ 243

第四节　个人品牌化，有事就找你　/ 246

第二十三章　破解僵局　/ 249

第一节　遇到僵局，学会寻找突破口　/ 249

第二节　不要单线程，要学会"传球"　/ 251

第三节　学会说"不"，工作不纠结　/ 252

第四节　不要死心眼，要学会变通　/ 255

第二十四章　吐故纳新　/ 258

第一节　四种创新：吐故纳新，助力创新　/ 258

第二节　做市场机会的发现者　/ 260

第三节　做新事物的体验者　/ 263

第四节　做科技进步的洞察者　/ 265

第二十五章　身份陷阱　/ 269

第一节　身份认同："我是谁"，重要吗　/ 269
第二节　降本至上，找错了方向　/ 271
第三节　低调被动，弱化了形象　/ 274
第四节　甲方思维，难时无人帮　/ 276

后记　/ 280

参考文献　/ 281

Introduction
导论

小王变人王，他的领导力是什么

我不想当领导，是否还需要领导力？上级领导要求我们要有执行力，执行力和领导力有什么关系？我读过 MBA，学过很多管理知识，还需要学习领导力知识吗？书里讲的道理我都懂，我怎么还是没有领导力呢？我好像没有做领导的性格特质，那么如何提升领导力？以后都智能化了，可以用数字化手段管人了，还需要领导力吗？

当你翻开本书时，或许有很多困惑，那么先让我们看一个故事。

小王是我以前的一个下属，后来去了一家德国公司做中国区采购经理，前不久他被中国一家民营企业挖过去做集团供应链总监。

说是供应链总监，其实就是采购总监。现在很多人对供应链和采购有些分不清，认为采购就是要管供应商，甚至要管到供应商的供应商，这不就是供应链嘛，这其实是一种很片面的看法。按照国际供应链协会发布的供应链运作参考模型（SCOR），在企业内部，供应链包括计划、采购、生产、交付、退货5个环节，采购只是其中一个环节。也有很多人对供应链和产业链分不清，所以媒体在表述的时候，往往都把产业链和供应链放在一起说。区分采购、供应链、产业链不是本书的任务，只是想在这里提示一下，大家理解的不同，会给沟通带来很多困扰，需要注意。

小王告诉我他在做供应链总监的时候，我就开玩笑跟他说，你现在是小王变大王，职务升高了，管理范围变宽了，对你的领导力将是一个巨大的考验。

那年我招聘他进公司，他还不到30岁，是个帅气聪明的小伙子，我们都亲切地称呼他小王。如今10多年过去了，他40出头，年富力强，是干事业最好的年纪。当时参加面试的有好几位，有一件事情他给我的印象特别深，那就是他在面试结束之后，走的时候把桌上的纸杯都收走，放进了垃圾桶，把座椅推回了原处。

这家民营企业的老板看中了小王的经历：德国企业的工作经验，上海名校MBA毕业，15年采购工作经验。

该民营企业是一家制造型公司，老板从零起步创业，现在已经发展成集研发、生产、销售于一体，跨多个领域经营的集团化公司，如今在中国有8家公司，分布在苏州、宁波、东莞、无锡等地。

一个日本客户的采购向这家公司的老板反映了一个情况，这促使老板想招一名专业的采购。原来，其苏州工厂和东莞工厂共同服务于该日本客户，日本客户的采购人员发现，这两家工厂报价中，同样的物料采购价格居然不一样。

老板也发现了很多管理问题，他询问8家公司的总经理，而这些总经理也说不清。他们要么技术出身，要么销售出身，平时对采购也不是特别关注，如果老板确实想了解情况，他们就只能去询问各相关部门。8家公司将资料提交给老板，老板不知道从何处开始分析，因为没有汇总。

老板觉得这样下去不行，需要找一名专业的采购，于是通过猎头公司找到了小王。面试之后，老板对小王特别满意，就发了入职通知书。

小王也是信心满满，因为老板说了一句话，"公司挣来的钱差不多有一半被采购花掉了，采购节省下来的每一分钱都是利润"。他觉得自己遇到了一个好老板，很懂采购。自己的阅历和年龄都是干事业的好时候，在那家德国公司也遇到了职业生涯的天花板，如果能到这家民营企业，这些年练就的"武功"，也有了用武之地，他愉快地接受了邀请。

我们来分析一下，王总到岗之后，他需要做些什么事情？作为一名空降兵，他该如何推动工作才能获得成功？

他首先需要把分散在各个部门的采购集中到子公司采购部，然后把分散在各个子公司的采购集中到集团，这样王总就可以通过集团采购部管到各个子公司，通过各个子公司的采购部管到各个部门的采购，这样就上下打通了，把集团所有采购工作形成一个整体。我是搞咨询的，我把它叫作"两个集中"。将分散采购变成集中采购，这会改变大家的工作习惯，会对权责进行重新分配，这是一件非常不容易的事儿。

假设我们是这位王总，我们会怎么做？也可以设想一下，他会遇到哪些困难？他手中有什么权力？或者说，他需要有什么样的领导力才可以推动这件事？

他要做哪些事，需要什么样的领导力

（1）他首先要说服老板，让老板支持自己。这就需要逆向领导力，也就是向上领导力。

说服老板似乎很容易，因为老板招聘他来就是要他改变现状的。从这个角度说，老板的立场同王总的立场是一致的。但是，从另一个角度说，老板也是最不容易被说服的，因为老板有过去"成功"的经验，一般的观点很难说服一位老板，说服一个成功的人。另外，这涉及组织架构的调整，老板也需要慎重，要考虑各个子公司总经理的感受。公司有强力的KPI考核，这些总经理肩上扛着利润指标，子公司是创造利润的部门，一般情况下老板也不太愿意"得罪"这些子公司的总经理。

（2）他要说服子公司总经理，让大家配合自己。这就需要协同领导力，也就是横向领导力。

"两个集中"是一场管理变革，需要子公司把一部分权力让渡出来，交给总部王总。这件事情不是集团下一个文件就能够让大家心服口服的，需要做很多的沟通工作。否则，作为一个空降兵，这些横向部门如果不配合，王总是很难开展工作的。要别人把"权力"交出来，有时是很困

难的。

（3）他要说服下属，让大家自动自发地配合自己。这就需要激发支持者的内驱力，这是支持者领导力，也就是向下领导力。

说服下属似乎很容易，甚至不需要说服，只要命令就可以了。其实也没有那么容易，这些下属有一些可能是老板的亲戚，有一些是建厂时就在的资深老员工，还有一些跟其他主管有着千丝万缕的联系，即使是一些普通员工，尤其是一些"90后""00后"，也不是简单靠命令就可以管的。总之，王总到这里来工作，不会立刻让大家心服口服。他来之前，还有好几个人惦记着这个岗位，现在王总来了，大家也就没有了机会，有些人心里肯定不服。

（4）他还要说服供应商，让供应商心甘情愿地配合自己。这就需要供应商领导力。

表面上看，作为采购，对供应商有高度的管控权力，其实不一定。有些供应商很强势，比买方力量大；有些供应商是客户指定的；有些供应商是曾经和老板一起创业的；有些供应商虽然小，但是与公司合作有20年了，与公司很多人都非常熟悉，看上去像老朋友一样。

（5）最重要的是，他要说服自己，战胜一切困难，实现"两个集中"。这需要自我领导力。

他要让大家"看见"这种变化给公司带来的好处，让大家"看见"他的专业性，让大家"看见"他的领导力。领导力，不是内在的认知，而是外显的行为，是通过语言和行为影响他人的能力。没有人知道你是怎么想的，甚至都没有人关注你是怎么说的，大家最为关注的是你是怎么做的。

当然，表面上大家对王总都是欢迎的，大家也看到了管理当中存在的一些问题，希望他把公司的采购管理带上一个新台阶。但是，大家也有些担心，以前有很多自主权，如果王总用一套非常规范的流程来约束大家，这些权力还有吗？王总对公司不熟悉，他的那一套管理办法真能够有好效果吗？是否会水土不服呢？

来到这个陌生的公司，面对这些陌生人，要进行组织变革、流程优化，这对王总来说是一个非常大的挑战，需要他全方位的领导力。有些好心人，包括同样从外企过来的人力资源总监，都替王总捏把汗。

 小师妹插嘴
听上去很复杂，我听过很多"空降兵"失败的例子。

 学霸掉书袋
这就要看他的领导力了，领导力不就是解决难题吗?

他有什么样的领导力

在管理学的教材里，或者社会心理学的教材里，都会讲到 5 种权力，也就是说，有 5 种权力能够"让别人听你的"。

1. 法定权力

法定权力（legitimate power），也叫合法权力，是指一个人通过法定程序，在组织中获得职位和职务后所拥有的权力，它来自正式或官方的明确授权。你代表的是组织，挑战你，就是挑战整个组织。

2. 奖赏权力

奖赏权力（reward power），也叫报酬权，就是通过许诺或给予奖励来引导别人做事。人们之所以服从他人，是因为服从能给自己带来好处，可以是金钱，也可以是机会。

3. 惩罚权力

惩罚权力（coercive power），也叫强制权力，它是建立在畏惧之上的。如果一个人不服从的话，就可能产生消极的后果，遭受处罚或被剥夺权力。

4. 专家权力

专家权力（expert power），来自个人的专业信息或专长。知道的比别人多，就具有专家的权威性；比别人强，别人就愿意听你的。专家权力中有一种特殊权力，被称为信息权力，你消息灵通，拥有最新资讯、权威信息，就能影响他人。

5. 参照性权力

参照性权力（referent power），也叫典范权力，也就是榜样的力量，是一种人格的魅力。你的价值观、做事方法让别人感到你值得信任和尊重，于是大家就会愿意追随你。以身作则就是一种榜样的感召力。

领导力就是让别人听你的，可别人凭什么心甘情愿地听你的？一方面是职位带给你的影响力，另一方面就是你个人的影响力。法定权力、奖赏权力、惩罚权力，都是职位带来的影响力；专家权力、参照性权力，都是个人的影响力。

大师们研究的领导力主要指后面两项，也就是非职务的影响力。个人的影响力，是一种不需要组织给予和赋权就能产生的领导力，它是一种说服和示范能力，包括你的知识和能力。它包括你的行业知识的深度与宽度、系统化与结构化程度，你的预见能力、创新能力、沟通能力、决策能力等，也包括你是否有正确的价值观，是否能言行合一、以身作则，成为大家学习的榜样等。

有一点需要注意，奖赏权力，不一定有职位才有这种权力。作为一名普通员工，也可以通过表扬另外一个人来获得这种影响力，有时候平级之间，甚至下属对于上司，奖赏权力都可能存在。

什么是领导力？不同的大师有不同的解读，但我还是喜欢这句最简单最直接的说法：领导力就是让大家听你的，领导力就是解决难题。王总需要动员大家帮助他一起解决集中采购的管理难题，提升采购绩效，让自己主管的部门成为卓越的采购组织，这就需要王总的领导力。现在，摆在王总面前的就是一个领导力的课题。

王总是集团级总监，拥有法定权力、奖赏权力和惩罚权力，但是你觉得他靠这些公司给予的职位权力就能够推动管理变革成功吗？如果只需要具备这些权力就能获得成功，那就不需要王总了，张总、李总也可以。可见，此时需要王总强大的个人能力——专家权力和参照性权力。这让我想起我在中国一汽集团总部担任秘书的时候，我的领导讲过的一句话：不是让你当领导，你就具备了领导力。这句话至今都让我记忆犹新。他说的"让你当领导"指的是职位，他说的"领导力"指的是个人能力。

领导者与管理者有什么区别

或许我们认为王总是著名大学的 MBA 毕业生，一定具有领导力。其实 MBA 是工商管理硕士，所学课程更多讲的是管理，而不是领导。很多教材中都在极力解释领导和管理的区别。

我学过的 MBA 教材这样写道：管理者与领导者不同，管理者是被任命的，拥有合法的权力进行奖励和处罚，其影响力来自他们的职位所赋予的权力；领导者可以是任命的，也可以是从人群中产生出来的，可以不运用正式的权力来影响他人。德鲁克说：管理者是正确地做事，领导者是做正确的事。

我倒很喜欢这句"管理是维护秩序，领导是实现变革"。这句话把管理和领导说得很清楚，一个着重在"现状"，一个强调"变化"。比如，说设备管理或者管理一家公司的时候，说的都是维持秩序，也就是维持其正常运转；讲到变革的时候，都说领导变革，很少说管理变革，强调的是变化。我们平时认为有领导力的人，都是那些善于引领变化、领导变革的人。

本书不去深究管理者和领导者的区别，因为在实践中它们不是指两个人，而是一个人身上呈现的两种气质。一个卓越的领导者，一定是一个卓越的管理者；一个卓越的管理者，身上必有卓越的领导者气质。王总此时需要的就是领导变革，而不是维持秩序。另外，王总还需要注意一点，外在的表现比内在的认知更重要，我相信王总的管理学知识足够，况且他还有德国企业 10 多年的历练。大家看到的领导力，不是王总的认知，而是他的行为。

领导力与执行力有什么区别

或许我们也会认为，只要王总多请示老板，按照老板的意思行事就可以了。这就涉及领导力和执行力的问题。所谓执行力，指的是贯彻战略意图，完成预定目标的操作能力。王总作为老板的下属，当然需要这种执行力。但王总也有下属，还需要与横向的子公司及集团职能部门沟通，还需要与供应商沟通，还需要与老板沟通，需要说服大家接受自己的主张，配合自己行动，这些都需要王总的领导力，因为王总需要动员周围所有人支持他推动集中采购，包括老板、横向部门、供应商，以及自己的下属，当然最重要的是他自己，这是 5 个 S，即构成本书 5S 采购全方位领导力。

领导力与执行力都属于管理理念，两者之间既有联系又有区别。在企业管理中，往下一级是执行力，往上一级便是领导力。执行力强调的是结果，而领导力强调的是下属自愿服从安排。领导力和执行力是一个硬币的两面，往下看是执行力，往上看是领导力。领导力是一种关系，强调领导者与追随者之间的关系；领导力是一种影响力，让别人心甘情愿地跟随你一起去解决难题。

再一次说明，本书不去深究领导者与管理者的区别，也不去深究领导力与执行力的区别，所有这些能力都是一个人身上需要具备的能力，都是为了解决公司的管理问题，都是为了实现公司的经营目标。

领导力是一门综合艺术，我们可以把本书的主旨理解为，领导力理论在采购领域的应用，MBA 管理理论在采购领域的应用，一切与管理有关、与人际交往有关的理论在采购工作中的应用。这些理论会帮助我们提升自己的领导力，解决工作中的一个又一个难题，学习领导者行为，成为优秀的领导者。

评估我们自己的领导力

你经常说服别人，还是经常被别人说服？你愿意挑战难题，还是愿意解决操作性问题？当公司把一个更难的工作交给你时，你首先想到的是推辞，还是动员一切力量去解决它？你是否对现状不满，总想动员大家去挑战它？你是否愿意身体力行，成为大家的榜样？你是否经常描绘愿景，让大家忍不住跃跃欲试？

了解我们身上有哪些领导力

自己拥有哪些权力，使用过哪些权力？看看周边的人，他们做了什么事，让你感觉他们有领导力？我们是否有机会获得更高的职位，或者可以获得更多的授权？

获取权力最快的方法是追求更高的职位，最高效的方法是发展自身的专家权力和参照性权力。对于普通员工，对于我们所有人而言，专家权力是最好的开始，可以通过专业学习，成为专业的采购人。如果你觉得成为专家有一定的难度，那就多多参与社会活动了解行业动态，多多收集信息和分享信息，让自己首先拥有信息权力。

了解谁是我们学习领导力的榜样

我看过一份调查，30岁以下的人，他们的学习榜样排在前三位的是家庭成员、教师或教练、社团领袖；30岁以上的人，他们的学习榜样依次为家庭成员、直接主管、教师或教练。从这个调查当中我们能看到，作为父母、教师或教练，你就是年轻人的榜样；作为公司主管，你就是组织中最重要的领导者，时刻影响着下属，是团队中最有影响力的人。

如果你是上面这些角色，就不能退缩，你必须展现出领导力，为他人树立榜样；你必须承担起领导者应该承担的责任，并努力做到最好，因为你正在影响着他们。不论你愿意还是不愿意，无论你是有意还是无意。

我相信，你能成为最好的领导者，这不仅是为了你自己，更是为了你的孩子、你的学生、你的下属，你有责任、有义务引导他们追求更高的目标，获得更大的成功。

领导力是天生的，还是可以后天培养的

19世纪末20世纪初，人们便开始对领导力进行研究，起初人们着重研究领导者的人格特质，提出了领导特质理论；20世纪40年代，研究者着重研究领导者在领导过程中的具体行为，提出了领导行为理论；20世纪60年代，研究者着重研究与领导行为有关的情境因素，提出了领导权变理论；后来又陆续有研究者提出了领导归因理论、交易型与转化型领导理论等。

不管什么理论，在我眼中，它们研究的都是领导的行为，因为我们看一个人是否有领导力，就是看他外显的行为，不管他心里是怎么想的，不管他天生的特质是什么样的，我们都是通过他的言行感受到的。既然领导力是外显的行为，也就是他人能够看得见的行为，那我们就可以通过模仿他的行为、学习他的行为，来提升自己的领导力。

可见，领导力是可以学来的。但难点是，并不是所有人都想学，并不是所有人都能学到最好，就像我们在学校读书时那样。要想成为最好的领导者，首先就要拥有坚定的信念，拥有强烈的、不断超越自我的决心。

优秀的领导者，无论自己多么优秀，总是愿意学习新的东西，让自己变得更优秀。大家都知道"1万小时定律"，要想成为行业的顶尖人才，你需要1万小时的练习。所以，要想成为一名卓越的领导者，你需要将本书描述的领导行为变成一种行为习惯，以行动作为改变的起点，边干边学，相信你一定能成为最好的领导者，成为最好的自己。

让我们同王总一起开启5S领导力（见图0-1）的修炼之旅吧。本书讲述的是普通人成功的故事，是一本领导力提升指南。

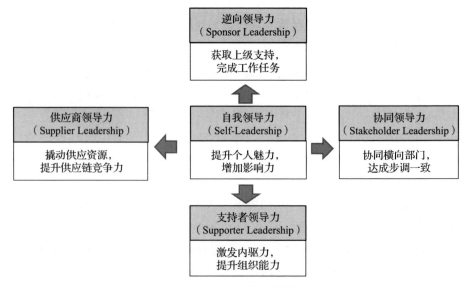

图0-1　5S领导力模型

第一部分

逆向领导力
—— 获取上级支持，完成工作任务

　　逆向领导力就是向上管理的能力。为什么要向上管理呢？
　　工作中，一个人的建议很快获得批准，而另一个人的建议却被一次又一次地退回，这就是领导力的差别。要想完成工作任务，需要自行制订工作计划，得到上级批准。为了解决采购问题，需要制订一个方案，请领导接受我们的建议，这就需要逆向领导力。对上级施加影响，让上级听我们的，这是个比较难的事情，颇具挑战性。本书中的上级领导，不仅指直接上级，也包括其他决策者、所有职级比我们高的人，也可以是一个决策的群体，比如采购委员会、经营管理委员会、董事会等。
　　本书开篇从逆向领导力讲起，是想给大家一种感觉，领导力讲的不是职位权力，而是个人影响力。要想完成工作任务，获取上级支持非常关键。学习领导力，让我们从学习逆向领导力开始吧。

Chapter1
第一章

解决难题

 学习目标

1. 理解为什么"领导力就是解决难题"。
2. 理解为什么向上还需要领导力。

"领导力就是解决难题",这句话会在本书不断提及。想象一下,你们两个人,你爬不过去的山,他能爬过去,你解决不了的问题,他能解决,这个人是不是你心中的强者?你也可以观察一下我们的周围,大家认为有领导力的人,一定是擅长解决难题的人。可什么是难题呢?难不难是一个人的主观判断,不同的人可能会有不同的定义。我在这里给大家一个定义,所谓难,一定是别人认为的难,而不是我们自己认为的难。如果别人认为容易,而我们认为难,那大家就会认为我们没有能力。怎么知道别人是否认为难呢?那就是看别人是不是不能解决、不愿解决。

在本书的场景中,作为有领导力的采购人,就是要调动周围可以调动的一切力量,解决对社会有意义、对企业和个人有价值的难题。小王变大王的王总,现在就遇到了这样的问题。公司招聘他,就是期待他解决别人解决不了的难题。如果王总能带领大家解决,大家就会跟随他,这就是他的领导力。

第一节 慕强理论：做攻坚克难的强者

心理学中有一种现象叫"慕强心理"，正如字面意思，就是内心喜欢、崇拜强大、优秀的人，不管是生活中还是工作上，都喜欢追随优秀的人，其实领导也是如此。

工作当中有很多难题，谁能解决这些难题谁就是强者。所谓难题，就是一般人解决不了，或者短时间内解决不了，或者轻易解决不了的问题，而这些难题如果能够得到解决，必然会为集体、社会创造非常大的价值。我们看到的那些成功企业家、政治家、科学家无不如此。

无论现在多么强调个体，群体对强者的渴望，依然是一个不变的定律。在人类还没有进入文明时代时，群体会本能地服从强大的领袖，领袖可以带领大家抵御风险。进入现代社会之后，群体依然对强者充满渴望。群体虽然充满力量，但是在没有主导的情况下，群体的行动往往会出现混乱无序的状况，无法拧成一股绳实现群体的最大利益。在面对未知环境以及可能存在的风险时，个体会寻求强者的帮助或者借助强者进行抵御，群体向强者靠拢，这就又增加了强者的力量。

马克斯·韦伯认为，存在三种支配群体的权力类型，也可以看作三种强者类型：传统型，权力依传统惯例或世袭得来，也称"克里斯玛型"；魅力型，权力源于别人的崇拜与追随；法理型，权力源于法律规定。

大家探讨的领导力，以及本书探讨的领导力，都属于魅力型领导力。如果谁能在工作中不断地解决难题，就会得到领导的欣赏、同事的拥戴，自然就有了魅力。领导愿意把难题交给他，同事遇到难题也愿意求助他。如果你能不断地解决难题，自然就会有影响力，就会获得别人的崇拜与追随，就会展示出领导力。

先给大家讲个小故事：

我有一位朋友，毕业于普通大学，没有背景，但他很快就晋升为公司主管、经理，现在是总经理。

他有一个特别之处，就是每年除夕之夜都会主动申请值班。每个人都期待在除夕之夜和家人团聚，没有人愿意值班，领导常常为此苦恼。

如果轮流值班，难免会碰到有人因特殊情况无法值班的情况，需要领导调配，这又是一个苦恼。

这位朋友，当年的小曹，现在的曹总，每次都主动向领导申请：今年春节我来值班吧。他就这样坚持每年春节值班，解决了领导心中的难题。领导给他加工资，大家没意见；领导给他升职，大家也很难提出意见。当然，他平时工作表现也不错，所以他晋升很快。

或许大家认为，这不是什么难事儿，完全是一件不起眼的小事，我也能做到。其实，领导力就是在各种各样的小事中显示出来的。

要说领导力，作为销售，可能就是别人拿不到的订单，他能拿；作为采购，可能就是别人应对不了的强势供应商，他能应对；作为企业家，无非就是决定这笔钱花还是不花。大事都是由小事组成的，小事累积到一起就是大事。有的事情很大，其实不是事情本身大，而是它的意义大、影响大、价值大。

工作中的难题，往往就是别人做不到，你做到了，别人没有站出来，你站出来了，就解决了；往往就是需要多花一点时间，多付出一点努力，多想一点办法，多获得一点大家的支持，就解决了，并不需要"可上九天揽月，可下五洋捉鳖"的本领，也不需要"超人"的能力。

另外，从小事做起也是我自己的人生哲学。我认为，只有你做成了小事，才会有人交给你大事；只有你做成了这件事，才会有人交给你做其他事，做一件事成一件事，最后就是成功。否则，你小事不做，就没有大事，这件事不做，就没有其他事，最后就一事无成。

第二节 找对难题，领导认定的难题才是难题

领导力就是解决难题。那什么才是难题，以什么作为判断标准呢？

如果自己"觉得"是难题，可能是因为我们能力不够、知识面不够、资源不够。所以，难题一定是领导认为它是难题。领导认为的难题，一定是很多人解决不了的问题。

那具体来判断,什么样的问题才是领导心中的难题呢?可以从下面几点来判断。

1. 领导经常问的,就是领导关注的

在工作中我们经常碰到领导就某个问题问进度,问需要什么帮助。经常问,说明这个问题一直没有解决,说明这是个难题。如果此时我们主动站出来解决它,是不是就展示了我们的领导力、提升了我们的领导力呢?我想这很容易理解。

一位药企采购总监给我讲了这样一件事:

他们有一个浙江的气雾剂铝罐供应商,不仅物料运输成本高,长距离运输还容易产生很多质量问题。于是老板要求修改设计,选一个公司附近的供应商。老板经常问进度,但由于技术原因,此事迟迟没有进展。有一次他大发雷霆,把研发人员批评了一通。研发人员觉得很委屈,背后抱怨老板,认为技术问题哪有那么容易解决。

这位总监发动一切资源,终于在当地找到一家技术能力相对较强的供应商。经过与研发人员多次沟通,与供应商多次实验,花了半年时间,终于研发成功,帮公司解决了大问题。老板很是高兴,经常拿这件事做例子,表扬这位总监有能力。

2. 与公司经营目标相关的,就是领导关心的

难题有很多,不是所有难题都有那么大的价值,一定要解决对公司来说价值最大的难题,比如与公司经营目标紧密相关的,或者从长期看与公司战略相关的。

这些大课题就是大挑战,比如数字化转型,它能极大地提升采购管理效率、降低采购成本。但这种转型涉及很多部门,推动起来非常难,因为要改变大家的工作习惯,对原有的利益链条也有影响,面对的阻力可想而知。很多公司就是因为这一点,数字化转型推动不了。但这恰恰是显示采购领导力、提升领导力的绝佳机会,所以,如果领导把一项难题交给我们,千万不要推辞,更不要推卸。

2018年,为顺应数字化、智能化趋势,Z集团开启了"工业4.0"项目,采购如何匹配集团"工业4.0"项目是当时面临的难题。公司将此项任务交给了龚总,她毫不犹豫地接了下来。她知道,从职务上讲,自己并不是最合适的人选,因为公司的数字化转型是由IT部门主导的,也有过来人建议数字化转型必须一把手亲自抓,因为要改变很多人的工作习惯,切断一些利益链条,推动起来非常难。但公司把任务交给自己,就是对自己的信任。她也坚信,这件事做成了,对公司的价值非常大。

为此龚总下了功夫,经常找领导沟通,和其他部门开会,找相关部门协商,制定项目进度表和里程碑。她做足了功课,了解如何才能让采购达到万物互联、数字化、智能化的效果。她专门买了《采购2025:数字化时代的采购管理》一书,并借鉴书中描述的4.0转型的路径图,制订了新的数字化采购转型方案。最后,项目按计划落地,采购效率提高了30%以上。事后很多人和龚总说:"还是你厉害,起初我们都认为做不成。"

3. 长时间悬而未决的,就是难的

公司内部总是有很多问题,由于这样或那样的原因,一直得不到解决。如果我们能够站出来,解决它们,那自然就帮助公司创造了价值。解决了难题,也凸显了我们的领导力。

2019年年初,浙江H集团采购部组织对某包装物料进行招标采购,结果很成功,新上任的沈总监很高兴,觉得露了一手儿。

还没高兴多久,在根据中标价格进行采购比例分配时就出现了问题。原来该物料只能在某供应商处采购,而且要装到生产设备上进行上机测试,其他供应商这一规格的物料并未做过测试。

继续深挖,发现该物料一直是独家供货,其他原材料的采购同样存在一个规格独家供货的情况,不能做到自由切换。由于某些物料需要上机测试,采购部门要组织供应商送样,生产部门要空闲几台机器测试,质量

部门要抽时间检验，研发部门要与供应商沟通修改意见，所以涉及多个部门。大家都说忙，很难聚在一起讨论，致使这个问题长期悬而未决。

采购部门在比价议价后，无法开展供应商采购比例分配，无法解决独家供货的风险。并且，供应商可能早就知道自己是独家供应商，因此在招标或谈判时，只是象征性地对商务条件做出让步，导致采购成本上升。此外，还存在公司内部相关成员的廉洁风险。

于是，沈总监利用从"如何打造供应链竞争优势"这门课上学到的OPPT（组织、流程、人员、技术）来寻求系统的解决方案。

最终明确了新产品试制、新供应商引进过程中，各部门的分工和流程，对相关人员做了培训，并同IT部门合作，把这个流程输入公司内部的信息管理系统，约束大家必须按照流程办事，不遵守流程根本走不通，从根本上解决了采购中出现的问题。

第三节　借助资源，领导也是资源

遇到难题怎么办？《荀子·劝学》里有这样一句话：君子性非异也，善假于物也。意思是：君子的本性跟一般人没什么不同，只是君子善于借助外物罢了。中学课本里的这句话一直影响着我。

你骑自行车，无论如何跑不过汽车，这就是工具的力量；一根筷子容易折断，十根筷子折不断，说的是集体的力量。你出面谈，供应商对你可能不重视，领导出面谈，往往更容易达成成果，这并不一定是领导的个人能力比你强，而是领导的资源比你多，决策权限比你大，信息量比你更丰富等。

要做一名专业的采购，不能单打独斗，一定要善于利用资源完成工作任务、解决工作难题。领导就是一个我们可以借用的最直接、最有力的资源。

1. 要敢于求助领导

现实中，很多人不擅长或不敢求助领导。有的人觉得领导很忙，不想打扰领导，有问题自己扛着；有的人担心去找领导，领导会认为自己能力不行；有的人不擅长沟通和交际，见到领导比较害羞，心里有很多负担。

我们一定要大胆地求助领导，因为领导与我们的目标是一致的。我们的任务完成了，他的任务也就完成了，他没有理由不帮助我们。

吴总是苏州一家千亿级公司的采购总监，他跟我讲过这样一件事：

他有一名下属，从其他部门转到采购部门来不久，是一名采购新手，对业务不太熟悉。这个人喜欢自己琢磨，但有些地方是对的，有些地方其实是错的，甚至努力的方向就是错的。

这位采购新手几乎不与吴总沟通，吴总很着急，因为如果方向错了，会给公司造成损失，如果批评他，又怕挫伤他的积极性。

吴总每天坐在办公室里，就期盼他找自己，给他指指方向，如何专业做采购，遇到困难也可以帮他解决一下。但他就是闷在那里，发型都抓乱了，一副很苦恼的样子。

现在，吴总经常利用各种机会和大家讲："有事情一定要找我，放心大胆地找，大家的工作就是我的工作。"

2. 领导资源更多

在通常情况下，领导资历更深、人脉更广、资源比下属更多，如果能够借助领导的资源，一定有利于完成工作。

中兴通讯采购总监刘婷婷，我曾邀请她和我合作写《采购全流程风险控制与合规》一书。她是企业一线的实战者，我希望她能帮我收集更多的实战案例。在写书过程中我们遇到一个难题：一家公司的案例毕竟有限，我希望案例多元化，有不同的类型。但网上的案例质量参差不齐，这时候她找到我，让我帮她找一些企业采购负责人。

我帮她联系了几家公司的采购总监，他们分别来自国企、外企、民企，非常符合多元化的要求。刘婷婷很快就整理了案例，完成了书稿，质量非常高。之后她还特意发微信夸我，宫老师真是一个好leader（领导)。这句话让我心里美美的，不是因为她表扬了我，而是我发现她特别擅长利用各种资源完成工作，让领导放心。

我在很多场合讲过这个案例，希望大家能够学习借鉴。

3. 领导能够看到你看不到的地方

一个人看问题，往往都是站在自己的角度，处理问题也是在自己的认知范围内。

在《采购2025：数字化时代的采购管理》一书中我写过这样一句话，"职业的天花板来自认知的局限，企业的未来取决于企业家的视野和决断"。这句话我深信不疑。

由于岗位不同、信息不同，领导与我们看到的问题一定不一样。尽管领导要求我们站在公司的高度看问题，我们也想站在公司的高度看问题，但其实很难做到。

这个时候，我们一定要多和领导沟通，借助领导的知识面、信息源拓展自己的认知，这样我们决策时才能真正站在更高的高度，这样的决策才能更加有利于公司。

浙江一家家电公司的欧总就是一个特别善于借助领导资源的人。有段时间，原材料市场价格波动非常大，他想和供应商锁定价格，但供应商要求锁定价格的同时要锁定数量。欧总不知道未来销售的数量，销售部门提供的预测也不一定准确，于是欧总就找到了总经理。

总经理花半天时间给他详细讲述了行业的发展前景和竞争状况、公司未来的发展规划。这让欧总对行业有了全面了解，脑中形成了行业发展全景图。欧总感觉对行业的把握更清晰了，对供应市场有了很多前瞻性的思考，最后成功锁定了价格。

第四节　超越职责，要比领导想得多

公司给每个岗位都规定了工作职责，如果我们总是强调职责，在职责范围内工作，那一定就是个普通员工，做得不好，还有可能被认为是喜欢推诿的人。如果我们能够多迈出一步，多干一点儿，领导就会觉得这个人配合系数高、协同能力强。如果我们比领导想的还多，超出领导预期，那领导就会觉得我们是可以成大事的人。

任何一个做大事的人，心中装的一定不是职责范围，而是要解决问题。

1. 学会站在领导的高度思考问题

很多问题我们之所以认为很难，有时候是因为我们站的高度不够。清末民初学者陈澹然在《寤言二·迁都建藩议》里有一句话：不谋全局者，不足谋一域。管理大师彼得·德鲁克认为，领导力的第一条就是大局观。他们说的都是同一个意思，不从全局考虑问题，是无法治理好一方的。也就是说，考虑问题一定要提高站位，站在更高的角度看问题、解决问题，这样才能提升领导力。

公司领导要求采购总监优化供应链组织架构，包括计划、采购、制造、仓储部门，同时还要协调研发、销售等部门，这已经超出了他的工作职责，也超出了他的认知范围。

怎么办呢？英国学者马丁说，21世纪的竞争不再是企业之间的竞争，而是供应链之间的竞争。这就表明，必须站在公司高度搭建供应链的组织架构。他想，如果我是领导，哪些地方不满意？如果我是客户，哪些地方需要改进？反复思考后，他拿出五个解决方案，最后公司选中一个，推行也非常顺利。

我本人也遇到过类似的问题。我曾在一家美国公司做采购经理，总经理是一位美国人，他要求我研究是否可以把塑胶件由自制改成外包，要我做一个方案。

在我准备向他汇报时，未等我开口，他就问我人力资源怎么安置，我说稍等；他又问我空闲的场地怎么办，我说你别着急；他又问我外包之后质量成本交货期怎么控制，我说方案中都有。他一连串问了三个问题，一看我都说后面有答案，他就不问了。

等我汇报完,他说 good job(干得漂亮),对我的方案非常满意,因为我把他关心的问题都考虑到了,给了他完美的解决方案。

2. 汇报领导难以关注到的细节

领导很忙,不可能关注到所有的细节,但是如果我们也不了解细节,那么决策就很难准确。决策基于信息,如果信息不充分、不完整,决策很有可能会失误。领导常问一些细节,所以现实中我们向领导汇报工作时,如果不了解详细情况,很有可能"一问三不知"。我们在媒体上看到过很多"一问三不知"的干部,被网友嘲笑,被上级问责。

我们了解信息时,一定要努力深一点、透一点、全面一点,要能讲清楚事情的来龙去脉,要能知道信息背后的信息。这样,领导在问我们的时候,我们就能够对答如流。信息准确、全面,决策才可能更加精准、正确。

世界某知名饲料生产公司,早期的饲料养殖都有采购管理方案,但是新兴的种植业、机电项目、农机产品等并没有被纳入物料采购管理之中,而是分散进行采购。采购总监龚总发现这个问题后,详细了解了事情的来龙去脉,通过大量调研和梳理各种数据,最后制订了针对性的方案。他知道,把分散采购变成集中采购会面临各种挑战,所以他一定要把方案做得完整,数据准确、证据充分。

公司开会讨论时,领导们问了很多细节问题,由于龚总准备充分,最后这个方案一次性通过。

3. 突出事件的关联影响

做任何一件事情,都要考虑对其他事情的关联影响,我们考虑问题一定要视野宽一点。不仅要考虑好这件事情,还要考虑到这件事情对其他关联事情的影响,否则很有可能解决了这个问题,又产生了新的问题,按下葫芦浮起瓢。

比如,很多公司设立了KPI(关键绩效指标),但存在KPI之间打架的问题，因为每个人只为自己的KPI负责，局部做到了最优，却没有实现全局最优。

我在某家世界500强公司做采购总监时，就把降低成本的指标分解到了各个部门。我向公司领导汇报时强调，降低采购成本，一定要全员、全流程、全方位参与，我在《全面采购成本控制》一书中把它总结为"三全降本"。

如果只是采购部门负责，就有可能出现采购员为了完成自己的KPI而牺牲质量、交货期、对供应商的服务等。其实，我本质上是想把研发、生产、质量都拉进来，因为它们的很多要求都增加了供应商的成本。例如研发部门在做技术变更时，不考虑供应商的库存；生产部门在要货时，不考虑紧急要货可能会增加运输成本；质量部门检验时，不考虑过度的质量要求会增加供应商的质量成本。当然，降本指标总体上由我负责，这样大家也就没什么好讲的，最后公司领导同意了我的方案。

这样一个沟通平台和KPI工作机制，不仅降低了成本，也解决了各部门的关切，相互协同，效果非常好。我也因此获得了美国总部的全球总裁特别奖。现在我做管理咨询项目时经常把这种做法推荐给各个公司，它们也觉得非常好用。

思考题：

1. 为什么说向上领导很重要？
2. 为什么要主动解决难题？

Chapter 2 第二章

主动沟通

 学习目标

1. 理解为什么沟通很重要。
2. 掌握向上沟通的技巧。

社会是一张网，人与人之间的那根线就是沟通。杰克·韦尔奇45岁成为美国通用电气（GE）历史上最年轻的董事长兼CEO，上任后他开展了一系列变革，使GE的市值增长了30多倍，排名从世界第十提升到第一，韦尔奇成为当时商界的传奇人物。他推行的"六西格玛"标准风靡世界，他说，"管理就是沟通、沟通、再沟通"。

日本松下创始人松下幸之助被誉为"经营之神"，2018年他还获得过中国政府颁发的"中国改革友谊奖章"。他曾说，"企业管理，过去是沟通，现在是沟通，未来还是沟通"。

所有的成功企业家都非常重视沟通。有人总结说，没有什么事是不能通过沟通完成的，一次不行就两次，这种方法不行就换一种方法。回顾自己30多年的工作经历，我发现，工作顺利是因为沟通很好，工作不顺利是因为沟通不好。所有的职场问题都是沟通造成的，学会沟通，就会工作轻松。

第一节　影响理论：主动沟通保证决策有效

管理学家赫伯特·西蒙（Herbert Simon）认为，管理就是决策，就是通过分析、比较，选定最优方案，而决策基于信息。

他认为，任何一个组织，绝不是画在纸上的组织图，或者写在工作职责中的工作手册，组织是一种人们进行信息沟通的复杂模式。它向每个成员提供其决策所需的大量信息，包括决策前提、目标和态度；它还向每个成员提供一些稳定的、可以理解的预期，使他们能够预料到其他成员将会做哪些事，其他人对自己的言行将会做出什么反应。

组织活动包括两部分——决策和作业，决策要比作业更为基本，因为在作业之前必须先进行决策。作业就是我们通常说的行动，行动之前当然先进行决策，决定如何行动。每一位领导在进行决策和采取行动时，都是一只眼睛盯着目前的决策事务，另一只眼睛展望这个决策对未来的影响。

所谓科学决策，最重要的就是信息要准确、全面、及时。信息具有稍纵即逝的特点，而且往往只为下级所掌握，因为下级更能接触一线、接触实际。华为任正非说，"让听得见炮声的人呼唤炮火"，我想，他说的也是这个意思。

在日本，有一个广为流传的"沟通五步法"，就是上级给下级安排工作要遵循五个步骤：

第一步，讲清楚具体事项。

第二步，让员工原封不动地复述事项。

第三步，和员工讨论该事项的目的。

第四步，交流并做出该事项的预案。

第五步，让员工围绕该事项阐明自己的观点。

这里强调的是沟通要充分，保证理解一致。对下级如此，对上级其实也一样。

我有一个朋友，在日本住友公司工作，他们公司有一个要求，就是不管大事小事，必须通报上级。

他们的理念是，作为下属，可能不知道这件事情对其他事情有什么影响，不知道这件事情的重要程度，不知道自己这样解决对不对。及时沟通，就会和上级领导保持信息一致，如果领导发现做错了，可以及时纠偏；如果领导觉得这件事情对其他事情有影响，也会及时采取措施。

保持信息一致，是保证决策正确的最重要方法。如果你注意观察就会发现，所有有领导力的人，都是善于沟通的人；所有优秀的公司，都是特别强调沟通的公司。这种沟通可能是汇报，可能是请示，可能是抄送；可能是正式的，也可能是非正式的。

在有的外资公司，一封邮件要抄送好多人，有认识的，也有不认识的，有与工作直接相关的，也有不直接相关的，用中国的说法就是抄送"有关人员"。有人觉得这样做很麻烦，但这恰恰是保持信息一致的方法。

实践中你会发现，相当多的问题都是大家信息不一致造成的。可能是时间的先后，可能是信息的完整度不同；领导知道的，我们不知道，我们知道的，领导不知道。由于信息掌握不一致，我们抱怨领导不了解情况，领导批评我们工作不细致。

我有一门课"如何打造供应链竞争优势"，课上反复强调一个观点——"信息流问题解决了，供应链的问题就解决了一半"，大家很是认同。与"有关人员"如此，与上级领导更是如此。

主动沟通，就是主动与领导保持信息同步；主动沟通，能提高逆向领导力，确保采购决策科学有效。

第二节　沟通前，想想为什么找领导

主动沟通的目的不是巴结领导，而是取得信息的一致，包括解决问题的方法一致，达到协同的目的，避免我们做的不是领导所期望的。

1. 明确目的，是请示还是报告

沟通前首先要注意，明确沟通目的是请示还是报告。请示需要领导答复，需要领导回答 Yes 还是 No，同意还是不同意；报告是通报性质的，让领导知道就行了。

我曾在中国第一汽车集团公司（简称"中国一汽"）总部给常务副总做秘书，一汽每年都要向上级部门递交各种各样的文件，这些文件特别讲究格式。办公室主任在核稿的时候专门和我讲过，请示就是请示，报告就是报告，不存在所谓的请示报告。

向领导请示时，一定要精准表述事情的背景、需要领导决定的事项，否则领导不知道该怎么答复。我是做采购培训的老师，经常遇到同学提问题，说了一大堆，连一个"问号"都没有，我不知道他的问题是什么，也很难回答。

有些人向领导汇报工作，本来是一个问答题，结果变成了一个陈述题，领导不知道如何决策。最后领导不得不问：你的问题到底是什么？需要我做什么？

比如向领导汇报涨价问题，如果是请示，务必要说清楚为什么涨价、涨了多少、供应商同意承担多少，如果同意对公司有什么影响，如果不同意会有什么后果，要有理有据，以便领导决策。如果是报告，可以简单地告诉领导现在外部材料涨价了，也可以简单地告诉领导供应商要求涨价，目的是让领导知道，不需要领导答复。可见，请示和汇报是不一样的。

请示，要明确领导答复的事项；汇报，要结构清晰，可以结论先行，采用总分总的结构。

2. 要主动沟通，而不是出了问题再去解释

主动沟通，是让领导及时掌握情况，以便及时决策。如果出现问题再去解释，已经没有多大意义，领导也不愿意听，领导此时最关心的是如何解决问题，而不是产生问题的原因。如果还在执着地解释，领导就会认为是在扯皮。

采购最常遇到的问题就是交货期的问题，供应商交货延期，影响生产、影响交付。此时，领导通常很生气，甚至是震怒。产生交货延期的

原因很多，比如没有及时付款、设计变更，客户要求的交货太急，甚至是我们这边没有及时验收入库。如果这些问题没有及时汇报，领导就不能及时掌握情况，如果产生客户投诉，领导就会非常被动，他们通常会非常生气地说，"早干什么去了，为什么不早跟我说"。

主动沟通是预防问题，事后沟通则变成了掩饰问题，除非沟通的时候你已经有了解决方案。

3. 对于沟通结果，要有预判

不管是请示还是汇报，沟通都是相互的，是沟通双方之间相互交换信息、达成一致的过程。

所以在沟通之前，要对沟通的结果有预判。判断一下，领导可能问哪些问题，并提前准备好答案；也要预判一下，如果领导不同意我们的方案，是否有备选方案。

当你把一切都想清楚时再向领导汇报，这样一定会交流顺畅，很容易达成一致。

我在中国一汽做秘书的时候，经常看到下面子公司的总经理向领导汇报工作时，没有几分钟就手足无措，紧张得出汗。别看他们是管着几千人的子公司总经理，平时很是威风，但向更高领导汇报工作的时候，由于没有准备充分，有时会被领导问得张口结舌，一旦领导否定了他们的方案，就会非常沮丧。因为在一个大的集团公司，约领导见一次面很不容易，有人还是专门从其他城市赶过来汇报的。

这些总经理们后来学聪明了，每次汇报前都会问我这个小秘书，领导有可能问哪些问题，汇报时应该注意哪些事项，我就把我平时观察到的告诉他们。

其实领导关心的，无非就是那些汇报数据从哪里来的，以便确定数据是否真实可靠；对一些关联事件的影响，以便决策时考虑得更周全。

在采购方面，领导关心的无非就是质量、成本、交付，你要能说清楚来龙去脉、因果关系、关联影响，也要思考提供的数据信息是否真实，是否能支撑结论。

第三节　找对时间，沟通更有效率

沟通需要时间，因此需要分清事情的轻重缓急，领导是人，也是有情绪的。在沟通之前我们要思考，找什么样的时间点、需多长时间与领导进行沟通。

1. 注意，领导也是有情绪的

领导是人，也是有情绪的。领导情绪低落或者刚刚批评完别人，这个时候最好不要去汇报不好的事项，除非你要汇报的事项非常紧急，否则，十有八九无法取得好的结果，应该等待领导心情平复的时候再去汇报。

我在一家集团公司做供应链总监时，质量总监老金是一位韩国人，他经常给我们传授在韩国工作的经验，他会给领导记录情绪周期，一个月当中大概哪几天的情绪不好，所以那几天尽量不向领导汇报，或者少汇报一些不好的事。

萍萍是一位非常有共情能力的采购主管，她的上级是一位优秀的职业女性，穿着得体精致，50多岁的年龄看上去也就40多岁。她向这位亚太区采购总监汇报工作时，一般都会提前跟秘书预约时间，还会特别问一下领导的心情如何。如果领导心情不好，就换一个时间，或者选择汇报特别紧急的事项、不太重要的事项；如果领导心情好，就汇报一些需要长时间讨论的或重要的事项。她说，每次跟领导沟通都很顺利，审批非常容易通过。

2. 大事，记得要提前预约

领导都很忙，尤其是一些大领导，很难抽出大块儿的时间和我们讨论问题。因此，如果我们汇报一些需要长时间讨论的事情，尤其是一些重要事项，一定要提前预约，说清楚需要的时间和讨论的事项。

阳总是浙江一家小家电公司的采购总监，是一位精干的女士，快人快语，非常干脆。

她对我说，和上级总经理沟通时，她会针对不同的情况，使用不同的方式。处理简单的问题，如付款方式，会通过微信、电话直接快速沟通；处理重点问题，会通过正式的邮件，例如她走访过一家供应商，总经理十分关注结果，她就写了一份正式报告，通过邮件发给总经理；处理带数据的复杂工作，她一定会预约正式会议，并且提前将准备好的数据资料同步发给总经理，她也会和总经理约一个比较充裕的时间以便当面解读，充分讨论。

3. 有时，非正式沟通更有效

领导一般都很有威严。有的领导拥有独立的办公室，坐在宽大的办公桌后边，平添了几分庄重和威严。这让我们与他沟通时，不由得增添了几分敬畏和紧张。但记住，领导也是人，所以有时候采用非正式的方式和领导沟通可能更有效。

所谓正式沟通，就是领导坐在办公室，你向他汇报，此时他的身份就是领导。如果我们在走廊里、餐厅里碰到他，更多地显示的是一种同事关系，如果我们在咖啡馆里沟通，就会感觉是一种朋友关系。在这些非正式场合，大家比较放松，沟通效率会更高。

沈总是一家外资药厂的采购总监，他特别喜欢在吃饭的时候或者喝酒的时候和领导讨论人事问题。他们在欧洲开会时，会议之后总部会组织晚宴，他就选择和领导坐在一起，碰碰杯，聊聊家常，大家先放松下来，然后再谈工作方面的事，效果特别好。

沈总刚从外资企业到民营企业工作，还没完全适应。一次，公司计划开发一个新项目，任命他为项目组组长，但项目组成员都是资历比较深的人士，与董事长曾一起开疆辟土，感情非常好，有丰富的实践经验，却缺乏项目管理知识，对新的项目内容不熟悉，因此他想邀请新人加入。如果和董事长直接汇报，万一不同意会让自己很尴尬，也会产生误解。

沈总找到董事长秘书，了解到董事长每天晚上七八点会在河边散步。于是，沈总在这个时间来到小河边，装作与董事长偶遇，谈了自己的想法和担忧。董事长也和他一起分析每个人的特长，重新界定工作范围，并同意新人加入。后来，公司顺利通过了项目组织方案。

第四节　沟通时，注意沟通策略

沟通是有方法的，只有方法策略得当，才会有好的沟通效果。沟通是双向的，要想做到彼此百分之百的理解，并没有那么容易，这取决于一方的表达能力和另一方的理解能力，理解不到位，就会产生误解。尤其一个复杂事项，不仅需要语言文字，有时还需要图表图像。

1. 直奔主题，结论先行

沟通时一定要直奔主题，结论先行。

如果是请示，就先讲清楚请示的事项，如果是汇报，就先讲清楚汇报的结论，然后再讲支撑前面观点的信息，并且要结构清晰，讲清楚信息来源、因果关系、关联关系。这样，领导就会带着问题、带着结论去听下面的陈述，很容易抓到重点。等你陈述完了，他自然就有了自己的判断和回复意见，这样沟通效率就会非常高。否则，很有可能你讲了半天，领导也不知道你要说什么，甚至会直接打断，让你讲重点。

敏总是浙江一家公司的采购总监，2020年2月，她看到日本"钻石公主"号游轮深陷疫情旋涡的新闻，意识到日本疫情的变化有可能导致从日本进口的重要化工原料有断供风险。

于是她与公司财务副总、使用该材料的事业部总经理沟通，一起研究了预防供应链中断的方案——"增加该材料订货量"。随后他立刻写了一封邮件，包括断供风险、增加订货的具体数量和未来用量，以及相关库存如何处理等各方面预案，发给了公司总经理，并发微信说：有一封"关于增加该材料订货量的请示"邮件，请您审阅。

2. 先说领导想听的，再说你想说的

在和领导沟通的时候，其实领导心中是有一个预判的，所以我们要先说一些领导想听的，这样就比较容易进入到我们的汇报逻辑中，他也能沉下心来，听我们想说的。

如果我们不顾领导的这种感受，直接说自己想说的，领导很有可能一下子进入不了我们的逻辑，还停留在自己原有的思维中。如果我们不能快速让领导领悟到汇报的关键点，他很可能没有想听下去的欲望，直接问他想要知道的，那样，我们就会很被动，严重影响沟通效果。

欧阳总说，她的上级领导风格非常简练，当她第一次向这位领导汇报工作时，刚汇报两三分钟，领导就直接打断了她，认为她没有切入主题，并特别指出，以后汇报要简洁明了，有具体方案。

领导的时间非常宝贵，有了前车之鉴，她在之后的汇报中，不仅叙事简洁，而且会根据项目提出不同的方案，让领导做选择题。

3. 坦诚沟通，不要玩"技巧"

领导都很聪明，跟领导沟通时不要玩"技巧"，否则很有可能弄巧成拙。前面讲的是沟通的策略和方法，不是"技巧"，当然这里是指打引号的"技巧"，比如"报喜不报忧"。

我在工作中总结了一条经验：如果不知道怎么说好，就坦诚沟通，讲真情实感。说真话、做真事、做真人，慢慢成了我的价值观。我相信，本质上领导需要的一定是真实的信息、完整的信息、准确的信息。

虽然有专门讲沟通技巧的课，但这个技巧更多的是指如何把事情说清楚，怎么让对方准确理解，都是奔着解决问题去的。如果无法驾驭那些沟通策略、沟通方法，那就选择坦诚沟通，没有什么比坦诚沟通更加有效。

我讲过"采购沟通30讲"，其中就把"真"放在了第一位，真相、真诚比什么都重要。说真话、做真事，才会获得对方信任。真，才有影响力、领导力。学会沟通，采购轻松。

欧阳总给我讲了一件事,她安排一位采购员与某家供应商进行沟通,沟通了10个问题,回来只汇报了3个。因为有的问题对他不利,有的怕欧阳总批评。

半个月后,当欧阳总与供应商交流项目情况时,发现有些问题这位采购员已经和供应商沟通过了,欧阳总却第一次听到。

结束交流后,欧阳总很生气,水都没喝,狠狠批评了这位采购员。所以汇报要坦诚,不要隐瞒问题。

思考题:

1. 复盘一下自己沟通失败或成功的案例,成功在哪里,失败在何处?
2. 如果要让你列出3个沟通改善点,会是什么?

Chapter3
第三章

陈 述 事 实

学习目标

1. 学习如何寻找真相。
2. 学会如何陈述事实。

管理就是决策，决策基于信息，信息必须真实。虚假信息，必然会使决策失误，真相比什么都重要，打开真相的钥匙就是事实。

多年以前，和我搭档做采购部长的是一位德国人，他询问下属，工厂急需的那批德国货到了没有？下属回答，到了。他有点担心，就到现场去查看，结果根本没有到货。他立刻大发脾气，认为下属在撒谎。下属也觉得委屈，"说谎"可是道德品质问题，从小到大，他从来没有撒过谎。真实情况是，几天前，负责通关的同事告诉他，第二天就能通关到货。现在已经过去好几天了，他"认为"肯定到货了。可由于手续不全，耽误了通关。大家觉得，此事应该怪谁？

错误的信息会导致错误的决策，因此，无论是汇报还是请示，必须陈述事实，事实要真实、实时、完整。事实是一个客观存在，它不会引起争议。CCTV有一档节目《焦点访谈》，多年长盛不衰，口号就是"用事实说话"。

第一节　三现主义：让丰田成为第一

丰田汽车讲究"三现原则"，就是为了接近事实真相。所谓"三现"，指的是现地、现物、现实。也就是说，当发生问题的时候，管理者要快速到"现场"去，亲眼确认"现物"，认真探究"现实"，并据此提出和落实符合实际的解决办法。

医生不基于事实会误诊，警察不基于事实会误抓，军事家不基于事实会打败仗。如果我们呈送的报告、制订的方案不基于事实，管理层就会做出错误的决策，我们就不可能有逆向领导力。

在丰田，现地现物在使用中常常被称为"现场主义"（Gemba Attitude），Gemba 在日语中是"现场"（事情真正发生的地方）的意思。广义上讲，它是指"事件发生的地方"；狭义上讲，它是指企业的"工作领域"或"工作位置"。

对丰田来说，这几个字意义重大，因为这是丰田管理最重要的原则之一。这个原则的含义是，解决问题的方法是要亲自看到实际情况，掌握一手信息。

对现地现物最好的解释是丰田的一个小故事。这个小故事的名字叫"在车间走直道的家伙，干不成事"，或者说，"绝不要提拔一个在车间走直道的人"。

这句话是大野耐一说的。当时，他在管理质量的时候，就亲自到车间去观察生产过程，并与一线工人建立起亲密的沟通关系。如果你是个务实者，当你在车间走过时，可能就会有员工喊你过去，一起探讨问题；如果你是个官僚，员工可能就会躲着你。所以，优秀的领导一定是那些"现地现物"的领导，走到哪里，都会有问题来找你，在车间中肯定走不成直道，这样的人才可靠。

在丰田公司，不论是在哪个部门，当你问到丰田模式和其他管理方法有何不同的时候，最常听到的一个词就是"现地现物"。"现地现物"是一种解决问题的方法，丰田要求所有的管理人员亲自到现场察看，要做员工解决问题的伙伴，要让员工乐于找他们一起讨论问题。

除非你亲自实地查看，否则任何企业问题的任何部分，你都无法确切了解，丰田公司不容许任何"理所当然"的想法，也不容许只凭借他人提出的报告。所有这些问题，都不可能在办公室得到答案。

2008年全球金融危机，丰田公司宣布，由丰田家族的丰田章男上台担任CEO，丰田章男是丰田汽车创始人丰田喜一郎的孙子。这次换帅，对于丰田来说，并不完全是由于业绩下降，因为同比欧美的其他几大汽车公司，丰田的表现并不算差。丰田章男的上台，对于丰田来说有着直接的战略意义，那就是丰田的股东认为，丰田这一次亏损，并不完全是因为经济形势下滑，而是因为丰田这几年的发展偏离了"丰田之道"。

丰田章男对此讲得非常明确，他告诫丰田管理层："在过去3年中，丰田雇用了4万名员工，他们对公司文化知之甚少。这个问题不会突然间暴露，但它类似一种代谢紊乱式的疾病，当你发现时就已经太晚了。"

如何解决？丰田章男重申的就是"丰田之道"中的"现地现物""客户第一"。他要求领导走出办公室，对存在的问题进行实地考察，并带领高管到销售现场，到生产现场，"寻找丰田浪费的证据，寻找为客户提供价值的阻碍点"。

我们在管理过程中，与其费尽心思地追求制度的"完美"，不如踏踏实实搞好"现地现物"。在与上级互动过程中，一定要求真务实，一切用事实说话。

第二节　讲述事实，不做主观推断

你以为的，并不一定是你以为的。你以为的是主观推断，主观推断跟你的知识和阅历有关，跟你所在的岗位和看问题的视角有关，跟你掌握信息的及时性、真实性、完整度有关。事实是客观的、唯一的，不以人的意志为转移。因此我们要陈述事实，不要做主观推断，慎用"我认为"。

1. 计划，不是事实

工作中会有各种各样的计划，各种进度表、日程表都是计划。计划是工作的指挥棒，按计划行事会让工作有条不紊，有了计划能让大家协同工作。管理就是计划、组织、指挥、协调、控制，制订计划是管理者的一项基本功。

但是一定要注意，计划是一种预测。管理学的教材中是这样写的，计划是对内外部环境分析之后，提出在未来一段时期达到的目标，以及实现目标的方案和途径。

显然，计划不是一成不变的。如果内外部环境发生变化，计划就要做相应调整。计划不是事实，所谓"计划没有变化快"就是这个道理。

全总是个计划性非常强的人，甚至有些强迫症，完不成计划不睡觉。她期待别人也是这样的，她想象的别人也应该是这样的。

有一件事让她很受伤。有一批货，客户要得特别急，生产也按照紧急需求报给了采购，采购按照紧急订单下给了供应商，供应商也答应了。此外，全总还特别为供应商列了一个交付计划。

总经理非常重视这批货，亲自到现场察看，并直接打电话给全总，问供应商是否已到货。全总回答："没问题，按照计划肯定到货了。"总经理说："你下来看看。"全总到现场一看，根本没有到货。总经理当着众人的面狠狠批评了她，全总非常尴尬，想找个地缝钻进去。事后，大家还给她起了个外号"全计划"。

全总转身就去找供应商算账了，供应商觉得冤枉，说全总公司的研发部门并没有按照计划及时把设计变更发给他们。

2. 猜测，不是事实

有的人很聪明，总喜欢推断，说话也喜欢说"我认为"。其实那并不是事实。事实一定要亲眼所见、亲自核实，甚至要双向确认。当然，拥有一定经验的领导，对很多事情的真实性会有自己的直觉判断。

某公司刚刚使用 SRM（供应商关系管理）系统，大家还不太熟悉。一次，领导在审批时发现两家供应商的报价相同，就提出了疑问，是不是采购员泄露了价格？

采购主管马虎是从审计转岗过来的，他也对采购员产生了怀疑，就向他的上级主管郑总汇报，考虑要开除这个采购员。郑总要求他不要急于下结论，先看看是不是系统有问题。

仔细一查，果然是信息系统的问题。为了验证这个判断，马虎先后致电两家供应商，要求重新在 SRM 系统报价，并以供应商的名字作为后缀。同时，请 IT 部门再次检查系统。最后证实了判断，是信息系统的问题。

现在想想，如果当时开除这名采购员，那该是多么大的一个冤案呀。

3. 别人说的，未必都是事实

如果你是喜欢听汇报的人，十有八九大家不会信赖你，你不会成为一个成功的领导。如果你向上级汇报时，领导问你这些信息是从哪里来的，你说听别人说的，领导很有可能会骂你。

别人说的不一定是事实，需要你去核实。你总是基于别人的汇报、别人的信息来进行决策，很有可能会做出错误的决策。

包总是一家公司的 CEO，他最反感别人向他汇报一些未经核实的信息。每次听汇报，他都会问汇报的人，信息是从哪里来的？很多人支支吾吾，或者说听别人说的，或者说是报纸上看来的。经常气得他大喊，你有没有脑子，不要向领导汇报未经核实的信息。

因为，他当总监时就被董事长这样骂过。那次，董事会紧急让他准备一份供应商资料。他立刻吩咐下属去准备，但他没有核实所准备资料，对某个供应商的描述有一处很大的错误。刚巧董事长与这家供应商很熟，结果可想而知，被骂了个狗血喷头。这件事，他至今记忆犹新。

传递信息的人不见得他的信息就是一手信息，拷贝会走样，加上人的天性是趋利避害的，就会出现"东西越传越少，话越传越多"。信息在传递过程中，当事人会有意无意对其进行"理解和加工"。所以别人说的信息并不一定是真实的信息。

第三节　涉及他人，不做定性评价

不轻易去定义和评价他人，体现了一个人的觉悟和素养，尤其是你不熟悉的人。因为在你看不到的角落，有很多你不知道的事。

《论语》中有这样一句话："不患人之不己知，患不知人也。"意思是说："不要总是想着别人不理解自己，你应该想着，是不是自己不能真正地理解别人。"

1. 陈述事实，对事不对人

有领导力的人，都是有人格魅力的人，都是讲道理的人，没有人喜欢跟"不讲道理"的人打交道。对事不对人，陈述事实，就是讲"道理"，即所谓"讲事实，摆道理"。

为人处世无非就是"人"和"事"。要想做好，就要学会"对事不对人"。有些人人缘很差，就是因为"对人不对事"；有些人无论走到哪里，人缘都很好，就是因为坚守了"对事不对人"的原则。

龚总是世界某著名饲料公司采购总监，她跟我说，2021年她所在公司购买了一批口罩，检查时发现，有5000个口罩存在质量问题。大家背后议论纷纷，怀疑有人发"国难财"。采购员压力巨大。

龚总没有批评或埋怨那位采购员，而是就事论事，要求查找原因。找到原因后，她召开地区主管会议，把此事作为典型案例并强调，无论何时，都要寻找优质合格供应商，明确检验标准，加强入场检验。

那位采购员对龚总很感激。

2. 事实完整，不要碎片化

真相只有一个。真相是由多个事实组成的，所以事实要完整，而不要碎片化。

比如你看见一个苹果是绿色的，不要以为所有苹果都是绿色的，其他品种的苹果有可能是红色的、黄色的，这个苹果一面是绿色的，另外一面也可能是红色的，如果我们只是讲了一个片段的信息、部分信息，告诉领导"苹果是绿色的"，由于没有给到全面的、完整的信息，很有可能让领导误判。

采购总监吴总所在的线缆公司招标采购一项设备安装服务，中标价格101万元，招标流程合规。但总经理不批准中标结果，因为有人跟他说，同行购买该设备，安装费才60万元。

经了解，是该项目负责人及事业部的生产总监向公司总经理汇报的这个信息。

吴总做采购多年，直觉告诉他，很有可能是安装范围不一样。因为这样的情况吴总碰到过好多次，合同涵盖的内容不一样，导致供应商报价不一样。一些人不了解情况，只知道一个价格，就向总经理汇报采购的价格高。

于是吴总找下属采购主管，让他邀请为同行安装设备的供应商和事业部生产总监进行技术交流，明确安装范围，再进行分项报价。为了避嫌，吴总没让原来那位采购员与这个供应商进行交流。

经过双方充分沟通，最后报价，工程总费用超过100万元。比较两家的报价发现，同行的安装服务范围中少了设备吊装、保温工程和材料、其他安装辅材、电源电缆铺设的钢架平台等。

采购总监吴总将所有材料整理完成后，又向总经理汇报了这一事实，最终中标结果获得批准。

3. 多方了解，不能偏信一家之言

采购与各个部门打交道，不要动不动就给别人扣帽子。遇见问题要及时沟通，解决不了的问题要及时向领导汇报，不要动不动就说"别人不配合我""某某某不负责任"，而要陈述事实，把需要别人帮助、解决的问题讲清楚。

上海一家医药外企的采购总监理查德，跟我讲了这样一件事：

一天，采购主管气呼呼地跟我说，下属艾瑞克工作不负责任。我问怎么了，他说气死他了。我说具体是什么情况，你先不要着急下结论。

原来，他和艾瑞克共同推进一个项目，为了完成项目，有时候需要加班。但是，艾瑞克不但不同意加班，还说自己早就定了旅游计划。这很可能导致项目延期。

再进一步了解，原来艾瑞克新婚不久，所以才定了度蜜月的计划。我了解到这个情况后，就跟艾瑞克协商，看能不能换一个时间，因为这个项目比较紧急，非常需要他。最后艾瑞克同意了。大家都很开心，项目也顺利完成了。

所谓"不负责任、不配合、不支持"，都是一种主观判断，是一个定性的结论，不是事实。绝不要轻易讲这句话，很容易伤到人。

第四节　突出重点，不做流水账

尽管要强调陈述事实，但也不要写成流水账，不要写成散文、记叙文，而是要写成小论文。

1. 既要有论点，又要有论据

无论请示还是汇报，都要结构清晰，既要有论点又要有论据。经常看到很多人说了一堆论据，没有论点，或者只有论点，没有论据。一定要有理有据，观点鲜明，论据充分。

武总是一家大型公司的采购总监，名牌大学MBA高才生。他就说，我在做采购决策或者谈判时，如果员工的报告不是以数据的形式展现，我一般不会接受，而是让他们整理一份带有数据报表的文件给我，再做决定。

对供应商也是如此，如果他们对这些数据都不研究就和我沟通，我不会做任何决策，对采购来说数据是事实的一部分，既要有理也要有据。

2. 既要结构化，又要会讲故事

结构化太重要了，既是一种表达能力，也是一种思维能力。麦肯锡甚至为此总结了一套方法论，在《金字塔原理》中有两个很重要的原则：一个是 SCQA 模型⊖；另一个是 MECE 原则⊜，它要求思考和表达必须结构化，要做到相互独立，完全穷尽。也就是，各部分之间相互独立，没有重叠，有排他性；所有部分完全穷尽，没有遗漏。可以按照时间顺序、空间顺序、重要性顺序，结构化地表达。

光注意结构化也不行，还必须有血有肉，也就是说，为了支撑我们的观点，必须有数据、有故事。要学会讲故事，有故事才能打动人。

我总结的"专业采购必备四大核心能力"，就是一种结构化的表达。

我在讲这门课的时候，首先将采购和销售做对比。通常情况下，公司对采购的培训很少，但对销售的培训很多。没有受过专业训练的采购，每天面对受过专业训练的销售，其结果可想而知，所以采购必须专业。

那么，专业采购需要哪些能力呢？专业采购必须具备 4 大核心能力，即专业的采购必须有能力回答 4 个问题：为什么选择这个供应商？为什么是这个价格？如何控制合同风险与合规？如何进行一场双赢的谈判？这是每次领导审批时必问的问题，也是审计必问的问题。即使我们自己就是领导，不需要别人审批，也需要回答我们心中的这 4 个问题。

对于 4 大核心能力，我取其核心英文单词的首字母，组合成了一个英文单词 SCAN，中文意思为"扫描"。每个采购人可以扫描一下，缺啥就补啥。并且它也对应了我的 4 本书：《供应商全生命周期管理》《全面采购成本控制》《采购全流程风险控制与合规》《全情景采购谈判技巧》。

我对 4 本书的要求就是，"系统全面、结构清晰、表达有力"。"系

⊖ SCQA 模型：S(Situation)，即情景——由大家都熟悉的情景、事实引入；C(Complication)，即冲突——实际情况往往和我们的要求有冲突；Q (Question)，即疑问——怎么办；A (Answer)，即回答——我们的解决方案是什么。

⊜ MECE，即 MECE 分析法，全称 Mutually Exclusive, Collectively Exhaustive，意思是"相互独立，完全穷尽"。对于一个重大议题，能够做到不重叠、不遗漏地分类，能够借此有效把握问题的核心，并形成有效解决问题的方法。

统全面、结构清晰"讲的是 MECE；"表达有力"讲的就是要有故事，且生动有趣。每本书有自己的模型，文中用一些生动的小故事去解释这些模型，阅读体验非常好。

在管理工作中，如果我们讲的事情晦涩难懂，就不会有影响力，当然也就不会有领导力。我们可以发现，那些有领导力的大人物，都非常擅长用身边的小故事讲述大道理。

3. 既要多维度，又要讲重点

如果我们只顾前面讲的 MECE——相互独立，完全穷尽，把报告变得冗长，虽然维度很多，但是没有重点也不行，必须重点突出。管理工作不是科学研究，要抓大放小。

多维度是为了让领导看清楚事情的全貌，重点是让领导能够抓住重点进行决策。决策没有十全十美，不能丢了西瓜，捡了芝麻。

闵总是某中国企业在越南工厂的总经理，关于越南工厂管理职能的归属，他与总部产生了分歧。

前期在讨论组织架构设计时，总部希望将仓库纳入采购供应部门管理。在国外经营，合规非常重要。闵总从多个维度思考了这件事，重点考虑合规后，向总部领导提出了自己的意见和建议：

从管理上，与总部一致，便于沟通管理；从风险上，关务和仓库管理要严格按照越南海关要求规范操作；从合规上，如果仓库纳入采购供应部，存在职责不分离的情况，会让采购与仓库之间存在操作上的漏洞；从当下人力资源看，暂时没有合适的人选管仓库。

经向其他中资企业了解，管理仓库的部门有财务部、经营计划部等，希望公司能够考虑，将仓库纳入事业部生产管理部。

最后，总部同意了闵总的方案。

思考题：

1. 为什么要慎重使用"我认为"？
2. 向上陈述事实有哪些方法或技巧？

第四章 提供选择

学习目标

1. 了解为什么要给上级提供选择题。
2. 掌握如何提供选择题。

为领导建言献策、出谋划策，既是下属的职责所在，也是彰显下属解决问题的能力、赢得领导信任的重要途径。向领导请示工作，一定要让领导做选择题，而不是问答题。

领导最基本的职责就是决策，决策即选择，从多个方案中选择最优方案。所以，优秀的下属不仅能提供多个解决方案，还能解释清楚不同方案之间的优劣势，做到有理有据，有图有真相。选择需要两样东西，即环境信息和决策模型，作为下属，我们要给领导选择提供素材。如果仅仅给领导提供单选题，等于是"逼"领导决策；如果给领导提供问答题，等于是把工作交给领导完成，领导会觉得你没有能力，甚至直接痛骂你："什么都问我，那要你干什么？"

第一节 决策理论：要请示，不要总是请教

这事怎么办？这个方案可以吗？

这是下属向上级请示工作时，最常说的两句话。这两句话的意思大不同，显示了你的领导力水平。

美国诺贝尔经济学奖获得者西蒙认为，管理的实质是决策，它贯穿于管理全过程，决定了整个管理活动的成败。按照明茨伯格的管理者角色理论，管理者有三种角色，即人际关系类、信息传递类和决策制定类，决策制定类角色仍然是最重要的管理者角色。

其实不用查阅 MBA 教材中那些晦涩的管理理论，也不用去看任何领导力的书籍，只要我们看看周围的领导每天在干什么，就可以理解管理的实质是决策。

小到什么时候开会、谁参加、谈什么主题，大到选择哪家供应商、什么价格、合同怎么写、如何谈判。尽管叫决策，其实就是在做选择，所有的管理活动都是在选择。要么是在选择，要么就是在准备选择的路上，为选择收集信息、提供资料。

选择即决策，决策分多个步骤，包括定义问题、收集信息、制订方案、选择方案、实施方案。

组织是由决策者及其下属共同组成的。对于下属来说，向领导汇报，就是让领导知道，与领导同步信息；向领导请示，就是让领导做选择。

有的下属，不给领导提供方案、提供选择，而是经常问领导，这事儿怎么办：这家供应商不同意降价，怎么办？供应商不听我的，怎么办？研发部门不配合，怎么办？都是在提问题。

这个时候，上级领导的角色是一个专家，给你提供专业的建议；是一个教练，引导你思考；是一个老师，培训你。

当然，这不仅是他的工作，也是领导力的一种体现，但这并没有显示我们的领导力。此时我们是个好学生，是一个可以被培养的下属，并不是一个有领导力的下属。作为下属，我们应该有独立收集信息、制订方案的能力，然后交给领导，供领导选择。

根据决策理论的优选原则，如果没有另外的方式和途径，领导只能选择同意或者不同意。如果只是问领导这件事怎么办，领导连选择同意和不同意的机会都没有，领导很有可能会说："你什么都问'怎么办'，那我要你干什么?"

通常情况下,我们应该做的是请示问题,而不是请教问题,两者大为不同。

第二节　提供选择题,而不是问答题

领导最重要的工作就是做决策,决策即选择,就是从多个方案中选择一个最优的方案。哪个方案优,需要做比较;哪个方案好,需要有多个方案。我们一定要给上级领导提供选择题,而不是问答题。

1. 不仅要有方案,还要有备选方案

从理论上来讲,应该穷尽一切因素综合分析。先确定要达成的目标,接着制订所有可能的方案,然后分析每一种方案的利弊,最后选出最符合目标的方案。

在企业实践中,不可能穷尽一切因素制订所有可能的方案,因为资源有限、时间有限,这就是为什么管理教科书无法替你做决策。

但是也不能因为资源有限、时间有限就只为领导提供一个方案,而应该有多个方案,至少有一个备选方案。一个方案只能选择同意还是不同意。

敏总是浙江一家民营企业的采购总监,有一件事情让她很犯难。

公司出于廉洁风险的考虑,要求人力资源部门制定一个采购人员的轮岗制度,怎么办?

敏总与人力资源总监制订了两个方案。

方案 1:按照职责范围轮岗

在当前岗位上工作超过一年的采购员,轮换到另外一个采购岗位,也就是调整采购工作范围,但还是在采购部门,前任与后任可以进行交流。在采购部工作超过 5 年的采购员则轮岗到其他部门。

这样做的优点,满足了公司轮岗要求;缺点,忽视了专业知识的积

累,频繁轮岗有可能造成短期业务中断或出错。

方案2:按照职业发展角度轮岗

为每个员工制定职业生涯规划,合理设计轮岗对象和轮岗周期。同时参照《采购全流程风险控制与合规》这本书的方法论,对现有的采购流程进行风险识别,然后优化流程制度,制定员工行为守则,加强采购审计。

这样做的优点,从制度上保证,从文化上引导,确保廉洁。既能保证采购人员的专业性,又能规避廉洁风险。缺点,工作难度大,需要制定专业的职业生涯规划。

最后,公司管理层研究决定选择方案2,并对敏总的工作非常满意。

2. 有多个方案时,要做对比分析

"男怕入错行,女怕嫁错郎,做采购最怕选错供应商",这是我在"供应商全生命周期管理"课上的口头禅。选择非常重要,一旦选错,影响非常大。

所以,我们在制订方案时,一定要确定一个选择的标准,然后根据这个标准做对比分析,这样才能从中找到一个最优方案。有标准、有对比,确保做出正确的选择。

注意,我们这里说的最优方案,是指当下最优、最合理的方案,而不是理论上的最优方案。决策理论学派也强调"合理",它是用"满意方案"替代了"最优方案"。

云南一家医药集团公司李总给我讲了这样一件事:

我在着手牙膏包装防伪标识提升的项目时,我的下属给了我不同的方案选择,例如光变logo防伪技术、二维码防伪技术、纸张防伪技术。

他的方案列举出了每一种防伪技术的优缺点,并分析哪些技术虽然门槛高,但是实践性不强,哪些技术容易辨识,而且也能让消费者直观看到。

选择标准有两条:一个是防伪水平要高,另一个就是成本要低。我的下属进行了很好的对比和分析,这样我就很容易做出决策。

3. 要勇敢地说出自己的建议方案

决策就是要解决问题。所谓"满意决策",并不是指领导满意,而是说要解决问题。直指问题解决,但并不追求十全十美。

如果领导的决策和我们的想法不一致,我们要勇敢地说出自己的建议方案。当然,我们要说清楚理由是什么,为什么我们倾向于这个方案,不用看领导脸色行事。领导的决策和我们的想法不一样,可能是信息掌握得不一样,也可能是考虑问题的出发点不一样,还可能是我们心中的边界条件不一样。

决策依赖信息环境和决策模型。信息环境,指的是所有信息都是在一定环境下的信息,同样一条信息,我们在不同环境下的判断是不一样的。决策模型,除了要包含我们常说的优劣势分析等常规工具之外,更重要的是要考虑决策偏好,有的人倾向于冒险,有的人倾向于保守。

与领导讨论,提出自己的方案,就是为了做决策时所依据的信息更完整,考虑的角度更全面。大家对齐边界条件,方能制订一个最能解决问题的方案。充分的讨论也便于最后执行落地。

决策理论特别强调,要研究正确的决策是什么,而不是研究能被别人接受的决策是什么。如果总是害怕别人反对,那我们永远也无法做出正确的决策。

有领导力的人都是聚焦解决问题的人,而不是看别人脸色的人。

第三节 要有操作性,不求"高大上"

领导力是要解决问题的,就是要动员他人解决难题。如果决策没有转化为行动计划,那就不能解决问题,那么只能算是一种解决问题的意愿。

1. 任何方案,都要给领导一个理由

我们提交一个方案,总是期待领导批准。可是,凭什么领导一定批准呢?一定要给领导一个理由。

我做总经理的时候，有一位采购经理向我汇报，要选择供应商 A。

我问他为什么，他说，A 供应商物美价廉。

我说，那 B 和 C 就不物美价廉了吗？

他说，B 和 C 不好。

那我就问他，B 和 C 是不是别人的供应商？难道别人买东西不追求物美价廉吗？

他觉得我在质疑他，很不高兴，脸涨得通红，给我甩了一句"领导应该用人不疑，疑人不用"。

我们在给领导提交方案的时候，一定要给领导一个充分的理由，供领导决策参考。

其实不用担心这是不是一个最好的方案。没有所谓的最好方案，最好的方案是不存在的。所谓好方案，都是在当下这个时间点、这个条件之下最好的方案。

你必须将这件事情说清楚，就是把当下时间点、当前环境下的信息和目标的关联性说清楚。用术语解释，就是要把决策环境或者信息环境说清楚。

2. 方案要简单明了，能落地实操

决策要聚焦解决问题，而不是他人是否能够接受。不要长篇大论，方案一定要简单明了。如果把方案写得很复杂，既不便于理解，也不便于执行。

我感觉现在很多人过于追求 PPT 的画面完美、管理措施的精细完善，经常搞一些长篇报告，动不动就几十页的 PPT。数字、文字密密麻麻，上了年纪的老领导看起来很累，不得不一会儿摘眼镜，一会儿戴眼镜。

管理问题不是科学技术问题，不需要把方方面面的事情全部搞清楚，而是要抓大放小，聚焦主要矛盾。每一个方案，最好只解决一个问题。这样的方案简单明了，容易实施，容易见到效果。

表述上也要简单直接。大家都很忙，不愿意看长篇大论，更不愿意

看晦涩难懂的文案，更加反感那些不具有实操性的口号式方案。PPT再华美也没用。写一大堆官话套话、指导思想、做事原则，就是不知道怎么操作，根本无法落地实操。

你看那些领导力强的人，说话都非常直接，开宗明义、直奔主题，不绕弯子、不兜圈子。

3. 方案中一定要附上行动方案

决策就是选择并决定目标和行动方案。方案中，如果没有明确的行动方案，一切决策都是零。行动方案就是一张施工图纸，任何人拿在手上都可以去实施。如果让你去盖房子，你没有图纸是没有办法盖的。

制订方案要兼顾执行措施，让决策变成可以贯彻的行动。这是决策过程中最难的一步，也是最费时的一步。

在实践中，我们最容易出现的问题有两个：一个是只有指标没有目标，另一个就是没有操作事项。

"指标"是一把可以衡量的尺子，是一个计算公式或衡量标准；"目标"则是这把尺子的某个点，是一个计算结果或衡量结果；"操作事项"就是可以操作的一件事。比如，降低成本就是一个指标，降低成本10%就是一个目标，"谈判降本"就是一个可以操作的事项。

这里举几个例子帮助大家理解，供制订方案时参考。

比如，有的领导说"一定要加强管理"，这就不是一个好方案，因为这里既没有指标又没有目标，大家不知道怎么操作。"加强管理"可以年年讲、随时讲、永远讲，只是说要加强管理，相当于没有管理。

再如，某人说"减肥10斤"，但是通过什么方法减肥没有说，这也不是好方案。我们可以看到，周围有人天天说要减肥，就是没有减下去，因为他没有找到"关键成功要素"。

设定指标、目标相对容易，列出操作事项就比较难。操作事项是实现目标的"关键成功要素"。挖掘"关键成功要素"不是一件容易的事情，需要团队合作，并进行头脑风暴，有时还需要借助外部专家的力量。很多管理咨询公司干的就是前面这些活儿，帮助客户定指标、定目标、挖掘关键成功要素。

在公司里，最让管理者关注的就是目标。这些目标大到战略目标，小到项目目标。

如何评估我们提交的方案是不是一个好方案？其实很容易衡量，那就是把这个方案交给别人，看别人能不能按照方案去操作，知道明天干什么，下一步干什么。

行动方案应当是一个可以执行的工作程序和指南，凡是方案必有计划，凡是计划必有承诺，凡是承诺必有检查，凡是检查必有奖惩，凡是奖惩必有改进和提高。

第四节　逼上级决策，不要拖到下次

有些事情很急，但是领导犹豫不决，没有马上做决策，此时该怎么办？如果等待下一次，可能会耽误事情，如果要求领导必须立刻决策，似乎让领导感觉很不好。

那怎么办呢？

1. 多问一句，还差什么

领导之所以没有当场做决策，一定是条件还不具备。所以我们要明白一个道理，就是决策的约束条件和边界条件。

什么是"边界条件"？管理大师彼得·德鲁克在《卓有成效的管理者》一书里这样说：所谓"边界条件"，就是"解决问题时必须满足的界限"。在做决策时，你应该问自己两个问题：决策的目标是什么？最低限度应该达成什么目的？用科学的术语来说，这就是所谓"边界条件"。

边界条件说得越清晰，决策就越有效，就越能解决问题。

比如，有一段时间芯片出现断供。此刻，我们特别在意芯片的价格，还是持续供货？如果我们关注持续供货，可能要牺牲价格，选择多备一些库存。类似于半片面包总比没有面包好，因为面包本是为了充饥，半片面包也是面包，这种折中仍然是符合边界条件的。

什么是约束条件？我们来看看项目管理，任何项目都会在范围、时间、成本三个方面受到约束，这就是项目管理的"三约束"。项目管理，就是以科学的方法和工具，在范围、时间、成本三个方面找到平衡点，以便让项目所有的干系人都满意。

企业管理决策中的目标，基本上都是有条件的。因此，在确定目标时，还要求管理者必须明确地规定约束条件，比如质量、成本、交付，到底如何平衡。

所以，当上级领导不能立刻决策时，我们就可以向领导多问一句：这件事的目标是什么？还有什么样的顾虑？是我们提供信息不充分，还是不知道如何在多个目标之间权衡？

多问一句，就有可能把模糊的边界条件、约束条件搞清楚，如果需要补充信息，就知道下一次如何改进，如果只是厘清决策关键点，可能直接就做出了决定。

决策常常是两难选择，最后总要有取舍，帮助下定决心的，往往就是约束条件、边界条件。

2. 如果不决策，会影响什么

如果这件事情确实很急，不决策会带来非常严重的后果，那就直接把后果告诉领导。因为有的时候，领导并不知道这件事情的轻重缓急，只有我们最清楚。

闵总是浙江一家民企的采购总监，他们公司接到一个订单，需要一种不常用的三型材料，且数量需求较大，由于该材料不是常用型，手上只有一家生产型合格供应商。

闵总了解到，销售接单时三型材料核算基本价格为每吨9200元。于是，他马上分析市场价格走势，同时向制造商、贸易商询价。生产型供应商交货周期长，付款条件比较苛刻，价格只能随行就市，有一定的上涨风险。贸易商能满足需求量和付款条件，当前市场价格低于9200元，此时下单正是好时机。闵总立即启动审批流程，并向总经理汇报，说明事件背景，如果当天不确定下来，一方面价格有走高风险，另一方面还存在货量不确定性。

当时总经理正在开董事会，本打算会后再说，但考虑到情况紧急，他还是打开电脑审批同意了这个订单。因为他知道，不及时审批有可能损失一个亿。

3. 领导说"你们定"，怎么办

如果领导说"你们定"，有很多的人就不知所措了，觉得这是领导的权力，现在把事情交给我，我也不知道怎么定；甚至有的人心里还嘀咕，如果我知道怎么定，就不问领导了。这些都是错的。

如果领导让我们定，有两种可能性：一种是领导考验我们的决策能力，还有一种就是领导没有想清楚应该怎么定。

此时，就要展示我们的决策思路和决策能力了。记住，决策是一个领导者的必备素质，是一项基本功。我们可以立即向领导说出我们的决定，为什么做这个决定。

首先，说清楚我们要解决的问题是什么，也就是说这个决策要实现的目标。其次，要说清楚这个决定的优缺点。最后，说清楚我们为什么做这个决定，也就是说清楚为什么选择这个方案，而不选择其他方案。

不用担心，既然让我们定，那就大胆说出我们的决定。注意，是"说出"我们的决定，最后还是由领导决定。

思考题：

1. 应该给上级提供什么样的选择题？
2. 如何让上级接受自己的方案？

第五章

服从权威

学习目标

1. 理解盲目服从的危害。
2. 掌握如何向上级表达不同意见。

问问自己,害怕领导吗?你在怕啥?是否因为怕,而变成一味服从?

服从权威既是一种理性,也是一种天性。权威人士拥有成功的阅历和丰富的学识,让人佩服,值得学习。因此,我们遇见解决不了的问题,就会想到请教权威,这样确实可以规避决策的风险。

但是,如果我们不加思索地服从权威,就可能陷入一种"平庸之恶"(The Banality of Evil)。这是汉娜·阿伦特提出的哲学术语,指的是普通人没有自己的思想和判断,机械执行造成的恶。给人的感觉就是"拿着鸡毛当令箭"。生活中,这样的例子很多。

下面讲了心理学家斯坦利·米尔格拉姆曾做过的一个"服从实验",实验结果让人哭笑不得。真实社会,或许没有这么极端,但这确实提醒了我们,对上我们不能简单地服从,而要有自己的思考和建议。没有观点、没有思考,就体现不出领导力。

第一节　迷信权威：领导可能是错的

领导总是有权威的，他是我们的上级，被公司授予了更高权力；领导是有丰富阅历的，他处理问题考虑更多。不知不觉中，我们天然地认为他想问题会更全面，领导就是我们心中"战无不胜"的权威。

但是，领导说的一定就是对的吗？

1. 奇葩的"肛门耳痛"让你想笑，但笑不出来

这是一个有趣的故事，记载在美国著名社会心理学家罗伯特·B.西奥迪尼（Robert B.Cialdini）的《影响力》一书中。

为美国国会提供医疗政策咨询的"医学研究会"做过统计，每天至少会碰到一次就诊的患者用药失误或者拿错药的情况。原因有很多，但坦普尔大学药学教授迈克尔·科恩（Michael Cohen）和内尔·戴维斯（Neil Davis）在《用药失误：成因和预防》一书中，把大部分问题归结到患者对主治医师的盲目服从上。

据科恩所说，在一起又一起的案例中，很多都是因为患者、护士、药剂师和其他医护人员没有对处方提出质疑。科恩和戴维斯报过一起"肛门耳痛"的奇怪病例。

一名患者右耳感染发炎，医生给他开了滴剂，让他点入右边的耳朵。但他在处方上并未把右边的耳朵（Right Ear）这个词写完整，而是来了个缩写 Rear（Rear，在英文中有"后部"的意思）。看到处方，值班护士立刻把规定剂量的药水，点入患者的肛门。

显然，耳朵痛却对肛门下猛药，实在不合情理，但不管是患者还是护士，都没有丝毫的怀疑。

这个故事给我们上了一课，在很多情况下，只要有正统的权威说话，其他本来应该考虑的事情，好像就变得不相关了。

2. 恐怖的"服从实验"让你想哭，但哭不出来

美国心理学家斯坦利·米尔格拉姆教授在耶鲁大学做过一个实验。

他拉来一些学生作为志愿者,并将他们分成两拨,一拨扮演学生,一拨扮演老师。解释实验的目的是研究"惩罚"对学习和记忆有什么样的影响。

一拨参与者要完成的任务是,学习一张超长清单上的成对单词,直到把每对单词都完美地记住,这拨人被称作"学生";另一拨参与者的任务则是检验"学生"的记忆与进度,每当后者犯错,就加强电击力度,这拨人被称作"老师"。电击分等级,每次答错,电击强度就会翻倍。

实验过程中,答错的"学生"会被惩罚,脸上现出痛苦的表情,甚至苦苦地哀求,但是没有人停止。"老师"继续按照指令行事,电压越来越高,直到电击的强度让"学生"昏迷。

其实,"学生"并不是真的学生,也不是真的挨了电击,那些痛苦呼喊哀求怜悯的人是"演员",是提前安排好的。

 小师妹插嘴

他做这个实验,目的是什么呀?

 学霸掉书袋

他想探究的是,当权威角色下命令,要求一个人做出挑战其个人认知和道德的行为时,会对这个人产生怎样的影响。他的真正目的,并不是研究"惩罚"对学习和记忆的影响,而是测试一个普普通通的人,在履行职责的时候,会愿意向完全无辜的其他人施加多大的痛苦,这就是"平庸之恶"。这种情形是对人性的严酷考验。

实验的结果是,看似公正的权威(教授)进行了一个实验,并且提供了一个看似合理的意图,但是当权威的命令不再合理时,大多数人未能反抗。

斯坦利·米尔格拉姆将这个以"服从"为主题的实验记录以及实验分析写成一本书——《对权威的服从:一次逼近人性真相的心理学实验》。后来米尔格拉姆在荷兰、德国、西班牙、意大利、澳大利亚、约旦反复进行这个实验，结果相差无几。后来也有人效仿他的实验，结果也没有什么差异。

他在该书的前言中说，人们一旦进入一个权威体系中，就不再认为自己的行动是出于个人目的，而是将自己看作一个代理，执行另一个人的意愿。也就是说，人们不再为自己的判断和行为负责，而是把一切交给上级权威来决定。

3. 哭没用，笑没用，还是批判性思维有用

理性看待权威及其下达的命令，尽可能跳出代理状态，以自主状态思考问题，避免"平庸之恶"。

哲学家叔本华说："每个人都把自己视野的极限当作世界的极限。"苏格拉底曾经说："我唯一知道的，就是我一无所知。"

人非圣贤，孰能无过。作为领导，一旦时间长了，就多想想叔本华、苏格拉底；作为下属，一旦有些迷失，就可以看看《思辨与立场：生活中无处不在的批判性工具》。该书的作者保罗说，掌握强大的理性思维工具，能帮助我们厘清自我、洞悉他人、看透世界。

如何避免"平庸之恶"？那就是要有批判性思维，不盲目、不盲从。有领导力的人，都是有独立头脑的人、有批判性思维的人。

第二节　上级不一定总是对的

领导不是全才，不可能什么都懂；领导不是全能的，不可能什么都知道；领导也不是全方位的，不可能360度无死角。

受限于各种原因，领导的决策不可能总是对的。要多动脑子，不能盲从。

1. 情况是动态的，要与时俱进

决策需要信息，信息是动态的，具有时效性。今天的信息拿到明

天很有可能就是过时的信息，因此在决策的时候一定要提供当下最新的信息。

我们要注意跟领导同步信息，否则很有可能与领导掌握的信息时间点不同，带来的决策依据不同，得出不同的结论。

大宗物料价格波动是一种常态，很多公司都有专人收集信息，以便根据价格走势寻找机会，做出定价策略或购买策略，以控制采购成本。

这里，收集信息是关键，不同信息会让我们得出不同结论。

云南一家医药集团公司李总给我讲了这样一个案例：

2022年年初，很多大宗物料价格都在上涨。

有一次，我们觉得当时价格已经非常低，应该抓住机会多买入一些，但是领导觉得现在的价格不是最低的，还可能继续降，要求我们等等看。

我赶紧找到领导，按照"供应市场分析与价格预测"这门课程学到的知识，从供求关系、相关政策、市场投机三个方面给领导列出了我们掌握的信息和判断的理由。

领导觉得我们说得有道理，同意了我们的方案。事后证明我们是对的，帮助公司控制了成本，领导很是满意。他还特别对我们说："你们是专业的，与我讨论时要坚持你们的专业意见。"

2. 不要死板地执行，要有主观能动性

领导做了决定，作为下属当然要执行，这是组织伦理，是我们的职责。但是在执行中也不要死板地执行，要牢牢盯准解决问题。领导决策的时候，可能当时很多情况没有考虑到，或者在执行的过程中出现了新的情况，这都需要我们随时调整执行的进度或方案，发挥我们作为执行者的能动性。

敏总在浙江一家民营企业工作了20年，做过质量、销售，现在是采购总监，深得老板信任。

2020年下半年，由于世界各地疫情反复无常，一些厂商转产用于生产一次性手套的糊树脂，导致用于敏总公司涂层产品的糊树脂型号严重

缺货。

以前，公司要求必须向生产厂家采购，只允许少量向贸易商采买。现在市场资源紧张，不能再恪守公司原来的要求，否则有可能造成供应链中断。

于是，敏总主动向老板提出拜访贸易商，像做销售一样做采购，积极维护与贸易商的关系，以获取更多货物，最后用合理的价格为公司保障了供货。

3. 如果有更好的方案，要敢于提出

领导提出的方案就一定是最好的方案吗？当然不一定。作为下属，如果我们有更好的方案一定要勇敢地提出，这是我们应该做的，也是领导期待的，其实领导也担心自己的方案不是最好的。

宝总是上海某德国药企亚太区采购总监，他给我讲了两个例子。

一个例子是一位强势领导的烦恼：

他认识一位领导，办事铁腕，说话像命令，导致很多员工不去思考，即使那位领导有明显的错误，员工也不敢和他沟通。因为沟通时他没有给大家思考的空间，而是压迫式地交流。这位领导很是苦恼，知道自己身上有这个毛病，但一时又改不掉，他很期待员工能跟他说出自己的想法。

另一个例子是他们公司开放的文化：

前段时间，他们公司合规部门进行员工调查，调查是否存在领导打击报复的现象，导致员工不敢说出自己的想法。最后调查显示，"没有碰到打击报复现象"占比80%以上，但是"曾经看到、感受到"占比6%。显然这件事情还有提升空间，我们需要让每一位员工敢于表达自己的想法。

第三节　上级不一定了解情况

发现上级领导掌握的信息不全面，决策有问题，行动出错了，怎么

办？去纠偏，是补台；不提醒，是晒台；唱反调，是拆台。

1. 及时纠偏错误事项，是补台

一个正确的决策需要完整的信息，但是可能由于某种原因，领导掌握的信息不准确，可能是片面的信息，也可能是过时的信息。

作为下属，我们应该及时提醒，及时将信息补充完整，及时在行动中纠偏。

Z 公司在执行污水处理工程合同过程中，有人向领导反馈，供应商有问题，领导要求经办人小王立即向工程承包商提出投诉并表示不予结算尾款。

小王接到任务后，没有马上通知供应商，而是了解各方情况。

真实情况是，由于需处理的车间污水量和污染物浓度变化，供应商现场处理工艺变更，直接导致投入的处理材料增加，致使工程部门的运营成本略高于合同约定的核算成本。工程部门没有了解全面情况，认为供应商有问题，就向上反馈。

小王在详细调查后，将完整的调查信息及处理意见呈送给各部门领导，并建议明确工艺变更流程：

各部门若发现现场变更，必须及时提交变更单给采购部；同时，采购部提示供应商，若有现场变更，必须及时反馈给采购部门。

此次事件完美解决，各部门领导高度赞同。

2. 说风凉话唱反调，是拆台

合作是每位职场人士必须面对的问题，学会团队合作，决定了自己在团队中的个人定位和集体的发展。唯有互相搭台，才能好戏连台。良好的团队是互相补台，互相搭台，各自成角儿。

同事间如此，与领导间也是如此。有的人不但不提醒，还在背后说风凉话。这种人会上不说、会后乱说，这就是拆台，是对工作的不负责任。我相信任何领导都会非常痛恨这种行为。

有的人可能会觉得，把领导挤走，自己可以替换领导的位置，实际上这是不可能的。任何一个公司都不可能重用这种背后拆台的人。拆别人的台，就是给自己挖坑。堵住了别人的路，也为自己封住了路。

也可能有人觉得，领导错了，领导要求往东我偏往西，坚持自己的观点，我这是为了工作，问心无愧。如果这样，可能会让领导觉得你这个人有能力但不可控制，很难建立对你的信任。没有了信任，你就很难得到领导的支持，领导认为你固执，当不了领导，也带不好团队。

你可以看看周围，有大量的案例能够证明这一点。

3. 任由错误继续进行，是晒台

有一种行为，就是看着错误的事情发生而不管不顾，这种行为就是晒台。晒台是东北方言，就是搁置不管的意思。

这种行为看上去没错，但是对一个组织非常有害，领导似乎也挑不出你什么毛病，但是如果被领导发现，也就不会对你有任何的重用了。

有些新领导上任，由于不了解情况，做出一些不合理的决策；有些领导高高在上，不与下属积极讨论，乱指挥。这些时候，特别容易遭到下属的晒台。

有人看不过，也会批评这些下属："不要看别人笑话，有意见可以提，不该晒别人的台。"

苏州一家做光学镜片的日本企业，新来了一位总经理，这位总经理来自一个国有大厂，董事长对他很重视。但他毕竟刚来，不了解情况，很多事情都不知道从何处做起，所以一些决策漏洞百出，有些人就在背后看笑话。

这家公司的采购主管小陆，跟我讲了这个情况，说公司很多人都怀念之前离开的总经理，对这位新上任的总经理晒台，不太配合。我跟她讲，新来的总经理特别需要获得别人的支持，这个时候你应该主动跟他沟通，让他多了解公司情况，主动承担更多的工作，他一定非常感谢你。

果然，没过多久这位采购主管小陆，就升职当了采购经理，新上任的总经理觉得她特别有能力，还找个机会派她到日本总部学习半年。现在陆经理已经成为一家创业公司的总经理。当年的小陆，现在是陆总。

第四节　如何向上级表达不同意见

工作中，就某一项具体工作，你认为领导的意见是错的，怎么办？是领导说往东你就往东，还是领导说往东你往西？是找领导讨论沟通，还是去找领导死磕到底？

1. 不要违心，要表达

如果我们跟领导的意见不同，一定要表达出来，这是为工作负责，也是对领导负责。

如果不表达，是对工作的不负责任。如果事后证明领导做错了，领导会迁怒于你，认为你没有及时提醒，没有尽到下属的义务。最多认为你是个听话的好下属，没有自己的观点，不适合当领导。

一定要相信，领导喜欢有主见的人，因为有主见的人可以帮助领导纠错，让领导少犯错误。如果事实证明你帮助领导纠正了错误，领导一定会感谢你。

丝哥是个不错的小伙子，他其实不姓丝，也不是哥。对于大多数人来说，他是个小弟弟，大家都很喜欢他，因为名字中有一个"丝"字，大家就叫他丝哥。丝哥大学毕业不久，很快就被公司提拔为采购经理。

他们公司的采购总监对他的评价就是小伙子很沉稳、有主见，与他讨论问题，总能提出自己的观点。即使与比他年龄大很多的更高层级领导讨论，他也会大胆地阐述自己的观点，有理有据、条理清晰，看得出他做了深入的调研和思考。领导们都觉得这个小伙子不错，可以重点培养。

2. 不要辩论，要讨论

卡耐基说："在争论中获胜的唯一方式，就是避免争论。"辩论的最高境界，就是不辩。

领导也是人，如果我们有不同意见，就气冲冲地找领导理论，与领导辩论，十有八九领导也会很生气，这在浪费时间、消耗感情的同时，只会让彼此更加坚定自己的立场。

所以，找领导的时候，不要着急，不要带着情绪，要心平气和地与领导讨论，讲清楚理由。也要学会换位思考，站在领导的角度想想，为什么自己的想法与领导不一样。

还要注意领导当时是不是带着情绪，他只有心平气和，才会听进去你的不同意见。

严总是个很严肃的领导，他有个部下老张，人很正直，对工作也很负责，就是总喜欢跟别人辩论，辩论到脸红脖子粗的程度，不说服别人不罢休，同事们都不太喜欢他。

按照严总的评价，这个人非常犟，总是坚持自己的观点，无理也能辩三分。

他同严总交流也一样，严总既喜欢他又讨厌他。喜欢他，是觉得他的观点有一定的价值；讨厌他，是觉得跟他交流很费劲，两个人就不在一个频道上，双方都觉得很痛苦。

3. 不要解释，要解决

一般来说，你能想到的，领导八成也想到了。所以，你提出不同意见的时候，一定要有解决方案。

如果一味地去解释，领导十有八九会认为"解释就是掩饰"，让你赶紧去解决。

如果你能提出解决方案，那在领导眼中就不一样了。领导会认为你有主见，一心解决问题，把事情托付给你放心。

财务领导发现物料采购数据异常，要求采购部门给个说法。

敏总首先找到物控人员了解情况，发现有一些变更是配方发放后在生产现场被改动了。

在敏总的公司，生产部门确实有配方变动的权限，但由于频繁变动配方，导致品质波动，客户投诉增加。领导认为，配方变动是生产部门出于降本目的，没有必要将配方变更纳入研发部门的工程变更程序管理。

敏总觉得，这个情况应该改改了。她就找到研发负责人，一同收集各种数据，做数据分析，验证配方变动与品质波动之间的关联。在获得一手数据之后，敏总与研发负责人花了半天时间一起写了一个提案，建议终止生产部门变更配方权限，交给研发部门。之后，公司修改了流程，细化了各部门的职责，从根本上解决了问题，各部门的领导都非常满意。

思考题：

1. 自己是否有过盲目服从？那是在什么场景下，为什么会盲目服从？
2. 下次遇见与上级意见不同时，你该怎么办？

第二部分

协同领导力
——协同横向部门，达成步调一致

工作中最难沟通的恐怕是横向部门之间的沟通，如研发、质量、生产、财务等需求部门、职能部门。为避免遗漏，这些部门常被称为"有关部门"，在项目管理中，称为干系人或利益相关者（stakeholder）。

一般情况下，上级领导会支持你，因为你的绩效就是他的绩效；供应商会支持你，因为你是他的客户；下属更会支持你，因为你是他的老板。而这些利益相关者与你平起平坐，在公司里承担不同的职责，甚至归属不同的副总经理负责。和他们沟通，可能会有冲突，会"**争权夺利**"；可能看问题的角度不同，会出现"本位主义"；可能掌握的信息不一致，会出现"部门墙"。越是强调 KPI 考核的公司，部门之间往往越难协同。

与这些部门打交道，最考验采购领导力，我把它称为"协同领导力"或"横向领导力"。

Chapter6
第六章

共启愿景

 学习目标

1. 学习共启愿景对领导力的作用。
2. 掌握如何使用共启愿景来提升领导力。

每家成功的公司都有愿景,每个成功的人都有梦想。愿景能激发组织中每个人的力量,梦想能引领每个人奋力走向远方。

企业愿景是企业存在的最终目的,回答"去哪里",愿景包括组织长期的计划与未来发展的景象,是组织现况与未来景象间的桥梁。有领导力的人,都擅长共启愿景,在繁杂混沌的具体事务中,引导大家找到共同的行动方向。

有领导力的采购人,应该深刻理解组织愿景、使命、价值观,在与横向部门的互动中积极行动,并且善于结合具体事务,为大家树立共同目标,从而减少冲突,达成一致,共同行动。

共同理念是建立高效、真诚的工作关系的基础,虽然并不能做到每个人同意每件事,但要迈出第一步、第二步,必须对某些核心问题有共同的理解。明确共同的价值和理念给人带来了共同的语言,这种一致能产生巨大的能量,成就非凡。

第一节　愿景领导：推动品类管理，实现跨部门协同降本

英语中有一个谚语"穿同一只靴子"，中文中有"穿同一条裤子"，以及日常生活和工作中经常说的"我们是同一个战壕中的战友"，都是相互之间关系好、友谊深的意思。

我们与其他部门都在为同一家公司工作，在公司层面，我们有共同的目标。因此，在工作中，如果我们与其他部门、其他人暂时达不成一致，那就跳出具体问题，从公司经营目标角度，从公司愿景角度去找答案，一定能够达成共识。站在公司目标看问题，大家都是在一个战壕。

领导力有一种说法叫"愿景领导力"，建议各位采购人对其深入理解。下面明总的做法值得借鉴。

FT公司是浙江一家著名家电企业，销售规模在100亿元以上。目前其多种产品市场趋于饱和，在多次竞品分析中，发现其成本高于竞争对手，公司决定组建跨部门小组实行采购品类管理。刚开始各部门参与热情不高，觉得这是采购部门的事情，每次召开会议，采购之外的其他部门只是派一些初级人员参加，未达到理想效果。

采购总监明总决定将这个项目上升为公司级项目。他先获得领导层的支持和授权，然后与研发、质量、生产等各部门的总监开会，向大家说明公司为什么这样做，市场压力在哪里，采购供应的机会在哪里，需要大家提供哪些支持；并向大家说明，采购品类管理项目需要与研发降本项目、质量改善项目协同起来，不能各自为战。

明总又邀请外部咨询团队，给大家培训品类管理方法，带领大家开展降本工作坊，生成一个个降本项目，并明确责任人。

这种方法将原来各部门分立的指标，变成协同降本的指标，真正实现了跨部门协同降本。

 小师妹插嘴

难怪领导总是喜欢讲"愿景"。不过，很多人觉得愿景有点虚幻。

> **学霸掉书袋**
>
> 所以，领导不仅要找到一个愿景，还要让大家相信，这并不容易。从愿景的定义就可以看出来，愿景是由领导者与成员共同形成，具有引导与激励组织成员未来"去哪里"的意向描绘，表达想成为谁，以及组织的最终目的。

第二节　多说自己难处，多问别人难题

在与其他部门同事的沟通中，我们常常有这种感觉：太难沟通了，好像在跟外星人说话，简直不可理喻，等等。

你为什么有这样的感受？你觉得他不了解你，其实你也不了解他，互相之间不了解，自然就不理解，不理解自然就不能获得支持。

所以，有领导力的采购人一定要破解这个难题，了解彼此，关切彼此。

1. 我们这样做的原因是什么

其他部门同事不理解我们，很大程度上是他们不理解我们为什么这么做，为什么这么要求。所以和他们沟通时，一定要讲清楚我们这样做的原因。只有把原因讲清楚了，才能获得理解，形成共识，统一行动。

一件事情不理解，我们就解释，很多事情不理解，我们就要反思，是不是需要进行一场培训。实践中，我看到相当多的情况是需求部门不了解采购流程，尤其不理解为什么这么要求。

2021年，震坤行工业超市成立了一个新的研发部门，由于是新团队、新成员，对公司的规定和产品都不熟悉，很多时候没有满足采购要求。

采购负责人A发现这个问题后，决定对该部门开展一次培训。培训重点讲公司的采购流程和供应商开发流程，讲清楚公司的规定是什么，为什么有这个规定，应该如何操作这个流程。比如公司规定，2000元以上的项目，需要三家比价；10万元以上的项目，则需要招标采购；独家供应商的话，就需要副总审批。

培训解决了大家心中的很多疑问，之后大家都能自觉遵守流程。流程规范了，操作也就顺利了。

2. 你们不同意的原因是什么

我们的每一个建议、每一个要求，其他部门不可能照单全收。如何达成一致？首先，问一问对方不同意的原因究竟是什么。

如果没有弄清楚原因，就无法解决问题。处理这类问题，可以学习质量管理的5个为什么（5why）工具，寻根究底。很有可能，几个"为什么"问下来，会发现那些原因非常之简单，很容易就可以解决，根本没有原来想得那么复杂。

婷婷是一家著名通信设备公司的采购总监，她处理过这样一件事情，相信很多采购人都碰到过，那就是研发部门指定供应商。这既不符合公司的采购流程，又会给采购谈判带来非常大的困扰。

公司购买某种IT类产品，有多家供应商可以供货，但是研发部门总是指定品牌采购。采购部门通过招标买回物美价廉的东西，他们就是不用，或者称不好用。

为了破解这个困局，婷婷总监亲自拜访了研发部的同事，跟他们沟通了十多次。

最后她彻底搞明白了，原来问题还是出在采购自己身上。比如，高频率招标导致研发来不及做新产品的测试导入，不得已指定供应商。还有一些备品备件根本不具有通用性，之前用的啥品牌，接下来只能买同一品牌的配件。这些指定，工程师们是不得已而为之。

了解情况后，婷婷总监推动解决了内部客户所提出的一些重点问题，指定供应商的数量很快下降了50%以上。

3. 都不容易，理解万岁

不同部门的人，身处不同岗位，有自己的工作准则，往往彼此之间并不了解，当然不理解对方也正常。

所以，有人会喊出理解万岁，就是要设身处地站在对方角度去想一想：他为什么这样做？我能不能接受？有领导力的采购人要有共情能力，学会换位思考，学会理解对方。

F公司位于福建，是一家食品公司，其大部分的原料都需要冷链运输，过程中有很多不可控因素。

有一批来自东北的货，由于长距离运输到福建，质量部门测量货品温度时发现不达标，要求直接退货。

采购部的赵经理觉得，现在货源紧张，货品可以马上放到公司的冷冻库制冷，这样温度会很快降下来，不影响使用。她建议可以在一定范围内让步接受。

质量部的刘经理不同意，直接退货的原因是，站在食品安全的角度，尽管本批货达到国家标准，但低于公司标准。

大家都不容易，都是为了公司考虑，两人商量后决定询问副总经理。最后大家商定，将本批货品让步接受，提前使用，并针对此类情况制定相关流程，以便今后遵照执行。

第三节　跳出当下，看看公司目标

管理的本质是什么，就是提高公司的竞争力，为客户创造价值。以终为始，只要抓住了这一点，很多管理问题就会迎刃而解。

1. 局部最优，不等于全局最优

不同部门有不同的目标、不同的考核指标，这些指标常常指向不同的方向，甚至有些相互之间是矛盾的、制约的。

比如降低成本，有可能牺牲质量，削弱供应商的服务水平。反之，提升质量，就可能增加成本；研发创新，就可能增加管理的难度。

如何平衡这些指标？要站在全局的高度，以最终客户的视角看这些问题，作为有领导力的采购人，应该追求整体最优，追求供应链的竞争力。

前面讲到的采购总监大王，一上任就遇到了很多管理困扰，生产部门反映供应商交货不及时，质量部门反映供应商问题频发，研发部门反映供应商不积极配合，情况很是糟糕，甚至供应商都不愿意参与报价。

大王觉得奇怪，这家民营企业成长迅速，在业界是知名企业，为什么会出现这种情况？经过与多家供应商交流以及大量的数据分析发现，由于多年持续降本，供应商已经没有什么利润可得，没有钱购买设备、投资研发，也没有钱招聘更高水平的管理人员，所以供应商群体普遍管理水平低下。前几年由于人工成本、环境成本相对较低，还可以勉强维持，但最近几年这些成本都显著上升，以至于供应商的经营遇到很大的瓶颈。

了解情况后，大王总监与财务总监、公司总经理、各事业部总经理一起坐下来商量，看是否可以取消降本指标，构建一些成本模型，测算应当成本（should cost），以此作为基准，重新核定供应商的价格，该升的升、该降的降，给供应商一个合理的价格。

领导们同意了，觉得这是一个办法，可以试一试。经过一段时间尝试，大部分供应商的价格都上升了，质量问题明显减少，也更加重视交货了，因为供应商买了新设备，稳定了质量，自然也就保证了交期。一年后，大王总监对表现特别好的供应商实行免检，这样就进一步降低了检查成本。

2. 大处着眼，小处着手

万丈高楼平地起，任何伟大的事业都是由一件件小事组成的。因此，处理问题一定要大处着眼，小处着手。

有领导力的采购人，不仅要有大局观，更要擅长做小事。如果一味强调大局观，容易陷入空洞的口号；如果一味地做小事，则容易走偏。

F公司正在开发一款新产品，需要采购食品包装袋。供应商有最小订货量（MOQ）要求，50千克起步。这个量对成熟期的产品是没有问题的，但对于新产品就有很多不确定的因素了。如果市场接受度低，很有可能成为呆滞库存。

采购关心成本，销售更加关注新品推向市场的速度，此时，需要在成本和速度之间做选择，这有些两难。

采购赵经理主动和销售部门沟通，并提出了两个方案：

第一，请销售和客户沟通，看是否可以在食品包装袋保质期内分批交货，如果可以，就按 MOQ 的量购买。

第二，请销售告诉采购第一批货品的需求量，之后采购根据需求量找供应商报价。

采购按照这两个方案请供应商报价，最后由销售评估决定采用哪种方案。

3. 站在未来的角度看今天，很快就能找到答案

当你对当下问题的处理感到困惑时，不妨停下来，看看远方、看看未来，想象一下，如果我们站在未来的角度看今天，路应该怎么走，这个问题应该怎么解决。

如果觉得自己无法站到未来看今天，可以站在现在看过去。因为对于过去，现在就是它的未来，一定能从中找到解决问题的方法。

快下班了，固买的采购员小徐耷拉着脑袋，一副没精打采的样子。

原来她负责对接的客户 D 的采购订单出了问题。D 在江苏泰州有一家工厂，其采购量不大，物料料号非常杂乱，标准化程度很低，缺乏供应链管理，但特别想进入固买采购平台，希望固买能帮他们做些优化工作。

小徐匹配了一些供应商，但这些供应商觉得 D 的资金流问题让他们没有信心。

采购经理发现问题后，建议小徐邀请供应商洽谈，并请销售总监向供应商介绍 D 的优势，请运营总监介绍进入固买平台的优势，重点讲述数字化采购的趋势。虽然供应商觉得难度很大，但表示愿意尝试。后来，D 在固买平台一个月的交易额达到了 100 万元以上。

第四节　求大同存小异，统一行动计划

部门之间甚至人与人之间，一下子达成100%的一致几乎是不可能的，所以，应该求大同存小异，首先在某件事情上达成一致，而不是追求全面的一致。要在一件具体的事情、一个具体的角度上达成一致，这样就容易形成突破口，逐步达成更大的一致。

1. 站在"上帝"的视角

在我们与相关部门讨论问题的时候，大家就会不自觉地站在本部门、本人的视角看问题，这会受制于自己的知识储备、认知角度和价值取向。

此时如果很难达成一致，就应该跳脱出来，站在"上帝"的视角，以第三方旁观者的视角审视这件事情，从而更加客观公正。

如何站在"上帝"的视角呢？首先换位思考，即如果我是他，自己会怎么想、怎么做；然后换人思考，如果换一个人会怎么想、怎么做；最后站在客户的视角看看，应该怎么想、怎么做，如何处理当下问题，如何打造供应链的竞争优势，为客户创造价值。

李刚是JBS公司采购总监，也是创始合伙人。公司以往都是采购部派3个人到供应商的现场进行审核。

现在公司变大了，各部门都从外部招来很多专业人士，采购部门对供应商的审核结果经常遭到质检部门的质疑，怎么也解释不清楚，严重拖延了工作进度。

起初李总有点恼火，觉得之前其他部门指出的都是小问题，有点吹毛求疵。但后来他想通了，其他部门也是在尽自己的职责，各部门确实应该由专业的人干专业的事，采购流程也要有一定的职责分离，这也是规避风险的一种正确做法，大公司都在这么做。

于是李总决定，以后供应商评审验厂，采购组织质检和相关部门一起去。果然，这些部门对供应商的产品更熟悉了，一些问题也迎刃而解了。

2. 率先迈出第一步

如果经过多次讨论，双方对一件事情的认识仍然不能达成一致，不能统一行动，怎么办？此时，有领导力的采购人就应该迈出第一步，而不是原地踏步。这率先迈出的一步，可能让对方有新的认识，给事情带来新的转机。

全球知名电器企业 S 是固买合作多年的客户，一年的交易额大概在 5000 万元。2020 年，其项目团队定了 1 亿元的年度目标。大家觉得这个目标定得太高，不可能翻一倍。

采购员小王分析了 S 从 2018 年到现在的数据，认为在动力传动、泵阀等的供应量上，客户采购量比很小，从客户的实际需求看，还有 50% 的增长空间。大家看着满屏的数据，摇摇头，觉得不准确。

小王说，他从供应商处了解到，S 在全国有 23 个工厂，物料庞杂，还有一些图纸类需求没有放在固买平台上。大家觉得供应商说的不一定真实。

小王没有放弃，继续说，他从 S 的上海工厂了解到，只这一家工厂，非标图纸类的采购额就有 3000 万元。大家听了还是觉得小王说的有点悬。

见大家半信半疑，小王就在上海周边开发一些服务类和图纸类的供应商，提前引到固买平台，并且从采购角度给予项目端一些建议和方案。

果然，市场部同事在给 S 做反馈的时候，其负责人非常开心，认为固买不只能帮他们买东西，还能从合作伙伴的角度提出合理化的建议和改善方案，让采购变得更有价值，帮助客户企业提升竞争力。

2020 年年底，1 亿元的目标真的达成了。在公司年会上，总裁特意表扬了小王，大家也频频举杯对他表示祝贺，小王喝多了。

3. 协同并进齐步走

一花独放不是春，百花齐放春满园。各个部门必须协同并进，工作才能顺利开展，公司经营才会成功。

JBS是一家电商平台公司，采购人必须对外部市场有高度的敏感性，必须学会选品，因为买是为了卖，买得好才能卖得好。

采购总监宋总在和供应商对接时，发现供应商给其他电商平台做的是全品类的布艺收纳箱，一年销售2个亿，而JBS只做了一个品类、一个链接。面对这么大的机遇，宋总饭也没吃，赶紧找到电商部门建议开一个新店，专门经营布艺产品。

经过大半年的沟通，新店终于在2021年开张。2022年3月销量爆发式增长，销售额达1亿元以上。

虽然销量不错，但宋总和运营张总在沟通过程中发现，销售对产品的理解不到位，整个供应链也不顺畅。于是宋总建议请供应商给销售做培训，采购也可以作为辅助，帮助销售理解产品。经过一个月大大小小的培训，销售对产品的理解度提高了，销量也明显提升了。

思考题：

1. 出现分歧时，如何统一大家的行动？
2. 如何找到大家都能接受的方案？

Chapter7
第七章

承担责任

学习目标

1. 理解领导力与承担责任的关系。
2. 学会如何承担责任。

领导力是解决难题,也是承担责任,承担的责任越大,领导力越强。责任代表了一种担当、一种信任,更代表了一种能力。责任是义务不是权利,是付出不是索取,是主动承担不是被动应对。

卡耐基在《人性的弱点》一书中提到,做错事的人,只会责备别人,而不会责备自己,这是人类的天性,是人类骨子里就存在的一种自我保护机制。

有人提出"责商"(responsibility quotient,RQ)一词,即责任商数,它是个人掌控自我责任行为的能力(指数),属于志商(will intelligent quotient,WQ)范畴,志商包括坚韧性、果断性、自制力等。责商有两个外延:一是展示才能,创造价值;二是约束行为,遵守规范。责商比智商更为重要。

承担责任是一个人为人处世的基点,是一个企业获得成功的首要因素,是一个领导者应有的高尚品格。有多大担当才能干多大事业,尽多大责任才会有多大成就。

第一节　敢于担责：为什么大家不喜欢老张

领导力就是承担责任，责任包括应尽的义务和应承担的过失责任。工作意味着责任，推卸责任就是对工作的放弃，没人喜欢推卸责任的人。

老张工作 20 年了，毕业于一所著名的大学，专业是计算机管理，他非常聪明，但是大家都不喜欢他。

原因很简单，每次工作上出现问题，不管大小，他都会找一万个理由为自己开脱，并把所有责任都推给他人。他常说，"这不是我的事""我都跟他说过多少次了""他们也没有找我呀""我怎么知道，怎么能怪我呢"。

大家都不喜欢他，自然领导也不会把重要的事情交给他。

出现问题，自己都不承认错误、承担责任，又怎么可能让别人主动承担责任呢？你会为自己辩解，别人同样也会为自己辩解，甚至还可能反过来攻击你。但如果你首先说"这是我的错"，对方就无法再找理由将责任都推给你，可能还会说"其实我也有责任"。

小师妹插嘴
我就特别烦那些总是推卸责任的人。

学霸掉书袋
其实所有人都烦这种人。老张的问题在哪里？从心理学的角度看，推卸责任是天性，谁都不愿意受到别人指责。心理学家汉斯·塞利说过："我们有多么渴望得到认可，就有多么惧怕受到责备。"孔子曾说过："苟正其身矣，于从政乎何有？不能正其身，如正人何？"

责任可分为必尽之责任、应尽之责任和愿尽之责任三个层次。对于自己分内的事义不容辞，责无旁贷，尽心尽力；对于分外的事，能做的、答应别人的，要做好；不能做的或做不到的，要尽快说明，不要随意承诺，否则既耽误别人，又影响自己。

这种担当，就是在大事、难事面前勇挑重担、敢于负责；在急事、危事面前挺身而出、冲锋在前；在名利、地位面前不计得失、顾全大局。

责任心是一个人的财富，是一个人巨大的无形资产。当负责任成为一种习惯时，往往也是一个人走向成功的开始。

第二节　油瓶子倒了，首先是把它扶起来

油瓶子倒了，是先把它扶起来，还是先查明原因、撇清责任，抑或觉得这不是自己的事儿，等待别人来扶，任由它流淌浪费？此刻显示的就是担当，就是责任。

出现问题，首先要解决问题，事后再复盘分析问题的原因，进而总结经验，确保下次不会再犯同样的错误，这才是解决问题的正确顺序。

1. 首问责任制

为什么政府机构、银行等很多公共服务部门设立首问责任制？因为来办事的人很有可能对办事机构的职责、流程不熟悉，如果你是第一个被问到的人，怎么处理？

首问责任制的关键就是对别人提出的问题或要求，不管它是否是自己职责（权）范围内的事，都要给出一个满意的答复。

对职责（权）范围内的事，如果手续完备，首问责任人要在规定的时限内予以办结；如果手续不完备，应一次性告知其办事的全部办理要求和所需材料，不要让办事人多跑或白跑。

对非自己职责（权）范围内的事，首问责任人也要热情接待，并根据事由，负责引导该办事人到相应部门，让其快速找到经办人员。

任何企业、任何组织都会出现类似问题，哪怕是一家餐馆、一个理发店。首问责任制，会让来办事的人少跑路，提高效率，提高满意度，大企业、大机构尤其要注意这一点。

2. 不是自己的事，也可以多做一点

员工对公司的抱怨大多是流程不清晰、权责不明确、互相扯皮推诿等，总是期待公司的流程更清晰、权责更明确，这也是泰勒的科学管理所追求的。但也要注意，无论多么努力，都不可能把所有的职责都规定明确，很多工作需要大家共同努力、协同开展，有时也需要我们主动一点、多做一点。

很多人问我，采购需求描述由谁负责？毫无疑问，应该由需求部门负责，因为它们是需求者，知道需要什么。

但在真实工作场景中，需求部门可能从来没有买过甚至从未见过所需产品，只知道需要的场景，不知道如何描述所需产品。此时，采购就应该根据自己掌握的外部供应市场情况，或者借助供应商的经验，与需求部门互动，共同解决需求描述的问题。

F公司的产品有100多个库存进出量的基本单元（SKU），每个SKU都有不同的包装要求。梳理包装规格这件事本应是产品经理的事情，但内部一直在推诿，称没办法提供这些数据。采购负责人赵经理提出，梳理包装规格这件事由采购部门主导，由各位采购工程师分别联系供应商，获取并整理数据，最终形成公司产品包装规格标准书。

3. 解决了眼前，也要考虑长远

有领导力的采购人不能简单地就事论事，而是要擅长举一反三。在解决当前问题时，就应该思考如何解决未来的问题，思考如何避免再发生同样的问题。要擅长萃取当前工作经验，为未来的工作提供方法论。

一家互联网工业超市公司发展速度非常快，由几百人扩展到几千人，原来的工作流程已经不能满足当前的业务需要。

以前，采购会做一些订单，并预先判断订单费用的所属科目。财务经常在这一环节对采购提出质疑，采购则认为订单已经收货了，发票也制作了，财务只需填写单据即可。财务不同意，要采购取消订单，重新更改所

属科目，再进行收货。这样发现一个错误，修改一个错误，耗时耗力。

针对该问题，采购负责人 A 向财务总监提出，能否一起从头到尾核对每个环节，优化工作流程。经过讨论，财务把最终审核所属科目这个动作，前置到采购收货之前完成，财务帮助核对后，采购再入发票。改善后的流程得到了大家的一致认可，从根本上解决了问题。

第三节　出现争议时，第一个站出来

在和其他部门的沟通中，难免出现意见不同，甚至发生冲突。我们是退避三舍、不敢面对、绕着困难走，还是第一个站出来，直面解决问题？此时，非常考验我们的领导力。

1. 争做第一个

当出现争议时、当讨论复杂问题时，谁能第一个站出来发言，往往谁就能起到打破僵局、引导后续讨论的作用。这种引导会议的能力，就是领导力。领导力就是要能引领、指导。

供应商把一批货送到了 JBS 公司仓库，经检验，合格率为 95%，并没有达到公司的要求，仓库拒收。销售端想让仓库赶紧签收，因为库存告急，如果不签收就会断货，影响销售。双方各不相让，就在那儿争执，也没有把情况向上汇报。

大家争论不休期间，采购员刘大壮站了出来，建议先签收，因为销售端快没货了，如果将货品拉回去，会给公司带来巨大损失。尽管这样会违反公司与供应商签订的协议，但可以商讨解决方案，由供应商出全检费用，制定长期整改措施，避免再次出现同类问题。

经领导层评估，决定采用刘大壮的建议。事情最终得到了圆满解决。

2. 主动认领任务和责任

工作总要有人干，问题总要有人解决，责任总要有人担当，不是你，就是他，具体是谁呢？

如果大家面面相觑、低头躲闪，那么工作就会无法进行。

一个成熟的公司，或许已经明确工作职责。但如果是新公司、快速发展公司、创业型公司，是新业务、新问题的话，谁去做？谁去解决？

此时，特别期待能够有人站出来主动认领任务、承担责任。如果你能第一个站出来，就容易获得大家的支持，让大家配合你、跟随你完成这项工作。

具有领导力的人都是敢于主动认领任务和承担责任的人。责任就是压力，责任就是动力。主动站出来，意味着敢于挑战困难，敢于为未来的结果负责。中采商学在管理上特别鼓励大家主动认领任务，主动承担责任，推崇"让我来、跟我干，是我的事、是我的错"的精神。

产品送到 F 公司时，都要过地磅称重。以前是司机下车按铃提示，后来因疫情管控，司机无法下车进入厂区，那就需要有人告诉厂区货到了。大家都不愿意做这件事，互相推诿。各部门也开会讨论过，一致认为这是仓储部门的事。

仓储部经理诉苦，表示人手不够，可以让门卫告知；后勤服务部不乐意了，说门卫不懂，很忙，做不了。

看到大家都在推诿，采购经理小赵提出让负责各批货的采购员通知。小赵还建了一个到货通知群，货到了直接在群里发消息，并让司机发送货车开门的操作视频，以方便大家操作，这样所有的问题就都解决了。

3. 担任主持人

一场活动中，你对谁印象深？主持人。在公司各种会议上，大家争论不休，各个面红耳赤；或者大家都默不作声，无法取得进展；或者不知不觉离题万里。这个时候，就要有人站出来引导大家讨论，引导讨论的主题和方向，帮助大家达成一致，这个人就是主持人。如果你主动担任会议主持人，担任争议调停人，你就树立了具有领导力的采购人的形象。

在固买的一次销售会议上,大家提出某产品交付慢、质量差。对问题产生的原因和解决办法,各部门讨论非常激烈,有拍桌子的,有站起来对峙的,无法达成一致。

参会的供应链代表钟小灵突然站起来:"大家不要吵了,听我讲两句。"

现场顿时安静下来,纷纷看着她。钟小灵打开电脑,展示了自己做的售后分析报告。从数据看,其中90%的原因是客户提供的物料需求描述不标准。

看到钟小灵的报告后,大家开始找解决方案。最后会议决定,如果客户无法详细描述物料,就由驻厂工程师提供信息,各部门再进行需求细化和管理。

第四节 说"不"时,同时指出另一条路

领导力是为了解决问题。如果对现有的方案不满意,只是说"不",这个问题还是无法解决;如果能在说不的同时给出另外一条路,就有了解决问题的方向和可能性。

1. "我有一个替代方案"

日常工作中,会遇到别人提交的采购申请、所做的事情不符合公司流程,别人提交的方案你认为不能解决问题的情况。如果你能在说不的时候,还能给出替代方案甚至多种方案供大家选择,这无疑为解决问题找到了新方向。

如果你仅仅说不,问题并不能得到解决。领导者的根本任务是带领大家共同解决问题,解决难题。对于难题,不会轻易找到最终答案,但一定要寻找更优的答案。

需求部门向采购提出委外安装监控的需求,采购赵经理根据自己的经验进行了评估,拒绝了这张内部订单,并告知了替代方案。

赵经理认为公司自己就能做这个项目。他找到工程部,询问是否可

以由采购购买电缆线、光纤之类的配件，然后工程部负责内部安装监控，并请需求部门评估，最终需求部门接受了赵经理的建议方案。

2."这个方法好，不妨试一下"

面对多种方案，大家争执不下，怎么办？只有一个方案，但大家并不认同，怎么办？

有领导力的采购人会站出来，引导大家："我们不妨试一下。"这能促使大家达成一致。领导力就是能"使众人行"，让大家愿意一起同行。

创新，是近年来讨论度很高的话题，浙江某家用电器公司就设立了一些创新课题。对于这些创新课题，大家其实很难立刻判断是否可以成功，创新的结果又会如何。

看着大家面露难色，采购总监董总提醒："大家不要在这儿坐而论道，可以先试起来，不试不知道。虽然可能一试吓一跳，但不要总想着失败，万一成功了呢？"

3."建议去找某某专家"

如果遇到问题，内部团队一时无法找到满意的方案，怎么办？可以尝试找外部专家或专业咨询公司。

我在开发"OA采购组织能力测评系统"的时候，一共设有9个维度，其中1个重要维度就是资源。有领导力的采购人，善于利用各种资源，尤其是外部资源。领导力，就是动员各种各样的力量、利用各种各样的资源去解决问题。

我们如果认识几个医生、几个律师，遇到问题时就不会慌，可以找他们咨询。这些医生、律师就是我们的资源。

作为采购，我们也要认识一些外部专家或专业咨询公司，他们经验丰富，可以为我们提供独特有效的解决方案。

M公司是一家著名乳制品公司，在供应商管理方面遇到了瓶颈——

战略供应商管理问题。战略供应商都是采购金额高、供应风险大的供应商，既不能轻易换掉，也不能放弃管理。如何对它们进行绩效管理，促使其提供更好的服务？

M公司以前曾邀请国际著名的管理咨询公司做过供应商管理咨询，建立了供应商准入、退出、分类分级管理等基本流程制度。但现在需要的是点穴式解决方案，解决战略供应商的绩效提升问题。

刚好，这家公司的采购总监参加过中采商学组织的"中国好采购"大会。他了解到中采商学可以提供采购与供应链领域的一系列微咨询服务，能够满足解决战略供应商绩效提升的需求。

后来，中采商学为M公司做了战略供应商绩效管理的微咨询项目。通过寻找提升绩效的关键成功要素，制定关键绩效指标（KPI），确立加分项考核办法。比如对战略供应商的创新，可以采用加分项考核，因为创新项目不能按照传统的质量、成本、交付这种绩效考核办法考核。加分项考核短平快，非常聚焦的微咨询项目获得了良好的效果，M公司非常满意。

思考题：

1. 列举一下，身边有哪些不敢承担责任的案例？
2. 如果你是上题案例中的当事人，你将怎么做？

第八章

集 体 决 策

   学习目标

1. 学会如何利用集体智慧，确保工作协同。
2. 学会如何开会。

决策能力是领导者最重要的能力之一，需要领导者正确识别问题：找到一个真问题——能够比较不同信息的来源；找到一个真方案——能够运用有效方法进行选择，获得最佳方案。

有领导力的人，擅长利用集体决策，并在集体决策中起到引领作用。在集体决策中，他们善于利用大家的智慧并聚焦解决问题，善于激励大家发表看法并达成共识，善于引导大家形成高质量的决策闭环。

集体决策，多部门参与，有利于对决策的理解和接受。由多部门参与，在实施中也容易得到有关部门的支持与配合，提高决策实施的质量。由于大家来自不同部门，容易形成互补，进而挖掘出更多令人满意的行动方案。

做决策、引导决策、执行决策都需要领导力。

第一节　集体智慧：如何降低决策风险

新产品开发认证涉及多个部门、公司内外资源的整合和协调，在新产品开发和认证的过程中，会遇到困难和挑战，在关键节点上需要采购快速果断的决策和推动，才能促使项目顺利开展。

有领导力的采购人，应当在项目进行中展示自己的决断力，即针对问题和突发事件，利用决策理论、决策方法和决策工具，进行快速而有效决策的能力，主要体现为：快速和准确评价决策收益的能力，预测、评估、防范和化解风险的意识和能力，获取实现目标所需资源的能力，把握和利用最佳决策及其实施时机的能力。要能熟练掌握决策方法，准确判断决策质量，预估决策风险，并保证决策落地。

小师妹插嘴

我原来以为，喜欢搞集体决策，是个人不敢承担责任的表现。

学霸掉书袋

集体决策确实可以降低个人决策风险，除此之外，还有很多好处。例如，集体决策，多元化参与，有利于提高决策的科学性。具有不同年龄、不同背景、不同经验、不同知识的人，解决问题时会有不同思路，他们的广泛参与有利于考虑问题的全面性，让决策更科学。集体决策，可以邀请专家参与，有利于提高决策质量。利用不同领域专家的智慧，应付复杂的决策问题。通过广泛参与，专家可以对决策问题提出建设性意见，有利于在实施决策方案前，发现其中存在的问题，提高决策质量。另外，有关研究表明，集体决策决策时可以让个人更勇于承担责任和风险。

第二节　会议是工具，学会使用它

领导力就是解决问题，一种是要回答的问题，另一种是要解决的问题。开会是解决问题的重要工具之一，我相信所有人都经常参加各种会议，对会议的效率效果也感同身受。

作为有领导力的采购人,一定要学会开会,开高效的会。

很多组织为了提高会议效率,保证会议效果,专门制定了各种会议流程、会议制度,可见人们对会议的重视和恐惧——重视会议的效果,恐惧会议的效率。本书不全面论述如何开会,而是仅列出我认为重要的几条经验。

1. 会前有准备,列出一个清单

很多会议,会前不知开什么,会中不知讨论什么,会后不知做什么。会议没有效果,浪费了大家的时间,消耗了大家的意志。要开一个高效的会议,至少要花一半的时间做准备。

为了准备充分,可以列一个会议议题清单,提前发给参会人,要求大家提前准备会议所需的信息资料和方案建议,并在会前把这些文档分享给所有参会人。召开会议时,只需进一步澄清自己的信息、说明自己的方案。

我做集团采购总监时,曾主持过一次会议,十几个人参加,涉及5个部门。结果开会5分钟就达成了一致,会议结束。当时我们一个参会的子公司副总经理很惊讶:"这件事情开了几次会都没有解决,为什么你5分钟就解决了?"我说:"你看到的是5分钟,其实在会前我已经要求大家把所有的情况都了解清楚了,会上只是大家坐在一起说明情况,最后做了一个决定。你们以前开会,都是在会议现场了解情况,花了大量的时间,最后信息还是不完整,无法达成一致。散会后又各忙各的,下次开会又重复上次会议内容。"

2. 选对参会人,才能解决问题

一定要选对参会人,否则不可能有好的会议效果。如果选错参会人,就浪费了他的时间;如果选了没有能力的人,就无法获得真知灼见;如果选择不掌握信息的人,就无法获得完整的信息;如果选择没有决定权的人,就不能形成真正的决议。

对于说明型会议，要确认"利益相关者"，项目管理上叫"项目干系人"，一般表达中通常称为"有关人员"。

其实，确认参会人并不是一件容易的事情，组织者可以列一个利益相关者清单，然后根据情况选定正确的参会人。说明型会议本质上是一场培训，比如对相关需求部门培训采购流程，就需要所有需求部门和填写需求的人参加。

讨论型会议要在有关部门中选择有信息、有建议、有决定权的人参加会议。因为这样的会，要协同各方并达成一致，产出解决方案或行动计划。如果参会人信息不完整，不善于提建议，没有决定权，就不会有充分的讨论，自然就没有最优的解决方案，达成的协议也无法执行。

创新型会议是一场头脑风暴，主要目的是生成新点子，找出新方向。会议参加人一定要知识广博、经验丰富、思维创新，只有这样才能讨论出新点子。

高难度会议可以邀请一些内部或外部专家参加，他们现在的工作岗位可能和会议无关，但丰富的经验可以帮助与会者。

3. 会上有讨论，确保达成共识

讨论是一个表达自己观点，倾听别人观点，相互之间进行交流，最后达成共识的过程。所谓充分讨论，就是把自己所想充分表达出来，让别人的观点也充分表达出来，还要相互确保理解对方的观点。基于充分讨论达成的共识，更容易形成统一行动。

没有充分的讨论，就没有充分的理解，就不可能有彻底的执行。如果有些人的观点没有表达出来，或者没有完全理解别人的观点，或者自己的观点没有被尊重，那么在行动中就会犹豫，甚至产生抵触情绪。

G是间接物料电商平台公司，对客户需求的反应速度是关键。

通常，客户在平台上发布需求，只会预留8小时的时间让供应商提供产品报价，但近期都是到7小时后才有平台的供应商说："需求模糊，需要澄清。"前端驻厂工程师回应："1小时时间都不到，我哪儿来得及澄清呀。"最后物料未及时出价,订单丢失,大家很不开心。

沟通会上,大家争论不休,都说不是自己的原因,希望别人改变做法。采购总监说:"大家别急,每个人说一下自己能解决什么问题,哪些地方可以改进。"

销售端说:"在和客户宣导方面没有做到位,没有尽可能让客户延长需求时间。"采购部说:"物料看起来货值不高,供应商就会挑拣,超过1小时时,系统应该对供应商做好提醒。"

经过深度讨论,大家共同制订了改善计划:

第一,销售端向客户做宣导,如果是需求很清晰的物料,5小时之内平台可以响应;如果是需求不清晰的物料,就要额外增加4小时澄清时间,之后再出价;如果是紧急物料,采购部需做特殊处理。

第二,如果遇到A类客户,采购部要让供应商在2小时内参与进来,当天给出报价。

第三,当距离报价截止时间还有2小时依然无人响应时,采购部要提醒供应商,然后"扫白团队"尽快将没有出价的部分出价。

通过3个部门通力协作,3个月后,问题得到基本解决。

第三节　借助专家,达成一致

专家即权威,专家能够站在第三方的立场上,给出全面、专业、公正的建议。借助专家意见更容易达成一致。

人们普遍有一种"安全心理",即人们总认为权威人物的思想、行为和语言往往是正确的,服从他们会使自己有种安全感,增加不会出错的"保险系数"。同时,人们还有一种"认可心理",即人们总认为权威人物的要求往往和社会要求相一致,按照权威人物的要求去做,会得到各方面的认可。因此,这两种心理就诞生了权威效应。

1. 第三方专家

第三方专家与事件本身以及相关人员并无直接利害关系,会使决策更客观、更公正；第三方专家往往具备组织不具备的专业知识和丰富经验，会使决策更权威、更实操。

有领导力的采购人，一定要擅长借用外部专家的智慧做决策，利用外部专家的力量达成一致。管理咨询顾问、私董会、独立董事、律师都是这种角色。

赵经理是F公司采购经理，他发现市场上鸡肉、猪肉价格相对较低，准备加大批量采购。但这样做会增加仓储费、冷藏费，这个费用属于仓储部，他们提出召开会议讨论。

赵经理决定邀请一位顾问参会，因为他曾在业内知名企业管过采购，有丰富经验，相信他能站在采购、仓储多角度分析，给出可行的建议。

会上，赵经理解释大批量采购鸡肉、猪肉的原因，仓储部门也说出了他们的担忧。顾问从头到尾只说了一句话——"两害相权取其轻"，一句话轻松解决了大家的困惑。

最后大家采取了一个折中方案，将原来一次性采购半年的量变成三个月，仓储部门也设置了一个安全库存。

2. 社会佐证

社会认同原理认为，在判断何为正确时，人们会根据别人的意见行事，尤其当我们在特定情形下，判断某一行为是否正确时，如果看到别人在某种场合做某件事，我们就会断定这样做是有道理的。

有领导力的采购人，要擅长借用成功人士的观点、成功企业的案例佐证决策的正确性，继而推动大家达成共识。

FB公司新品开发一般为期6个月，前3个月每周汇报进度。采购部赵经理每次都邀请公司一位资深生产副总参会，因为他以前是标杆企业供应链负责人，即将退休，在供应链管理方面非常有经验。

讨论之前，赵经理把会上要解决的事项、拟提交的解决方案与副总沟通。沟通之后，在会议上直接陈述事实和观点，包括过去的情况、其他人的做法、自己打算怎么做。大家统一不了意见或拿不定主意时，便目光齐刷刷地看向副总，副总就会分享自己从前公司的经验。

最终在副总的帮助下，大家达成共识，并制订了可落地的有效方案。

3. 虚拟专家

在数字时代，需要数字化的思维能力，有领导力的采购人要擅长使用数字技术、互联网手段，构建虚拟专家团队。

比如要想了解自己是什么人，可以问问网络。因为网络把你的一切行为都记录下来了，通过大数据算法了解你的性别、年龄、爱好、职业、家庭住址等各种数据，比你更懂你。所以很多公司开发产品时，会利用互联网数字化手段给客户画像。

采购也是如此，有很多人工智能手段被应用到采购与供应链的管理中。如果我们关注某家供应商，该供应商的风险会自动弹窗到眼前。考察供应商可以使用虚拟现实技术等。

另外，互联网技术也能帮助我们构建虚拟专家团队，利用无边界的组织链接外部一切资源，要相信高手在民间。我们有什么样的困惑，有什么样的烦恼，需要什么样的信息，需要什么样的答案，都可以求助互联网。

我们可以用社交平台构建专家团队群，创建无边界组织。当遇到问题需要解决时，我们就可以向他们请教，请教不特定的专家会使我们的决策更全面和精准。

当今世界，知识大爆炸，科学技术日新月异，信息传播速度越来越快，企业没有必要完全依靠自身有形的实体组织经营，在很多情况下可以采取跨时空、跨组织的新型合作关系，通过组建虚拟团队，共同开发新技术、新产品，迅速取得竞争优势。现代通信手段，为企业组建虚拟团队提供了技术支撑。

第四节　回访跟踪，确保决策闭环

项目有回顾，决策要跟踪。决策不跟踪，结果一场空。跟踪是一种过程管理、过程控制,有好的过程才会有好的结果。

为了研究解决一件事,很多组织不仅有启动会议,还有回顾会议、检讨会议,之后还有复盘会议,这些会议的目的就是要形成决策闭环,确保决策进度和执行效果。

1. 记得,一定要跟踪

形成决策后,一定要跟踪。一个大的决策,经常在执行计划当中设有里程碑,可以通过里程碑,检查进度、督促落实,保证执行的进度;可以通过检查里程碑、交付成果、绩效表现,及时发现执行中的偏差,以便迅速调整或更改计划或决策;可以通过风险识别,及时发现执行中面临的风险,以便对这些风险进行管理;甚至可以通过跟踪发现资源的不足,及时调整确保决策落地。

JBS是一家快速成长的电商公司,可以自研自产,并且拥有专利,这也是电商运营公司的核心竞争力。目前JBS正筹备上市,自产产品的销量成为一个能否吸引资本并成功上市的关键课题。

但在刚建工厂的时候,自产产品经常出现质量问题,价格偏高,销量也不好。

采购经理小田发现问题后,经常组织研发、销售团队一起回顾项目进度,总结经验,检讨研发、采购、工厂、销售之间的对接问题,之后形成了新品开发策略和销售策略。

2020年,JBS公司内部统计数据显示,自产产品占比由原来的1%上升到了14.5%,对公司的发展具有巨大帮助,这个结果远比公司每年赚取的利润要重要得多。

2. 出现偏差,及时指出来

决策在执行过程中,难免会出现偏差,这就是项目风险。决策跟踪最重要的目的之一,就是及时发现偏差,以便及时解决问题,修正偏差。

因此,很多人习惯在决策或会议后制定跟踪表,包括决策事项、主要责任人、配合人、工作目标、完成任务的时间等，目的就是可以根据跟踪表检查进度、查明原因。

新冠肺炎疫情期间，固买需要开发抗疫物资供应商。

负责开发抗疫物资供应商的小组有6个人，每个人都负责不同品类的物资，并且制定了工作进度表，每天、每周、每月都要进行进度反馈。

采购部朱经理紧盯口罩供应商开发进度，发现问题并及时解决。比如，今天开发了两家口罩供应商，他会第一时间检查是否已经完成平台入驻工作；如果加工商正在签约，但需要交保证金，他会确认公司可否给予优惠政策等。朱经理会将关键节点的状态通报相关人员，需要时就请领导出面帮助协调内部资源。这样做效率很高，确保了项目进度。

3. 学会复盘

复盘，既是"温故"——向自己、向团队、向过往经验学习的过程，又是"知新"——面向未来、应对不确定性、不断创新的过程。如果成功了，总结哪些事情做对了，这叫成功的经验；如果没有成功，更要总结哪些事情做错了，下次再做，就会吸取失败的教训。

复盘不是简单的事后总结，其本质是从过去的经验中学习，聚焦学习目的。为了更有效果，复盘常常遵循结构化的逻辑，注重每个人的发言，邀请多元化的人士参加，甚至可以邀请外部的咨询顾问做指导。

复盘是团队学习最重要的方法。有领导力的采购人，一定要善于萃取团队工作经验，把经验化为工作方法、流程制度。持续复盘，持续迭代，将经验转化为能力，不浪费工作经验，不重复交学费。

每年12月的第二个周末，中采商学都会组织"中国好采购"千人大会，这个大会的组织工作几乎全部由志愿者完成。

这些志愿者是各行各业的采购从业者，他们并非专业人士。一个不专业的、临时搭建的团队，如何做到高效组织千人大会？就是因为每次会议后都进行复盘。

邀请参加会议的人把做得好的、不好的都记录下来，形成新的工作表格，让每个新加入的志愿者都有清晰明确的作业指导书。几年下来，一个不专业的团队，就形成了专业的操作手法。

思考题：

1. 如何在集体决策中发挥领导力？
2. 如何在大家有争执时让大家达成共识？

第九章

创造价值

学习目标

1. 学会从创造价值视角，达成协同。
2. 学会换位思考，提高沟通效率。

横向领导力，就是要求采购人要能协同公司内部相关部门，帮助自己解决采购问题。要想让别人愿意帮助我们，就必须想到如何为别人创造价值，要了解需求场景，了解采购申请背后真实的需求，并提供有价值的解决方案，做有价值的采购。

部门之间是协作关系，各有各的职责。采购有采购的诉求，其他部门有其他部门的诉求，要想让别人满足自己的诉求，就要想到如何满足其他部门的诉求。这在心理学上叫"互惠心理"或者"双赢心理"。领导力是让别人听你的，可别人凭什么听你的？一定是你也能满足他的诉求。了解互惠心理，就能极大地提升领导力。

有领导力的采购人，要时时想到为别人创造价值，做一个有价值的人。导论中的王总推动"两个集中"对开发、销售、财务都是有帮助的，可以减少品类、方便报价、降低成本，王总要善于将这些"价值"表达出去，而不能总是表达"请大家多多支持，多多关照"。

第一节　双赢思维：促进部门协同

每家公司的采购都有降本指标，但采购人都知道，降本只靠采购一个部门是做不到的，需要其他部门的配合，需要跨部门协同降本。

可是，别的部门凭什么积极配合你呢？他们也很忙，也有自己的工作。有很多采购人没有处理好这个关系，跨部门协同降本也就停在了表面。大家都说坚决支持，但是没有行动。

这里最需要配合的部门，就是研发部门。与研发部门沟通，很多人都有点发怵，因为研发工程师往往比较固执，他们想用最好的材料开发出先进的产品，这就可能导致价格高。

具备领导力的采购人在追求低价时，一定要想到研发部门的关切。采购是否可以推荐更多的供应商，提供更好的解决方案甚至是一种创新方案？我们也可以主动请供应商向研发部门介绍最新产品，研发部门也可以把研发过程中的痛点向供应商介绍。这不是正式的技术交流，而是彼此了解情况，很多公司的创新大会就是这么开的。

如果你能做到，就不怕研发不支持你了，因为你提供了他们想要的。

我在某世界500强公司做采购总监时，曾联合开发部门、质量部门等多个部门做跨部门协同降本。我组织大家头脑风暴，挖掘降低成本的空间，生成降低成本的项目，为每个项目指派负责人。如果某个项目经理适合研发工程师，就指派他担任，一切根据项目需要。

年底，公司根据绩效给采购部门发奖金，我会根据每个人的贡献度将奖金转发给大家。拿到更多奖金的不是采购部门，而是研发部门，我们还给降本最优秀的工程师发了"降本大师"的奖牌。颁给他们荣誉，实则是为了激发了他们的积极性。

每次公司例会上，我会把其他部门为采购做的贡献单独列出来，向公司管理层展示，这些被表扬的部门非常开心。注意，讲功劳时要多讲讲别人，讲过错时要多说说自己。

史蒂芬在《高效能人士的七个习惯》一书中提到了双赢思维。人们会通过双赢产生的结果,让所有人都愿意接受最后的决定,顺利完成工作任务。

有领导力的采购人要掌握互惠、双赢思维,联合其他部门共同解决采购难题。双赢其实不是技巧,而是人际交往的哲学。要实现双赢,首先就要从对方的角度看问题,理解对方的真实想法,从零和博弈到多赢思维,从共同愿景到成果创造。

第二节　站在对方立场,解决问题

在进行部门间的沟通时,常常感觉对方不理解自己。这时你也可以问问自己,你理解对方吗?有设身处地站在对方角度思考过吗?如果没有,说明你们相互间并不了解对方,所以,不可能有工作上的协同。

有领导力的采购人应该迈出第一步,在与对方沟通时,多站在他们的角度想想,并着力解决对方关注的问题。我相信,你关注别人的问题,别人也会帮助你解决问题,这就是心理学的互惠心理。

那怎么做呢?

1. 换位思考

我们不理解对方,是因为没有站在对方的角度想问题,如果能够换位思考,就会明白对方是怎么想的,关切是什么,当然也就知道我们该怎么做了。

换位思考是一种心理体验过程,是将心比心、设身处地达成理解不可缺少的心理机制。它客观上要求我们将自己的内心世界,如情感体验、思维方式等与对方联系起来,站在对方的立场上体验和思考问题,从而得到情感共鸣,达成认识上的一致,这样对方容易理解和接受。

研发中心正在研发某种新品。一天上午,研发 K 找到采购 L,要求必须在下午收到物料,而且连说了三个必须。

上午提出要求,下午就要到货。采购 L 无法理解,为什么每次研发需求都这么紧急,就将问题反馈给了上级王总。王总正在喝茶,吹了吹热气,淡定地说:"你站在研发的位置想想,每次开发新产品都是抢时间,他们要一直变更配方,速度必须快,所以我们给他们的物料也要快,需要尽快供应到位。"

随后,王总找到研发K:"知道你们需要抢时间,但如果能提前半天告诉需求,也比现在好。"王总刚毕业时是研发工程师,后来做采购,所以非常理解研发,当然也了解采购,通过双向沟通,让大家彼此了解。

2. 换人思考

换位思考是站在对方的角度,换人思考是把自己换成"别人"思考,他会怎么处理。比如我们可以假设,换成我们的上级他会怎么处理,换成身边资深的老张他会怎么处理。

如果你觉得"别人"会用另外一种方法,那么你就要思考,你的处理方法是不是对的,是不是最佳的。想通了,自然就有了最好的答案。

一些客户想通过线下比价的方式看看固买平台到底怎么样,然后再进行合作。公司刚成立的时候,这个问题非常突出,客户经常甩过来一个大清单,让销售报价。销售照做了,但基本都有去无回,导致很多供应商再也不愿意参与报价。

采购经理小华想找到销售总监,说客户光询价不买,这样下去供应链都被拖死了。但他忍住了,觉得这样指责对方也没有用。他想到了自己的上级,采购总监在跟别人讨论问题时,总会给出解决问题的建议。于是,小华先咨询了圈内的几位朋友,最后总结了4条建议给到销售总监。

销售总监对小华刮目相看,觉得建议非常好,就和采购部一起整理了一套关于签约前报价的流程。有了这个流程,大家报价规范了,签约率也提高了。

3. 换时思考

处理任何一件事情,都会受到当时所掌握的信息、情绪、认知影响。

如果觉得这件事情处理起来有困难，比较别扭，可以换一个时间处理。有人说，重要的决定应该 24 小时以后做出，这就是避免冲动决策。当然，如果我们不能更改时间，可以假设是 5 年以后看现在，看应该怎么决策。换个时间，视角就会发生变化，时移世易，决策当然也就变了。

2021 年，震坤行工业超市市场部线下活动比较多，需要搭建的任务也很多。搭建一次谈判一次，流程非常烦琐，每次都要货比三家，效率很低。市场部同事希望只和一家供应商合作，省去比较时间，提升效率。

采购负责人 A 觉得市场部的想法很好，但从合规角度上来说，确实需要每次货比三家，因为搭建要求不同，价格构成也不同，如果总使用同一个供应商，能力不一定总能满足要求。

他和销售总监商量，整合考虑全年的市场活动，采购根据整合需求寻找有相关经验的供应商。审核后，请入围的供应商按面积（平方米）报价，以后只要根据面积乘以单价就形成了总价。

通过多家比较，最后选定两家供应商作为战略供应商，签署了长期合同。

第三节　使用对方语言，更好沟通

领导力，某种程度上也是表达力、理解力、沟通力。因为你的想法一定要让别人理解，别人的想法你也要理解，互相理解才能产生领导力。如果沟通不好，不可能相互理解，不能相互理解就不能达成共识，就没有一致行动，就不可能有领导力。

要让对方理解自己，或者自己也能容易理解对方，最好的方法就是用对方的语言，这样就容易架起沟通桥梁。

1. 使用对方的术语

沟通是一个编码解码的过程，我们要把心中所想用语言文字表达出来，对方根据我们的语言文字再去理解，这就是一个编码和解码的过程。

每个人的表达能力和知识水平不同,很有可能你的表达不充分或对方理解有偏差,从而严重影响沟通效率,甚至产生歧义。

如果你想表达一件事情让对方理解,最好的方式就是使用对方常用的语言,使用对方的"术语"——可能是对方的专业术语,也可能是对方常用的行话。

比如,谈国际贸易时一定要用FOB、CIF这样的专业术语。专业术语是某方面的专门语言,全世界该行业的人都能听懂,因为它有标准的定义。

有领导力的采购人,一定要擅长用对方的语言,既能拉近情感距离,又能准确表达意图,也会让对方感觉你是个专业的人。

开发有开发的语言,质量有质量的语言,生产有生产的语言,各个需求部门有各自的专业术语,比如产品知识、管理常识等。我想特别强调,如果能学会使用他们日常习惯使用的语言,也就是小圈子里的语言(相当于方言),就会立刻拉近距离。

就像"你好",你可以学习各种语言的"你好",之后走到哪里都能一下子就拉近距离,非常亲切。

2. 多说"我们"

多说"我们",少说"你们",既是表达方式,也是思维方式。说"我们",表示我们是一个团队、一个利益共同体,能够拉近距离,破除部门墙;说"你们",说明不是一个"战壕",内外有别,容易产生本位主义。多说"我们"自然能够拉近距离、减少误解,增进团结、融洽感情,做到言相通、心相印、力相聚。

俗话说,进了一家门,就是一家人。都在一个组织里,都为一个目标而奋斗,就应该多说"我们",少说"你们",一条心跑好第一棒,一股绳迈好第一步,一盘棋争创第一流。一二三齐步走,部门协同才能得胜利。

JBS的销售小唐要买拖把,于是向采购小杨提出500把拖把的采购需求，要求单价在100~200元。小杨也没细问，说三天内回消息。

等到第三天，小杨给小唐找来各种各样的拖把。小唐都不满意，觉得不是这个太丑了，就是那个布不行。

小杨也不乐意了，非常生气。这种情况发生过太多次了，需求不准确，还增加了工作量，他很想和小唐吵一架。

但小杨还是控制住了情绪，呆呆地坐在座位上，喝了一杯水，心想这样下去不行，吵架也解决不了问题，还伤感情，自己也有责任，没问清楚需求。

于是小杨找到小唐："这件事责任在我，我也没有问清楚，是不是找个时间一起对一下'我们'这边物品的具体需求信息，这样我也方便寻找，'我们'都是为了提升工作效率，也是为了'我们'公司对吧……"小杨一口一个"我们"。小唐本来想指责采购部门没有为内部客户着想，不了解使用场景，但听小杨这样一说，有点不好意思，觉得小杨说的也有道理，就答应了。

两人讨论了一个需求模板，有了这个模板，采购部和销售部的沟通效率就可以大幅提升。

3. "我这样理解对不对"

沟通是一个信息交换的过程。如果与横向部门沟通期间你没有理解，于是说："你刚才那句话没说清楚，能不能再说一遍？"对方会是什么感觉？我没说清楚是表达能力问题，还是他的理解力问题？如果在情绪之下，对方很有可能说："那是你的理解问题！"他为什么有那么大的反应？因为你的重点是"你"没说清楚。

两个人都把责任推给了对方，怎么可能沟通好？沟通不好，怎么可能协同？怎么能有领导力？怎么能解决问题呢？一定不能。

有领导力的人都特别强调沟通，要让对方理解自己，自己也要理解别人。当自己担心理解错误时，可以说："我这样理解对不对？"把自己理解的再复述一遍，让对方澄清和确认。这样的沟通容易让双方的理解达成一致。

有些人总想证明自己是对的,对方是错的,这样的沟通肯定有问题。沟通一定要让对方舒服,首先是倾听,这样才能让对方表达充分。为了让对方表达充分,你还可以问:"还有什么要讲的吗?"如果对方回答:"我已经讲完了。"你可以接着问:"我这样理解对不对?"这种沟通会让对方感觉舒服。

第四节 走出办公室,做业务伙伴

办公室是办公的空间,办公桌是为工作方便而配备的桌子。办公室就像我们的家,是我们的第二生活空间。

部门之间,你坐在你的办公室,我坐在我的办公室,互相不了解,甚至在大公司里,大家都不认识。这种情况下,沟通效率大打折扣,领导力就很难发挥出来。

我们应该走出办公室,到需求部门的工位上,主动找他们聊一聊,聊聊他们的需求、困惑和烦恼,帮他们出出主意,看看自己能做些什么,做好对方的业务伙伴。

1. 走出办公室

可以观察一下周围,很多人一直坐在办公室里,不喜欢去现场,不喜欢到别人的办公室,基本在公司内外部的社交软件上交流工作,要么就是打打电话、发发邮件,这种沟通效果很不充分,经常有误解。从沟通效果上看,邮件不如电话,电话不如见面,见面聊一聊,沟通效果一定更好。

有领导力的采购人,一定要走出自己的办公室,主动到别人的工位上了解情况,大家在想什么,需要什么,我们能做什么。能为他人创造价值,大家自然愿意听你的,这就产生了领导力。

采购员 C 和市场部 M 在视频拍摄供应商选择上有不同的意见。M 认为,他推荐的供应商比较好,应该用他推荐的;C 认为,从报价、服务等方面综合比较，M推荐的供应商不行。两人在工作群里当着大家的面争论不休，采购负责人A发现后，赶紧制止了这场争论。

A找到市场部总监，邀请C和M一起讨论这件事。

A解释，选择供应商要基于流程合规，M推荐的供应商临时提出增加项目，价格由9万元增加到了12万元，这不符合流程规定。市场部总监也表示理解，原来他们争论的不是供应商选择问题，而是项目调整超出预算不合规的问题。最后大家一起协商调整预算解决了问题。

2. 做业务伙伴

人力资源管理现在流行的做法是成为"人力资源业务合作伙伴"（HR business partner，HRBP），即人力资源部门派代表入驻各职能条线、业务条线、事业单元，做各职能经理的业务伙伴，帮助业务经理处理人力资源方面的事务，如员工发展、人才发掘、能力培养等方面的工作。

对此，采购部门可以向人力资源部门学习，派出采购代表与各业务单元、职能单元、事业单元一起办公，这样可以更快速地对需求部门的需求做出反应。

如果公司没有这个制度，有领导力的采购人可以推动制定这项制度，或者自己主动走出去，找到对应的需求部门，提供专业服务，做它们的好伙伴，做增值的采购。

比如，在需求描述阶段，很多需求部门对所需物品并不了解，所以描述不清楚，导致最后交付不清楚，与供应商之间很容易产生争议。

另外，由于需求部门对供应市场不了解，所选择的方案并不一定是最佳的方案、最新的技术。对此，有领导力的采购人就应当走出去，做需求部门的业务伙伴，向大家了解供应市场情况，也可以邀请供应商来介绍最新产品、最新方案。

 小师妹插嘴

这种跨界思维好。

学霸掉书袋 采购应该跨职能学习，有很多职能的研究已经远远走在前面了。不要说销售市场、生产管理类，人力资源近些年发展也很快。采购不仅需要一些实践家，还需要一些理论家。一个行业的发展，需要理论家的推动。

3. 非正式沟通

沟通可以分为正式沟通和非正式沟通。非正式沟通是指在正式沟通渠道之外进行的各种沟通活动，是一种社交活动。

通过非正式沟通，可以弥补正式沟通的不足，了解正式沟通无法传递的信息，了解私下表达的真实看法，为决策提供参照。

非正式沟通可以是横向沟通或斜角流向（diagonal flow），一般也比较迅速。由于信息一般以口头方式传递，不留证据、不负责任，所以许多不愿通过正式沟通传递的信息，却可能在非正式沟通中透露。

采购经理 Y 经常和品管部经理 W 对接，两人常常意见不一致，有时吵得很不开心。但他们经常坐同一趟班车，班车上大家说说笑笑，有时一句玩笑话，就能化干戈为玉帛。

有一次，在市场价格较低的时候，采购部买了很多鸡肉。突然的到货给品管部增加了较大工作量，需要很多时间来处理，有人都耽误了正常下班。

"我并不知道是低价买进，只是看到了工作量，有点不开心。"班车上，W 就和 Y 半打趣半抱怨地说，"你们买了这么多鸡肉，我们品管员都快受不了了。"Y 就说："哎呀，鸡肉的品质是好的，正常在 2 天内出检验结果，你们可以 4 天。"W 回应道："这还差不多，既然时间延期了，我也不扣品管员的绩效工资了。"

几句话，大家气儿就顺了，第二天又开始了新的工作。

思考题：

1. 列举几项行动，为横向部门创造价值。
2. 如何将自己的绩效与对方的绩效相融合？

第十章

本位思考

1. 观察部门墙现象，理解部门墙危害。
2. 学会换位思考，检讨出现部门墙的原因。

每个人都有自己的工作岗位，尽职尽责、忠于职守，固然值得鼓励。但是，如果只顾自己本岗位的利益，不顾集体的利益，不顾其他岗位、其他部门的利益，那就是本位主义，本位主义是要不得的。

本位主义由来已久，古今中外有之。很多部门间的管理冲突，都是本位主义造成的，我们称之为"部门墙"。有领导力的采购人要打破这个部门墙，有能力协同各个部门为实现公司愿景、经营目标一起工作。

如果不打破这个部门墙，就会形成"竖井效应"或"烟囱效应"，部门之间各吹各的号、各唱各的调、各忙各的事儿，无法形成合力，有时还会变成阻力。

第一节　竖井思维："急急急，就你急"

遇到紧急采购时，采购人员有时心里很烦，就喊："急急急，就你急!"结果对方说:"不要扯皮,我就是急。"

从需求部门角度,紧急采购肯定是有原因的,如工作疏忽、紧急维修、突发事件、库存不足或者预留的采购周期太短了。

遇到紧急采购,采购人应该怎么处理?如果站在本部门的角度,一定非常讨厌这种紧急采购,因为它打乱了工作节奏。当然,有的人态度比较好,会马上处理。但问题是,东西买来了,也可能不用,并且会产生新的紧急情况。

这种情况就应当换位思考,想想他们为什么这么急,怎样才能把紧急变成不紧急,以便让采购有充分的时间去询价比价,走完采购流程。换位思考是一种心理体验过程,站在对方角度体验与思考问题,从而与对方在情感上产生共鸣,为增进理解奠定基础。

本位主义就是一种"竖井思维",将问题从"这里"转移到了"那里",但并没有真正解决问题。避免"竖井思维"的同时还要避免"近视",只解决"现在"问题,却为"未来"埋下隐患。

有领导力的采购人,要避免竖井思维、本位主义;要有大局观,站在公司高度,纵向到底,横向到边;要有系统思维,协同相关部门,解决别人解决不了的问题。

第二节 "这是公司规定"

任何一个组织都有规定,各种各样的规定可以保证公司有序运营。遵守规定是对的,但是墨守成规、刻板地执行规定就错了。

有道是:规定是死的,人是活的。这话的意思是,有的人刻板执行规定,忘了这些规定背后的目的;有的人把执行规定当作权力,假借各种规定把别人挡在外面;有的人把规定当作保护伞,不敢承担责任。还有些规定,可能已经落后了,甚至有些规定本身就有问题。

作为有领导力的采购人,应当准确把握规定的本质内涵,用好这些规定,解决工作难题,而不是滥用这些规定,变成不作为、慢作为、滥作为等的借口,变成不会、不想、不愿、不敢作为等懒政的护身符。

1. "这是公司的规定"

我们到任何一个地方办事，如果对方生硬地说，"这是公司的规定"，你是不是感觉很不爽？因为你要的是解决问题，而不是规定；你对话的是活生生的人，而不是冰冷冷的规定。有人拿规定吓唬人，这更让人感觉痛恨和愤怒了。

在横向部门的沟通协作中，如果总是把"这是公司的规定"挂在嘴边，而不是积极地帮助对方想办法解决问题，那就是懒政。

对方也很有可能说："我知道规定，也没有人让你破坏规定，我是不守规定的人吗？请你告诉我，我的问题怎么解决？"

所以，遇到这种情况，我们应该准确地把握规定的意图，是我们理解错了，还是公司规定本身就有问题。规定都是人制定的，制定规定时不一定考虑得那么全面。如果确实是规定的问题，那就应该在自己权限内或者请示领导"特事特办"。有领导力的采购人，一定是敢于打破常规的人。也可能不是规定本身有问题，而是我们的理解有问题，我们可以给规定赋予新的内涵，灵活使用这些规定。如果是你不愿意作为、不想作为，那就是公司所不允许的了。

当然，也可能是对方没有理解这个规定，那就应该耐心地向对方解释清楚，并且可以给他指出另外一条路。

总之，一定要聚焦解决问题，想方设法解决问题，而不是让规定遮住你的眼睛，阻挡你前进的路。

2. "领导不同意"

有的人不愿意请示领导，有的人不敢请示领导，有的人羞于请示领导，有的人动不动就拿领导压人。一句"领导不同意"，就把人打发了，就把事情耽搁了。

遇到问题，如果我们做不了主，或者我们自己解决不了，那就应该积极地请示领导，不用担心领导对我们有看法，领导就是负责解决问题的，我相信大多数情况下，领导都会帮助你解决问题。如果是一个有难度的问题，领导会赞赏你；如果是一个简单的问题，领导会指导你。总之，领导不会骂你，如果他骂你，那一定是他器重你，说明你有提升的空间。

根据我的经验，多数领导都喜欢被请示，因为这会让领导有成就感、有被尊重感，一切事情都在自己的掌控中。如果你不请示，把事情耽误了，领导会认为你没有责任心、不敢担当，不能解决问题，不能堪大用。

小师妹插嘴

我们公司就有这样的人，总是拿领导压人，总是规定、规定的，气死我了。

学霸掉书袋

这样的人很多，本质上是不敢承担责任，不敢挑战现状。所以，领导力才强调挑战现状，承担责任，因为领导力聚焦解决问题。

3. "这个不合规"

随着企业的发展和社会的进步，合规成为企业管理越来越重要的一个课题，有专门的合规管理标准 GB/T 35770、ISO 37301。在《采购全流程风险控制与合规》一书中我也特别强调要建立"合规创造价值"的企业文化。

但是在实际执行中，合规的范围非常广，执行的标准很不统一，大到法律法规，小到企业的规章制度、行为准则、道德规范。因此，如何理解合规，如何执行合规，就变成了一个问题。

采购是合规管理的重要领域，它涉及采购流程的合规、供应商伙伴的合规、知识产权的合规、进出口管制的合规、职业操守的合规。这些合规涉及多个相关部门，如何向其他部门解释合规、执行合规，是采购人必须掌握的课题。如果错误地理解合规，不能正确地执行合规，就会影响问题的解决。不能简单地用一句"这个不合规"来回应对方，搪塞对方。

比如现在很多公司都要求招标，甚至有些公司规定超出多少采购金额的都必须招标。但是做采购的都知道，并不是所有产品都适合招标，有时招标流于形式。我在培训过程中经常遇见这样的问题，问我怎么办，我说那就不招标。他们说不招标就不合规，上级审计通不过。

其实，我们可以把现有的供应商分成杠杆、战略、瓶颈、一般四类，并制定相应的管理制度，把它交给上级讨论决定，以后执行的就是上级规定的，这样就合规了。

再次强调，有领导力的采购人要聚焦解决问题，而不是被各种人为的规章制度流程限制死。

第三节 "这是公司给我的指标"

任何一个组织对员工都是有考核的，考核的指标有很多，完不成可能会影响奖金，影响升职。绩效考核是最重要的指挥棒，但是强力的绩效考核也可能扭曲员工的行为。

有领导力的采购人一定要明白考核的目的是让我们解决问题，为公司创造更大的价值，考核指标不能成为我们完成工作任务的束缚。

1. 只关心降本

考核的指标有很多，但采购人特别偏爱降本指标，因为很多公司考核最重要的指标就是降本指标，降本、降本、再降本，多年的价格战已经打得人筋疲力尽，供应商讨厌，采购人也讨厌。

这种强烈的成本导向，使得很多采购人只关注降本指标，而忽视了其他，如质量交付服务。作为企业，再继续降本，可能会失去竞争力，因为低成本一定不是唯一的竞争武器。作为采购人，只关注降本指标，就会失去领导力，因为你没有关注其他部门的绩效。

有领导力的采购人，要紧紧抓住采购的总成本，抓住打造供应链的竞争优势，抓住公司的核心竞争力。一定要记得，采购最本质的工作是提升公司的竞争力，不是降本，这才是解决问题的正确方向。不要因降本扭曲了采购行为，扭曲了采购决策。

G公司的采购部叫供应商开发部,主要工作是开发线上供应商,满足客户报价需求。市场部在和采购部对接过程中,经常听到采购念叨"降本、降本",耳朵都起茧子了。

新冠肺炎疫情期间,产品价格波动很大,全球供应链都受到不同程度的影响。供应商不执行原定价或者要求涨价的时候,采购还是只关心降本,并不是从整体角度考虑问题。此时,降本已经不重要,重要的是交付,保证交付才是采购的第一要务。

2. 只关心绩效

公司考核绩效是对的,它可以用来指导员工努力的方向,根据员工的付出给予相应的回报。但是,如果我们只关注个人绩效,就会产生很多问题,因为自己的绩效和别人的绩效很有可能是矛盾的,比如交付就有可能和库存有关。

另外,公司设计的绩效,也不一定绝对科学。正是因为人们认识到绩效考核的一些弊端,所以才创造了很多新的考核方式,如平衡计分卡、目标与关键成果法(OKR)等。按照平衡计分卡要求,不仅要关注财务指标、客户指标、运营指标,还要关注员工的学习与成长。其实不管什么指标,都是期待公司能够可持续健康发展。

有领导力的采购人,心中要装着公司的绩效,个人绩效要服务于公司绩效,局部最优要让位于整体最优。

JBS有一款置物架,销售部小郭负责售卖。他找到采购员小胡,要求必须给到一定数量的置物架,并且一层、两层、三层、四层的都要有。

小胡觉得这件事行不通,需要请示领导,要和工厂反复对接,还耽误自己的绩效考核,于是只嘴上答应了,但并没有实际行动。

过了两天,小郭来问小胡进度,小胡说:第一,站在顾客角度,很少有顾客会购买一层置物架;第二,对于工厂而言,生产一层置物架太麻烦了,工厂不愿意干这件事。

小郭试图解释,但小胡不耐烦地挥了挥手,让他别说了。无奈之下,小郭找到另一位采购员小朱，小朱说需要了解一下数据再给答复。当他深度分析数据后，发现小郭的要求是可行的，同时也借鉴了一些友商的做法。结果显示，这款置物架的引流价格确实非常重要。

还有一个非常典型的例子，JBS操作了半年的一个链接，在某平台才达到了前几名，但一个友商只用了半个月就超过了其搜索量。小朱大为震撼，他赶紧将情况反馈给领导，并以此产品做引流，整个店的流量获得大增。

3. 只关心个人

任何个体都是组织的成员之一，要有能力协调各方，完成自己的工作；要积极配合各方，完成别人的工作。

如果在与其他部门沟通协调过程中只关注个人，只爱惜自己的羽毛，就怕犯错误，做事畏首畏尾，给别人的感觉就会是不敢担责、不努力负责。别人有事不想找你，不愿意找你，甚至躲着你，那你就不可能有成长。

有领导力的采购人，要把集体放在心中，要把公司装在心中，要把解决他人的问题放在心中。不仅能协调其他部门帮助自己解决问题，还要有能力帮助解决其他部门的问题，引领他人达到其从未达到的顶峰。

有领导力的采购人，就是要关注他人、关注集体、关注愿景，有能力帮助他人实现个人梦想，协调他人达成公司愿景。

第四节 "不是我的事儿"

"不是我的事儿。"如果你说这句话，就意味着这是别人的事儿。一种感觉是，你不敢承担责任；另一种感觉是，你在推卸责任。

有领导力的采购人，一定不要把事情推出去，推出去就相当于把责任推出去，把发挥作用的机会推出去。把事情留下来，就是把成长的机会留下来，一定要想办法解决。我要再次说明，领导力就是解决问题，并且是要解决难题。

如果确实不是你的事儿，那也要当作自己的事儿，想办法给对方指条路，或者帮助对方协调解决。

1. "我没有权力做这件事"

我们是公司的员工，公司对我们有授权，对外代表公司，对内代表部门。我们应该在授权范围内活动，这是正常的职业操守。

如果别人找你的时候，你说"我没有权力"做这件事，那么请问：他为什么找你？一定是认为你有这个权力。如果你不能给他一个充分的理由，他会认为你推诿、踢皮球、推卸责任。

如果我们参加会议的时候说"我没有权力"，那么请问：谁让你参加会议的？你获得的授权是什么？如果你没有任何权力，你参加会议做什么？

作为有领导力的采购人，一定要擅长获得授权，无论是与供应商谈判，还是与其他部门进行沟通协调。充分利用好授权，就会增加我们的领导力，让我们与其他部门沟通时更有底气，给人一种"说话算数"的感觉。

2. "我没有时间做这件事"

如果其他部门的同事找到我们，或者会议分配工作的时候给到我们，怎么办？

有人会将工作接下来，有人会说"我没有时间"。此时，别人会怎么想？是真没有时间，还是在推脱？别人当然无法判断，只有我们自己心里最清楚。事情分轻重缓急，将自己的工作进行排序，是我们自我管理的重要能力之一。

大多数情况下，不是我们没有时间，而是我们没有安排好时间。有领导力的采购人，要能够随时根据工作的需要，调整工作顺序、工作节奏，完成各种"插进来"的任务，再有计划地工作。根据情况调整工作，这是常态，因为工作都是滚动进行的。

有领导力的采购人，一定要有能力制订柔性工作计划。小批量、多品种的客户要求公司的供应链必须有弹性、有柔性。外部需求要求公司打造敏捷供应链，因此工作计划也必须有柔性、敏捷，能随时对外部的变化做出快速反应。如果我们的工作计划不能做到敏捷，又怎么能实现公司的计划敏捷、供应链敏捷呢？

3. "我没有办法做这件事"

没有办法，就要想办法。有领导力的采购人，都是擅长想出办法解决问题的人。人人都能想到的办法，便无法凸显你的领导力。

所以，要想成为有领导力的采购人，就必须善于动脑筋、想办法。

这个办法可能需要更多的资源、更多的专家支持，需要我们打破现有思维，破除现有规章制度。关键是我们要大胆地想、大胆地做，做前人不敢做、前人不能做、前人不愿意做的事情。

如果需要资源支持，就找领导、找财务；如果需要专业支持，就找内外部的专家、找资深人士。总之，有领导力的采购人，要能动员各种各样的资源帮助自己解决问题。

如果你说"我没有办法"，那么请问：别人可不可以做到？如果别人能做到，就说明我们自己有问题。如果别人没做到，我们做到了，那就说明我们比别人厉害。如果能够解决别人解决不了的问题，就说明我们具有领导力，并且是超越别人的领导力。

新冠肺炎疫情期间，很多公司遇到供应链问题，供应商不能持续供货。

采购经理 Z 所在公司正常生产，但标签供应商停产了。因为标签需求量不大，所以，正常情况下只有一家供应商。这下麻烦了，怎么办？

这时刚好有一批货需要运到香港地区，需求部门就找到采购员 D，要求紧急采购标签，问了三次，D 的答复都是："我也没有办法，供应商没有复工，我没有权力让他们复工，需要等到解封后才能生产。"

无奈之下，需求部门就找到了采购赵经理。赵经理有些生气，如果大家都是这种情况，为什么有的公司还能交付？如果跟丢了这个客户，公司就会损失一个订单。她先忍住怒火，赶紧寻找替代方案。

赵经理想到在中采商学课上认识的同学，这些同学来自全国各地，神通广大，于是将需求发到了同学群。刚好有位同学认识一家做标签的供应商，现在可以正常生产。最终解决了这个问题。

事后，赵经理非常严肃地告诉D："你一定要相信'办法总比困难多'，遇到问题多动动脑子，不能简单一句'我没有办法'就完了，那是我们无能的表现。"

思考题：

1. 自己平时无意说的哪些话影响了领导力？
2. 自己看问题的哪些视角需要转换？

第三部分

支持者领导力
——激发内驱力，提升组织能力

一个好汉三个帮，要想成就一番事业，就需要一批支持者。这些人中，有下属，有同事，有亲戚朋友，甚至是路人甲。作为有领导力的采购人，一定要思考如何激励所有的支持者。

对于如何激励下属，古今中外的管理大师做过很多研究，诞生了很多管理理论，如动机理论，马斯洛需求层次理论、X理论、Y理论，此外还有激励-保健理论、强化理论、公平理论、期望理论等，这些在MBA教材中都有论述。

本书要探讨的不是人力资源部门的激励政策，而是如何利用非职务影响力激励支持者。在众多方法论中，我比较推崇"激发内驱力"，尤其是对当下"90后""00后"员工，他们对精神的需求远远大于对物质的需求。他们的思想观念和行为习惯发生了重大变化，不能再用传统的命令方法去管理，而要更多地考虑激发他们的潜能和内驱力，从而提升组织能力。

Chapter11
第十一章

明 确 目 标

学习目标：

1. 学会使用目标管理工具SMART。
2. 学会根据相关性找出关键目标（指标）。

企业管理，说到底，就是目标管理。在实践中我们可以看到，每一个优秀的领导者，都有强烈的目标导向。德鲁克认为，并不是有了工作才有目标，而是相反，有了目标才能确定每个人的工作。美国心理学家洛克（E.A.Locke）于1967年最先提出了"目标设定理论"（Goal Setting Theory），他认为目标本身就具有激励作用，设置合适的目标会使人产生想要达成该目标的成就感和责任感。

目标是一切管理的基础，目标管理（Management by Objectives，MBO）是根据公司的战略规划，以目标为导向，以人为中心，以成果为标准，使组织和个人取得最佳绩效的管理方法。对于个人，目标是内在的精神支柱；对于公司，目标是企业发展的最大驱动力。

SMART原则是目标管理的一个好工具。

小师妹插嘴

SMART 是啥意思？是聪明的意思吗？

学霸掉书袋

SMART 是 5 个英文单词首字母，S（Specific）是指目标必须是具体的、明确的；M（Measurable）是指目标必须是可以衡量的；A（Attainable）是指目标必须是可以达到的；R（Relevant）是指目标必须是与其他目标相关的；T(Time-based) 是指目标必须是具有明确的截止期限的。不过，这个总结确实挺聪明的，让人一下子就记住了。

第一节 目标管理：咬住目标，迸发无穷力量

目标管理是指由下级与上级共同决定具体的绩效目标，然后定期检查进展的一种管理方式，是一种在工作中实行"自我控制"，并努力完成工作目标的一种管理制度。共同制定一个高绩效的目标，会激发参与者无穷的力量。

"中国好采购"千人大会是中国最具影响力的采购专业会议之一，它已经出版的 3 本案例集《中国好采购》，成为同行间交流的好教材。它是怎么搞起来的，为何如此成功？成功秘诀在哪里？

作为创始人，我给大家分享一下当时的心路历程。

全社会对采购的认识基本就是"花钱买东西"，是"肥差儿"。采购的专业性远远没有被大家看见和认可。于是，我产生一个梦想，就是"推动采购专业化，让采购创造更大价值"。

如何推动呢？当时就想通过某种形式让大家"看见"采购的专业价值，让采购人增加职业自豪感和成就感，让社会认可采购是个专业的岗位、有价值的岗位。

有一次，我所看的电视节目一下子给了我启发。当时很多电视台都播放类似"中国好声音"这样的电视节目，通过海选、初选，最后到舞台上比赛，推出新人。很多歌手就是在这个舞台上被观众熟知，成为著

名歌星的。

我想，为什么我们采购人不能搞"中国好采购"案例大赛呢？让采购人把自己日常的工作总结出来，通过案例大赛的形式呈现出来，这样就能让采购人有展示自己专业的机会，使全社会更加重视采购、尊重采购。

当我把这个想法讲给我的合伙人陆婉清的时候，她非常兴奋。

搞一个多大规模的会议呢？我当时心里想，应该是150~200人的规模。因为我参加过很多专业会议，都是这样的规模，这样的会议比较容易组织，一般宾馆都有这样的会议室。

我没有说出自己的想法，先是征求了大家的意见，我说我们要搞一个专业的会议，你们认为多少人合适呢？

当时，陆婉清手一挥说，我们要搞就搞第一。我猜测，当时她也可能是随意伸出一只手。我吓了一跳，500人，能做到吗？但是，为了鼓励他们，我说好，咱们就500人，要做就做第一！

目标定好后，陆婉清就调动一切能调动的资源，竭尽所能、穷尽智慧，最后参会523人。由于会场的限制，不能再增加了，我们提前关闭了报名通道。

等到第二届，我们觉得应该有个突破，多少人呢？1000人。陆婉清树立了新目标，结果到场1314人。

这件事情给了我一个强大的触动，我总结了成功三要素：第一，定一个看似不可能的目标；第二，满怀信心；第三，全力以赴。

作为一个有领导力的采购人，我们要擅长通过目标管理，实现管理目的。我们要定一个更高的目标，带领他人达到一个从未达到的高度，享受从未有过的荣耀与风光。这就是领导力的魅力。

目标设定理论指出，当目标难度增加时，一个人的绩效就会提高，直达绩效顶峰。目标有两个最基本的属性：明确度和难易度。

明确的目标使人更加清楚怎么做、付出多大的努力才能达到目标。目标设定得明确，也便于评价个体的能力和成绩，减少行为的盲目性，提高行为的自我控制水平。不确定性容易产生多种结果。

从难度上看，同样的目标对于某个人来说可能是容易的，而对于另外一个人来说可能是难的，这取决于他们的能力和经验。有研究发现，绩效与目标的难度呈线性关系，任务越难，绩效越好，因为人们可以根据不同的任务难度调整努力程度。当然，这是有前提的，完成任务的人要有足够的能力、对目标又有高度的承诺。

"中国好采购"千人大会就证明了这一点。

第二节 目标要具体化

无论是对下属交办一件事情，还是委托他人请求帮助，事项、目标一定要具体，这几乎是所有成功团队的一致特点。

SMART原则的第一个S（Specific）就是目标要具体、明确。要用简要、容易理解的语言说清达成的目的，明确具体的产出物和交付标准，多用量词、具体数据。

目标要分层次，将大的目标拆分为多个小目标或关键任务，这样才便于执行和跟踪。如果没有清晰、明确的目标，又何谈达成呢？

1. 要有一项具体的事项

好的目标一定是具体的、清晰的，一定有具体可以操作的事项，或者可以看见的行为，不能模棱两可、模糊不清。比如"大幅度降低采购成本"，这个目标就是模糊的，什么叫"大幅度降低"？每个人的理解可能都不一样，一定要有具体数据，比如与上个月相比降低3%。

很多人喜欢说，一定要加强管理。在我看来，这就等于没有管理，因为没有一个可以具体操作的事项，管什么、做多少、怎么衡量都没有，所以"加强管理"就是一句空话。

有领导力的采购人一定要把它转化为具体可以操作的事情，或者是一个可以观察到的外显行为，这样别人才可以按照我们的期待去做事。

目标设置要有具体项目、衡量标准、达成措施、完成期限以及资源要求，能够清晰地看到部门或个人要做哪些事情，计划完成到什么程度。

2. 从目标到任务，要有行动计划

将目标具体化，解决了"做什么"的问题，但还不知道这件事情"谁做、什么时候做、怎么做、做多少"，此时就需要制订行动计划，可以按照5W2H方法，也可以简单说明谁做、做什么、什么时候做、什么时候完成，在企业内部通常称为"行动计划""进度表"或"日程表"等。

给出了目标，如果没有行动计划，就无法跟踪检查，就很容易目标成空。

在采购经理小陈的工作生涯中，有一个领导在给他安排工作时非常详细具体，让他受益匪浅。这位领导是公司总经理。

在公司采购降本计划中他明确地提出，采购降本目标是2500万元，同时他还指导小陈罗列了产品的降本明细，哪一类别的产品有降价空间，通过什么方式降价，预计能降多少金额等。最后指导小陈制订了一个降本计划，让小陈落实推进，这让小陈从一个采购小白，一举成为公司的降本达人。

3. 要有第一责任人

如果将事情委派给多人，记得一定要明确一个主要负责人。如果多人负责，很有可能没人负责，因为大家都不想担责任、不想出风头。如果两个人互相指望对方做，那么这件事情就搁置了。如果两个人都抢着做，但如果出现观点差异，该听谁的呢？

所以在分配工作的时候，参与者为两个人以上时，一定要指定谁为主、谁为辅，明确谁为第一责任人，第一责任人要协调资源去完成工作。

S公司准备引入供应商管理信息系统，刚开始推进时，进展不是很顺利，因为没有明确的分工，大家都在等待别人推进。信息部门认为这是采购的事，采购应该主动；采购部门认为这是信息系统的事，应该信息部门主动。

后来组建了一个项目推进领导小组，责任人是采购总监和信息总监，采购总监负责商务，信息总监负责技术。然后各指派一位下属作为项目执行人，信息部执行人为小叶，采购部执行人为小徐。对于供应商管理系统的流程推进和落地，领导小组都有详细的执行计划表和行动计划表，确定了相关环节的责任人，以保证整个项目的顺利进行。

在与供应商谈判的过程中，明确技术问题听信息部小叶的，商务问题听采购部小徐的，提前进行了分工。商务谈判总体上由采购部小徐牵头负责，项目开展得很顺利。

第三节　目标要可衡量

没有度量就没有管理，这是科学管理理论所强调的。SMART原则特别强调了目标的可测量性。M（Measurable）即可以衡量的，能用数据指标或明确的方法进行衡量，明确验证目标完成的效果。比如"提升供应商质量""供应链流程优化"，就没办法衡量。确立目标要明确产出物、输出物，要可描述、可观察、可度量。比如"优化供应链流程"，可以写为"流程时间由2天缩短到1天"。

1. 要用数字说话

要想实现可测量，最好的方法就是用数字说话，数字很容易比较、衡量。但也不是所有的结果，都能轻易地用数字表达出来。比如供应商满意度，此时可以分成非常满意、比较满意、满意、不满意，也可以用1～10打分，这样就将主观的评价变成了客观的评价。

如果目标不能衡量，就需要将目标细化成分目标后再衡量。如果仍然不能衡量，可将完成目标的工作流程化，通过流程化使目标可衡量。

可衡量的准则就是能量化的就量化，不能量化的就质化，也就是通过多元化、全方位地收集资料，相互交叉验证其信度和效度，绝对不能只凭主观去判断。

有些事情进行量化确实有一定的困难，这个时候就需要请专业的咨询顾问，由顾问帮助我们将目标化细化为不同的维度、颗粒度，变成可观测、可测量的表述。比如著名的空姐礼仪：站姿——双腿站立能够夹住一本书，微笑——露出八颗牙齿。

2. 不仅要看结果，还要看过程

举个简单的例子，"目标：减肥10斤"，但你会发现，一个月、两个月、三个月以后，减肥没有任何效果，甚至还有可能增肥，或者引起疾病，怎么办？减肥10斤是结果，怎么减肥就是过程。我们可以设定每天走1万步，然后来监控1万步是否完成。这1万步称为关键成功要素，我们把做成任何一件事情的关键成功要素挖出3～5个，将它作为过程指标，通过监控过程达成结果指标，最终就能实现预定的目标。

很多采购事项可以通过结果表达出来，比如质量、成本、交付，但是，如果只看结果，会产生很多问题，不仅结果可能达不成，还有可能产生错误的结果。卓越的采购领导者，不仅看结果，还要看过程。

在美国硅谷非常流行的OKR考核，就是强调过程指标。OKR起源于英特尔，后来谷歌、领英用它实现了持续高速增长。OKR中，O表示目标，KR表示关键结果，目标指你想做什么事情，关键结果指如何确认你做到了这件事情。

3. 看数字，也要不忘初心

有了可以度量的指标，工作目标是否就一定能完成呢？在这里要特别提示，具有卓越领导力的采购人，心中装着的一定是如何完成目标，而不是紧紧盯住眼前的指标。不要把手段当目的，手段是为目的服务的，局部最优不等于全局最优。否则，这个指标会把我们带偏。而由于这些指标设计得不合理，就有可能扭曲我们的行为，偏离最终目的。

具有卓越领导力的采购人，心中要牢记，我们最大的目标是：打造供应链竞争优势，提升公司竞争力，为客户创造价值，实现公司愿景。

所有具有卓越领导力的采购人，都是聚焦最终目标，而不是眼前小目标的，这一点至关重要，在本书中虽多处提及，但并不是啰唆，而是反复强调。

第四节 目标要可实现

目标要具备可实现性，不可好高骛远、不切实际，也不宜过低，太低了没价值。可以一起协商，制定一个既有价值，又需通过努力才能实现，让大家认同的目标。不能单方面利用职权影响力，命令式地发布目标。

SMART 原则的 A（Attainable）即可达成，指的就是基于现实并且具有一定的挑战性。可以制定出跳起来"摘桃"的目标，不能制定出跳起来"摘星星"的目标。

1. 目标太远大，到头一场空

制定一个可实现的目标并不是一件容易的事。如果是上级制定的目标，下属可能有意见，这个目标太高了；如果是下属自己制定的，上级也可能说，你这个目标不合理。

所以很多情况下，这个目标需要上级和下属一起制定，上级管理者需要帮助下属制定目标，并帮助他对目标进行拆解，拆解成具体可实现的步骤。

比较大的目标一定要拆分为多个子目标、子任务，可以从上往下多个层级拆分，最终子任务要控制在合理范围内（如一周内），比较容易执行和跟进。这个过程中也可以给自己适当制定一些激励措施，哪怕是一次旅游、一次聚餐、一起看电影等，确保能更好地坚持下去。

采购杨经理最近新招了一位采购主管，这位采购主管也是非常有经验的采购人员。采购经理对他寄予了厚望，新一年度的采购降本目标 10% 早早地就布置下去了，期间他也经常会去问主管进展得是否顺利，是否需要帮助，采购主管每次都回答进展很顺利。到了项目的最后时间，采购主管也早早地就准备好了报告来汇报。杨经理看到报告傻眼了，降本 5.67%，这是什么？

5.67% 意味着目标只达成了 56.7%，不及格。杨经理问这位主管，为什么目标达成过程中有问题不提前讲。主管两手一摊，很无辜。他说，以前我们采购经理定目标都是拍脑袋定的，根本不可能实现，对于我们来说能达成一半就已经非常好了，我以为咱们公司也是这样的。杨经理欲哭无泪。这种假大空的目标真的是害了不少公司，害了不少职场人。

2. 定一个跳一跳才能实现的目标

目标是要能够被执行人所接受的，如果上司利用一些行政手段、利用职权，一厢情愿地把自己制定的目标强压给下属，下属典型的反映是一种心理和行为上的抗拒：我可以接受这个目标，但是否能完成，我就不知道了。

所以，有领导力的采购人都和下属一起制定目标，鼓励下属挑战更高的目标，并且给下属指出实现这个目标的必要性和可能性。

注意，让下属看见可能性非常重要，要让下属树立完成高目标的信心。最后，记得无论确定什么样的目标，一定要获取下属的承诺，人都有"承诺一致"的心理，说到就要做到。"承诺一致"心理学原理会激发下属完成任务的动力。

小陈是个漂亮的女孩子，接手采购后，老板给到小陈一个降本指标。小陈一看，吓坏了，就对老板说："这不可能，除非原材料大幅降价，现在这个基准很难降本。"

老板说："你不要着急，我带你去车间。"老板指着产品说："你看这个产品原来的生产节拍是 116 秒，后来我找 IE 工程师缩短成 96 秒。刚开始他也说不可能，后来还是做到了。"

老板的话给了小陈以启发，于是她带 IE 工程师与供应商一起研究，之后缩短了生产节拍，提升了效率，最终完成了目标。

3. 一定要找对人

一个人的成功不只靠自己努力，还要靠别人的帮助，正所谓一个好汉三个帮。找谁帮呢？

有领导力的采购人明白，要想成功，不但要做对事，还要找对人。

找对人，才能事半功倍，所谓事在人为。做不同的事要找不同的人，千万不要找错人，要找做这件事的高手、能手。还要注意意愿，一个人的能力有大小，意愿有高低，要找既有意愿又有能力的人。

一般公司的临期产品由销售负责，但是 B 公司的临期产品主要归采购部负责，接近保质期的产品可以按照折扣价进行售卖。

采购经理天天在 B 公司工作了 10 年，主要负责临期产品的处理，但一直没有打开市场，也没找到好的分销商。

新来的总经理认为，还是要新招一个真正的销售处理这些产品。大强应聘了这份工作，他有处理临期产品的经验，也有销售、管理分销商以及与客户沟通的经验。

进入 B 公司后，大强重点做这个项目，他用两年的时间将临期产品的销售额翻了两倍，并打开了分销商市场。原来公司在全国只有一个分销商，但在大强的推动下，东部、西部以及南部都有了分销商，超出了老板的预定目标。

第五节　目标要有相关性

SMART 原则中的 R（Relevant）指的是相关性。目标必须具有相关性：个人目标与公司、部门目标相关，长、中、短期目标相关，目标与岗位职责相关。目标之间彼此不冲突，最重要的是目标要有价值。

由于时间和资源有限，当我们选择了一个目标、一种方案、一条道路时，就意味着放弃了其他可能性，这是机会成本。要避免一些没有价值或价值不大的工作。目标要上下同步，保持一致的认知和理解，团队成员都要理解目标。

1. 小目标要为大目标服务

目标管理要特别注意长目标与短目标、大目标与小目标的相互支持。

相关性就是与公司的目标相关，与他人的目标相关，与自己的其他目标相关，与打造供应链的竞争优势相关。小目标要为大目标服务，一切与公司目标相关，让结果更有意义、更有价值。

操作上，我们可以紧盯直属上级的 KPI 或 OKR，这样才能保证上下一心，通过完成个人的目标，达成公司的目标。

作为有领导力的采购经理人，绝对不能强压指标，而要和下级一同制定并且帮助下属完成目标。因为上下级目标具有高度相关性，帮下属就是帮自己。

采购员小陈所在公司的老板是技术出身，每个产品在他眼里都有结构、都有活儿，小陈很崇拜他。

一次，老板对某个产品提出调整结构能降低成本的想法。老板曾和小陈说过，"未来产品的趋势是轻量化，现在大家意识不强，我们要做领先者"。

老板还在前期策划了产品，这是在没有客户需求的情况下进行的。他在产品结构方面思考了很多，与此同时还带着采购一起做产品，并指出：在全国市场中，几十家的竞品都是整体式的，可不可以做成分体式的？

老板提出这个思路的时候，小陈和同事们都很反对，尤其是技术部门特别反对，说这不可能，没有哪一家是做成分体式的，为什么要和别人不一样呢？

老板就说："相信我，我们一起去试一试。"于是带领大家一起尝试，最终效果非常好。减重了，能耗少了，刀具省下来了，节拍也提高了，从综合成本和长期角度看，最终都是受益的。

小陈再次被老板的前瞻性眼光所折服。

2. 不能为了短期目标，牺牲长期目标

员工的工作目标来源于部门目标，部门目标来源于公司目标；月度工作目标来源于季度工作目标，季度工作目标来源于年度工作目标。小目标为大目标服务，短期目标有时也要让位于长期目标。不能够目光短浅，影响长期发展。

浙江宁波某著名家电企业提出"构建可持续竞争优势的采购供应体系"，就是要保证企业的可持续发展，做基业长青的企业。为此，这家公

司还邀请我们做管理咨询项目,从可持续的供应商关系,到可持续的成本竞争优势,从采购创新、成本模型的构建,到供应链风险的控制等方面,制定了一个三步走的可持续发展路线图。

为什么这家公司这么重视可持续发展呢?因为在创业初期,为了与对手竞争,公司大幅压低采购价格。虽然暂时拿到了订单,获得了利润,但是产品在后来的使用过程中出现了很多质量问题,最终还是没能让当时的客户成为长期客户。

这使得公司决策层意识到,低价不是所有公司都适合的战略,尤其是竞争已经白热化的家电企业。后来他们终于找到了自己的差异化竞争战略,一路走来,才成就了今天的国内知名家电品牌的地位。

3.不能为了自己的目标,牺牲别人的目标

要制定切实可行的目标,需要相关成员参与目标的制定,既要有由上到下的目标协调,也要有横向部门的参与。

想象一下,如果每一个人的目标都是孤立的,与他人、公司整体目标毫无关系,那么我们努力的方向又有何意义与价值呢?公司的宗旨又怎么会达成呢?

没有具有统一性、相关性的目标做指引,目标相互不协调,大家只会朝着不同的方向努力,并且越努力,跑得越远,后果就是内部四分五裂,运营情况一塌糊涂。

相关联的,就是指你设定的目标要与其他目标有关系,与公司总体目标有关系。如果你的目标与其他目标没有关系,或者相关度极低,即使你实现了这个目标,意义也不大。

第六节 目标要有时限

好的目标都应该有截止时间(deadline),要求支持者在规定时间内完成。比如采购降本3%,是多久达成,1个月、3个月,还是1年?

SMART原则中的T(Time-based)指的是时限性,就是达成目标的

时间限制。所以，有领导力的采购人，在给下属分配任务，或者请求别人帮助时，都会商定一个截止时间。

1. 都是"急急急"，一切变得"都不急"

抓紧、尽快、第一时间，这是很多人习惯使用的语言，但在实际执行时不易操作，也没有办法检查，因为不可度量。什么叫抓紧，什么叫尽快，什么叫第一时间？5分钟、5小时，还是5天？

当然也可以把这种说法理解为一个优先级，就是把它放在最重要、最紧急的位置。但是，一个人要同时完成多项工作，如果每项工作的要求都是这个样子，就无法确定优先级。

所以，卓越的领导者一定会提出一个截止时间或时间区间要求。比如期待10天之内完成，5月30日之前完成等。这样，接受任务的人就会按照自己的节奏来完成。

注意，每个人都有自己心中的轻重缓急，都有自己的工作节奏，他需要合理地安排工作顺序，当你把截止时间告诉他时，他就可以做出合理的安排，否则，就打乱了他的工作顺序，或者耽误了你交办的事情。

采购部小张被项目部小钱给投诉了，因为小钱询价的产品总是没有给出价格；采购部小李被项目部小钱给投诉了，因为小钱询价的产品总是迟迟给不到；采购部小王被项目部小钱投诉了，因为小钱采购的东西迟迟不能到货……项目部小钱非常委屈地找到自己的主管，把采购部的全部人员都投诉了。

项目部主管找到采购部询问情况，他本想帮帮小钱。看到采购主管拿出的小钱的询价申请和采购申请，以及他和采购部门的同事在即时通信软件上的聊天记录后，项目主管直接回去把小钱批评了一顿。

一个月18个询价、5个采购申请，全是加急。更要命的是，发完申请邮件后，5分钟之内肯定会在即时通信软件上催，即时通信软件催完，马上就到采购办公室当面来催。每天七八次，采购同事已经被小钱的工作方式搞得接近崩溃，所以他们现在对小钱的"加急"二字基本无视。

2. 中间设几个检查点

有的工作任务需要较长的时间完成，可以在中间设检查点、设里程碑。例如，依不同期间设定阶段性目标（年度、月、周、日目标），在检查点的时间回顾检讨，检查进度，发现偏离，随时纠正或更改计划或补充资源。

这个月佳佳刚从采购员提升为采购经理，这让她既兴奋又焦虑。佳佳是位非常优秀的采购员，一个人能干过别人一个团队。但是作为经理，就不是一个人会干活就可以，尤其是团队还来了一个新人。如何更好地保障团队绩效？这让佳佳很是担心。她找到自己的导师李总，李总告诉她："中间多设几个检查点，才能保障结局不失控。"回来后，佳佳让每个团队成员把手中的项目都做了详细的分解，标注出重要的里程碑，除了平时日常例会的沟通外，佳佳在每件事情的重要里程碑都主动检查或询问工作进展，以便及时发现问题并纠偏。比如在新同事的D型号产品的降价任务中，大家确定的方案是把A材料替换为B材料。在执行过程中，佳佳将任务分成几个阶段：第1~2周，技术方案可行性分析；第3周，材料性能试验；第4~8周，样品生产；第9~11周，样品实验室测试；第12~24周，使用测试；第25~26周，测试改进；第27周，小批量生产。按照这个时间顺序推进。在推进的过程中，按照李总的指导，在每个关键时间节点，佳佳都会准时地出现在新同事的办公桌前，询问工作完成得怎么样，是否需要其他部门支持。最终，新同事出色地完成了这个跨部门、跨季度的综合性任务，新同事觉得背后有老板支持，工作很有劲头。佳佳也终于感受到了作为一个领导者的成就感。

3. 有变化要预警

任何一件事情都是一个项目，有开始有结束，有输入有交付。在这个过程中，难免会出现各种各样的变化，作为执行人，如果发现偏离要及时"举手"报警，以便查明原因，及时采取应对措施。

大项工作要设专门的项目风险管控机制，提前识别风险、评估风险，并制定风险应对策略。即便如此，也难免会出现预料不到的风险，及时预警非常重要。

所以，有领导力的采购人都会要求下属，出现问题时一定要随时"举手"，报告问题或直接提出请求支援的事项，绝对不能抱着火球不放手。

在实践中，很多人不主动汇报工作进度，不主动提出预警，明明已经耽搁了，自己已经处理不了了，还抱在手上，结果耽误了事情。最后，领导就会批评说，"你为什么不找我"。

A 公司需要采购一些用在设备上的辅助产品，这种产品过往没有采购过，采购小李接到任务后就积极地开始寻源，最后终于在国外找到一家供应商，由于采购金额也不大，就走了简易的审批流程。很快货物就送到了国内，但在清关时出现了问题。这种产品是危险品，进口国内需要很多资质。小李接到清关代理反馈后，并没有意识到问题的严重性，也没有把异常反馈给领导，就按照清关代理的要求按部就班地提交资料，没想到事情越来越复杂，资料越提交越多，接近 2 个月了还没有完成清关。

直到使用部门来投诉，小李才意识到问题的严重性，上报给自己的领导。领导看后，很快在国内找到了一家代理。领导问小李为什么舍近求远，不找代理。小李委屈地说，公司有政策，优先选用制造厂家的产品，次选代理商的产品。

这让领导哭笑不得。

不过，有领导力的采购人要特别注意，目标一旦确立，就要尽量稳定，不要轻易变更。如果经常变换目标，就会导致大家工作节奏不可控，团队就会焦虑。我经常把"目标"比作音乐里的"节拍"，目标确定了，节拍就确定了，虽然大家分头行动，但还是统一的节拍。如果总是变化节拍，就乱了节奏，就成了"乱弹琴"。

思考题：

1. 列举周围不符合 SMART 原则的案例。
2. 使用 SMART 工具，为最近开展的某个采购项目做目标管理。

第十二章

提供支持

学习目标

1. 学会如何做一个培训师。
2. 学会如何做一个好教练。
3. 学会如何做一个好导师。

闭上眼睛回忆一下，什么样的领导让你喜欢，什么样的领导让你讨厌？脑中浮现的画面是什么？

有调查表明，只顾提要求的领导是令人讨厌的，帮助下属成功的领导是让人喜欢的。激励下属最佳的办法就是帮助他们取得成功，哪怕是一件微不足道的小事。你同意这个结论吗？

作为领导者，至少要明白，帮助下属成功就是帮助自己成功，因为下属的绩效就是自己的绩效。当你尽一切力量帮助下属时，管理他们就会变得简单。无须解析他们的心理，或者费劲儿激励他们，因为帮助他们取得成功，其实就可以确保他们维持良好的工作心态，并有优秀的表现。所以领导者一定要给予下属全力的支持。

领导的支持是最有效的资源，是对下属的一种授权，是开展工作的基础，是取得成果的保障。

小师妹插嘴
我喜欢"教"我的领导,不喜欢总是"教导"我的领导。

学霸掉书袋
领导还要会教,学会做培训师、做教练。

第一节　支持理论:没有业绩,是员工的错还是领导的错

我们经常听到,有人获得了一些成绩就在各种场合说,感谢各位领导的支持。这种话说多了,让大家觉得有点虚,觉得是一个客套话甚至是假话。

真的是这样吗?

何龙是某著名跨国公司采购部门负责人,是一位个人能力非常强的领导。他毕业于一所著名高校的计算机专业,在学校时还曾经获得过编程大赛的冠军。他对团队的要求非常高,性格相当强势,他的做事原则就是"对上不反对,对下不解释"。对下属,他经常挂在嘴上的一句话就是:"这件事是大领导安排的,非常重要,必须完成,如果你完不成,我可就把你辞退了。"

他的这种管理风格,很多年轻人不接受,搞得办公室气氛异常紧张,团队成员非常辛苦,绩效也一般。团队没有信心,很多人都离职了。

后来,公司发现这样不行,就把何龙调离了其岗位。新上任的领导马丽,是位非常体贴的女士,温文尔雅、和风细雨,她总是给予团队充分的信任。她经常挂在嘴边的话就是,"有事儿跟我说"。出现任何问题她都站在团队成员身后,最大化地为他们提供资源,给予指导。在新上任领导的带领下,还是原来那批人,但他们在短短的半年内就取得了惊人的成绩。

支持关系理论(Support Relation Theory)是美国心理学家、行为科学家伦西斯·利克特(Rensis Likert)提出的一种企业领导方式理论。

这一理论是利克特和他的同事，对以生产为中心的领导方式和以人为中心的领导方式进行比较研究后得出的成果。该理论认为支持关系是双向的。领导者要考虑下属的处境、想法和希望，帮助他们努力实现目标，使他们认识到自己的价值和重要性。领导者对下属的这种支持能激发下属对领导采取合作、信任的态度，支持领导者的工作。

要获得支持者的支持，首先你要做到支持你的支持者。可以通过培训提升员工自身的能力，通过教练技术激发员工的潜能，通过导师启发引导员工的成长，为员工提供一切可能的支持。培训（training）、教练（coaching）、辅导（mentoring）不一样，注意它们之间的区别。

第二节　做培训师，教员工快速提升

领导力是带领他人解决难题，解决难题需要有能力的人。培养能力最快的方式就是培训，培训就是"复制粘贴"，把有经验的人的能力复制到没有经验的人身上。通过培训可以快速提升下属的能力，也可以快速提升自己的领导力。

什么情况下需要培训，培训谁、培训什么、怎么培训、请谁培训，都是领导者要思考的话题。

企业要以战略为导向规划培训体系，要以完成目标任务的要求衡量下属的能力。发现差距，就应该通过培训迅速弥补，所有成功的企业都非常重视培训，所有成功的领导者一定非常重视下属的培训。领导者的使命就是培养员工，打造有战斗力的团队。衡量一个领导者能力大小的关键指标之一，就是看他能培养多少员工，能带多大的队伍。

1. 培训是个人成长最快的方式

完成任何一项工作任务，都需要有与之匹配的能力。能力不是天生的，而是后天培养的，是通过实践学到的和培训习得的。如果通过实践总结、再实践再总结，那是一个漫长的过程；而通过培训来复制粘贴，则是个人成长最快的方式。

培训谁？人力资源研究者发现，组织中大部分成员的能力是有差距的，比如新手和熟手之间的能力差距，能力与目标任务要求之间的差距。如果以最优秀的那个人作为标准，其他人就都是低于这个水平的，肯定不合格。很多岗位的人缺少系统培训，同岗位要求有差距。尤其是岗位新人，不管原来担任什么工作，从事多长时间，弥补差距最快的方式就是培训。

培训什么？以各种胜任力模型、岗位技能标准做参照，寻找能力差距，根据差距开发培训课程。在企业内部，可以培训产品知识、流程制度等，小到发票如何填写，大到产品制造工艺。对于专业能力差距，最好邀请外部的培训师进行，这样可以了解行业最佳实践、最新趋势。培训不是福利，培训是为弥补团队能力的短板，要求大家都向高标准看齐。

现在，仍然有很多企业对采购的重视度不够，没有给采购岗位的人做过系统培训。采购人员的专业能力完全靠自己在实践中摸索，成长速度非常慢。如果能向企业内部的高手学习、向外部的专家学习，成长就会更迅速。

中采商学，每年通过线上线下培养上万名学员。他们在课堂上学到了东西，提升了技能。所以，很多公司派人参加中采商学的"专业采购四大核心能力"培训，并通过 SCAN 认证成为采购专家。

2. 培训是任务落地的有力保障

新人需要培训，新的任务更需要培训。大家在处理新任务时往往都没有经验，培训可以让大家迅速对齐工作方法。对于大家从未涉足过的任务，更需要培训，可以请外部专家，也可以通过内部研讨，探讨新的工作方法，通过培训达成统一认识、一致行动，做到心往一处想、劲儿往一处使。

培训的内容可能是一个新的工作任务、新的工作流程、新的工作方法。如果留心查看，你会看到所有的国家标准、ISO 国际标准里都有专门的培训条款。

作为有领导力的采购人，一定还要特别关注对相关部门的采购流程培训，对自己下属的能力培训。很多部门间的不协同，是因为对采购流程不够了解，很多任务不能及时完成，是因为下属的能力不够。

作为一名采购，或多或少都遇到过一个流程制度颁发后，有很多反对声音，或者责怪流程不够完善的情况。

采购流程写出来不仅是给采购部门用来执行的，更多的是让各相关部门能够理解我们的制度，支持我们的制度，遵守我们的制度。

那么下次在你一键发送流程后，请不要忘记再加上一场培训，讲讲编写流程的目的、设计流程的逻辑，以让大家更好地理解采购流程。我相信，那样一定会起到事半功倍的效果。

3. 培训不是简单的上课

成人培训与学生时代的上课不同，学生上课主要由不知道变为知道，而成人培训针对的都是有工作经验的人，甚至是有丰富工作经验的人。由不知道变为知道是最基本的，更多的是由模糊变清晰，由清晰变深刻，掌握解决问题的底层逻辑和方法论。

成人培训的作用有三条。第一，由不知道变知道。老师传授一些大家不知道的新知识、新方法。第二，让离散的认识达成共识。使用老师的方法论，达成认识一致和行动一致。第三，由表及里探究真因，找到解决问题的根本方法。通过老师的培训技术，开启讨论、弄清原因、促成方案、达成共识、总结提高。

公司新上任一位总经理，他给各部门制定了KPI。大家给总经理的反馈是，完成这个指标非常困难。总经理决定组织一场培训。

培训持续了整整一天，总经理亲自担任讲师。在培训中，总经理组织讨论了目标是什么，如何达成目标。最后输出12项成果和指标，以一棵大树的形式呈现出来，每个主干都有一个项目或课题。通过培训，大家对如何完成目标达成了共识，也建立了信心。

许总是这家公司的采购总监，培训后他很有感触，与总经理比，他在领导力方面确实还有很大的提升空间。

第三节　做教练，激发员工潜能

"90 后""00 后"员工逐渐成为职场主体，他们与"70 后""80 后"员工成长的环境不一样，管理者再也不能像从前那样居高临下，而是需要与下属平等对话，激发他们的潜能和内驱力。因而，组织关系应该从从属转为协作，沟通方式从质问转向引导，管理必须从操控管理转到赋能管理。

教练不同于培训，教练不是复制粘贴，而是一种激发员工潜能的管理艺术。它起源于 20 世纪 90 年代初的美国，是一种新兴的、有效的管理技术。学习教练技术，可以实现从指令型管理到引导型管理的转变。

这里所说的教练，不是体育教练，而是企业教练，它通过一系列有方向性、有策略性的过程，洞察被教练者的心智模式，向内挖掘潜能，向外发现可能性，让被教练者有效达成目标。或许，大家对教练技术还不熟悉，没关系，可以按照下面讲的方法试一试，结果可能会超预期。

1. 多听少说

学习如何提问，可以最大限度地发挥下属的潜能；学习如何倾听，可以更加有效地理解下属。尽管很多人都在说，我经常倾听下属的心声，可是实际上大部分人都没有做到真正地倾听。倾听应该用耳朵去听，用嘴去问，用心去感受。

用耳朵去听。我们在与下属沟通时，要有空杯心态。很多时候我们表面上在听，实际并没有听进去，脑子在思考其他事情。当然也可能觉得下属啰唆，忍不住打断，或者没等听完直接评价他的话。所以在与下属沟通时要抛下杂念，做到真正地倾听，等部下讲完，把事情理解完整。

用嘴去问。作为上司，如果我们只是倾听，可能也有问题。或许下属的信息没有任何条理，或许观点没有任何论据，或许掌握的信息并不全面，也可能下属所讲的并不是你要解决的问题，这时候就需要你通过提问去引导，聚焦要解决的问题。

用心去感受。我们在与下属沟通时，心中要装着"最大限度地发挥对方的潜能""他还知道哪些，他有什么样的解决方案"，一定要帮助下属把答案挖出来。做到这一点的关键是，要站在对方角度，如果总是站在自己的角度，就很难引导下属说出心中的问题和答案。

2. 一个好问题，胜似一个好答案

教练的基本理念是，世界上不存在无能的人，要相信所有人都富有创造力，都有无限潜能，都拥有自主解决问题的丰富资源。领导者最重要的工作就是赋能，让所有人从被动、缺乏自信、固化的思维中觉醒，激发他们解决问题的正能量。

教练不提供建议和答案，只做一面镜子，让下属通过镜子看到自己，通过发人深省和富有想象力的对话，最大限度地激发下属的潜能。

教练相信，提出问题胜于直接告知，上司的提问是激发下属潜能的最好方法。很多时候，下属并不会意识到自己的潜能，或者没有足够的自信，所以上司的作用就是想方设法激发他们的潜能，而不是想当然地将自己的想法强加给他们。要相信所有的答案都在下属心中。如果下属总是一味地观察上司脸色，等待上司的命令，他们就永远不会找到自己处于休眠状态的潜能。

要有目的、有意识地问问题，问问题也可以抓住人们的注意力。领导者提的问题，表明了组织的关注点，利于找出问题的症结。聚焦问题，而不是直接给答案，也能迫使上司注意听取下属的意见。这一行动也表明上司尊重下属的想法，有助于提高下属对决策的支持。

以下三种提问方式，你可以尝试：

第一，用扩展型提问替代指定型提问，把有标准答案的是否问题，转变为没有标准答案的开放性提问。例如，你的意见是什么？

第二，用未来型提问替代过去型提问，让下属的意识不要总是局限在过去，必须引导他们将眼界扩展到未来。例如，接下来怎么做？然后呢？

第三，用肯定型提问替代否定型提问，鼓励下属寻找更多的方案、更优的方案。不要说为什么没有做好，而是改为怎么样才能做好。例如，还有别的方案吗？还有更好的建议吗？

最后，再问一句：还有什么？你觉得哪个更好，理由是什么？

中采商学的课程"G16采购情景工作坊"就借鉴了教练技术的一些做法，让学员"带着问题来，带着答案归"。这些学员都有丰富的工作经验，在老师的引领下，大家相互激发，每次都能很快找到问题的答案。一次课上，有学员提问："如何应对客户指定的供应商？"结果有学员总结了19个答案。课后有学员总结说，这些答案都若隐若现地在自己心底出现过，可惜当时没有意识到。或许，导论中提到的王总到这个课上，能为"两个集中"找到更多的解决方案。

3. 教练不是简单的教，也不是简单的练

教练不是培训，不是简单的教，也不是简单的练，它是通过深度倾听、有力提问、有效反馈来激发潜能，让支持者从心底寻找答案的一个过程。

有一个实用的教练技术GROW，大家可以尝试，它分成四步：

第一步，G（Goal setting）即明确目标，教练通过一系列启发式的问题，帮助被辅导者找到自己真正期望的目标，明确想要做的事。

第二步，R（Reality check）即描述发现的问题，教练要求员工分析原因，不要盲目下结论，要设身处地地倾听，客观描述当前的真实状况。

第三步，O（Options）即解决方案，最重要的是要询问员工对问题的看法以及解决方案，通过提问鼓励创造性地思考"还有没有更好的做法"，思考如何从现状达到目标。

第四步，W（Way forward）即与员工一起商讨行动计划，肯定员工并表达你对他的信心，确定我们要采取的行动。

第四节　成为导师，指导下属成长

一个好领导，一定是个好导师。他不一定帮助解决了某个具体问题，但是通过言传身教，使得支持者有所成长，获得更大的成就。

导师是指导者、良师，是作为经验丰富的人给经验较少的人提供指

导和帮助。导师可以是学校的老师、公司的前辈,也可以是人生导师。导师和教练的差异主要在于经验,导师更侧重于经验的传递,而教练主要是帮助对象看到自己的盲区。很多人感叹,人生有个好导师,可以少走很多弯路。

1. 好领导,要学会讲故事

好的领导都是好的老师,好的老师都会讲故事。作为一个好领导,一定要善于讲故事。

这个故事可能是一个愿景,引发大家对美好的向往,引导人家找到努力的方向;这个故事可能是一个案例,引导大家萃取经验,总结教训,促使大家学习成长;这个故事可能是一个问题,引发大家追根溯源,挖掘根因,找到根本的解决办法。领导都是讲故事的高手。

故事能拉近大家的距离。一个成功的领导必须是一个善于分享和沟通的人,与员工分享经历、故事中的幽默和智慧,是接近他们的最佳方式之一。严肃、高高在上的领导,不会有亲和力。

赵强跳槽到一家上市公司担任采购经理,他经常跟下属分享他的成长经历。

赵强在原来公司工作了2年,没学到什么本领,他的领导不太重视学习,只是强调采购员对客户需求反应要快,对公司要忠诚。赵强觉得这对自己的职业发展不利,无法让自己成为一个好采购。

后来,赵强每月自费到上海参加培训。和同龄人相比,他没有周末,但通过培训他学到了知识,还认识了很多资深的采购人,拓宽了人脉圈。为什么选择这家供应商?为什么是这个价格?如何控制合同风险与合规?如何进行一场双赢的谈判?这是他培训课上学到的本领,也是专业采购必须有能力回答的4个问题。

培训收获很大,尤其是前2个问题,让他获益良多。他经常这样问供应商,回答领导的提问,回答审计的质疑。面试时他也流利地回答了面试官的这2个提问。他觉得上面那4个问题太经典了。后来,赵强跳槽到了现在公司，担任经理。

他想用自己的职场晋升故事告诉下属，一定要做一个专业的采购，这样才能升值。下属觉得赵强很坦诚，很喜欢他。

2. 好领导，要成为好榜样

作为一个好领导，一定要注意自己的言行，一定要以身作则，成为别人学习的榜样。如果你热爱学习，就会带出一个学习型团队；如果你愿意挑战困难，就会带出一个敢打胜仗的团队。总之，你展现是一个什么样的人，就会带出一个什么样的队伍。

以身作则，就是要履行诺言，说到做到；以身作则，就是要让一群人跟着你去做。领导者将成为整个团队的学习榜样，并在组织中创造一种献身于共同理念的文化。领导者是宣传组织共同理念的大使，其所作所为比宣传影响力更大。有人总结说，最遥远的距离就是从嘴到脚的距离。

通过行动，大家有机会看到你对共同理念的投入，每个行动都能体现你的原则立场。卓越的领导者都会非常注意自己发出的信号、发出信号的方式。一个最明显的指标就是，你将时间花费在什么上，说明什么对你来说最重要。

盛总是嘉兴某公司的总经理，他本人特别爱学习，参加了中采商学的全部课程。在他的带动下，其公司采购部门的所有员工都学习了全部课程，他们每次上课都认真做笔记、做作业、做分享。学完之后，回到公司还会继续组织分享研讨，结合课上所学和公司要解决的问题，寻找解决方案，该公司是一个真正的学习型组织。

3. 好领导，要成为好导师

导师不是说教，而是引导、指导，做良师益友。我们每个人都特别期待人生路上能遇见一个好导师，当生活迷茫的时候，当事业受到挫折的时候，当面临一个难题无法解决的时候，特别期待有一位导师能像朋友那样关心自己，能像老师那样指导自己。

郑女士是采购员燕子的领导，也是她的人生导师。燕子以前只会关注成本，看事情比较浅薄，郑女士不仅教会了燕子采购技巧，还告诉她要从更高的视角看待一件事，要站在领导的角度看问题，因为领导看到的不只是降本，还包括对未来的影响、对公司发展的影响。所以，领导交代的任务不是完成就行，还要有深度思考。

除了工作上的帮助和指导外，郑女士还让燕子利用好业余时间，培养自己的兴趣爱好。燕子成长很快，她非常感恩郑女士。

思考题：

1. 列举周围好领导的行为习惯，看看这些领导哪些是培训师，哪些是教练或导师。

2. 给自己列一个培训师计划，为下属的某项工作提供支持，实施后检讨一下效果。

Chapter13

第十三章

给予反馈

 学习目标

1. 学习绩效面谈方法。
2. 学会负面反馈技巧。

现代经营管理之父、管理过程学派的"开山鼻祖"亨利·法约尔（Henri Fayol）曾做过这样一个实验：

他挑选了20个技术相近的工人，每10人一组，在相同的条件下让2组同时生产。每隔一小时，他会检查一下工人们的生产情况。对于第一组，法约尔只是记录他们各自生产的数量，但不告诉工人们工作的进度；对于第二组，法约尔不但将生产数量记录下来，而且让每个员工了解他们的工作进度。每次检查完，法约尔会在生产速度最快的2个工人的机器上插上红旗，速度居中的4个插上绿旗，最后4个插上黄旗。如此一来，每个工人就能对自己的进度一目了然。实验的结果是，第二组工人的生产效率远高于第一组。

这个实验说明了绩效反馈多么重要。通过反馈，员工了解了领导对自己的评价和期望，领导可以了解员工的表现和需求，有的放矢地进行激励和辅导。

但请注意，无论是正面反馈还是负面反馈，都要对事不对人。怎么理解这句话，阅读本章，一定有所体会。

第一节　反馈理论：我特别差劲吗，请你告诉我

管理，本质上是一种控制系统，因此必然存在反馈问题。我大学四年学的专业是自动控制，记忆最深的就是反馈理论。它是控制论中一个极其重要的概念，由控制系统把信息输送出去，然后将其作用结果输送回来，并对信息的再输出产生影响，从而起到控制的作用，达到预定的目的。想想导弹是如何击中目标的，或者自动驾驶是如何带你去目的地的，就明白了。

如果我做一件事，就会希望有人能够及时告诉我，这是对的还是错的，避免偏离方向，走弯路。

小唐是某公司的采购员，这份工作是他在毕业后找的第一份工作，他决定好好表现一下，绝不让领导失望。

有一次，领导让他整理一份有关采购成本的数据，他不仅提供了数据，还做了深入分析，并附有精美的图表。可是资料交上去了，上司却一直没有反馈，小唐有些郁闷。

一天过去了，他想，老板可能是很忙；两天过去了，他有点失落了；三天过去了，他想上司对我是不是有意见？一周过去了，老板始终没有反应。

他终于忍不住去问了老板，老板只是淡淡地说了一句"知道了"。这让小唐的心里非常难过，老板没有反馈原因，他觉得自己的付出没有得到应有的尊重。后来，他变得非常不自信，觉得老板处处针对他，工作时总是畏首畏尾。

管理的职能包括计划、组织、指挥、协调、控制。自动控制理论告诉我们，及时对结果进行反馈，能强化工作动机。反馈是塑造行为的最

佳时机，它可以为团队指明方向，营造独特的文化和价值观，增加凝聚力。每个人做了一件事之后，都希望得到认可，如果未能得到认可，就会失去安全感，没有人能够免俗。插一句，别忘了，在家里也要适时地给家人认可和鼓励，如"饭做得真好""多亏你了"，他们一定非常开心。为什么加这句话？因为我自己做得不够好。

心理学家 C.C. 罗西和 L.K. 亨利曾经做过一个类似的心理学实验。

他们随机在学校里抽取一个班，然后把这个班的学生分成三组，每天学生学习后就对他们进行测验。第一组学生每天都告诉他们成绩，第二组学生每周告知他们成绩，第三组学生从来不告诉他们成绩。

8 周后，改变做法。对第一组与第三组的做法互换，第二组不变。又过了 8 周，结果发现第二组的成绩保持常态，而第一组与第三组的情况发生了极大的转变：第一组的学习成绩逐步下降，第三组的成绩突然上升。

这个结果说明，及时告知学生学习成果有助于促进学生取得更好的成绩。反馈比不反馈要好得多，而及时反馈又远比晚反馈效果好。

领导不反馈带给组织最大的伤害是员工的职业倦怠，因为他们不知道这样做是对还是错，不知道这样做的意义。现在的员工对工作氛围的重视甚至超过了对薪资的重视，有领导力的采购人，要学会通过反馈引爆你的团队。

第二节 绩效反馈，好坏都要说

人的天性是喜欢看到自己的工作成果，绩效反馈是一面镜子，让员工知道自己到底做得如何，在领导的心中到底是什么形象。员工需要这面镜子，如果不能及时得知自己的工作表现及管理者对自己的评价，他们会觉得自己的工作不受重视，久而久之，就会变得麻木，缺乏热情。

1. 反馈是双向的互动

绩效反馈更多通过面谈完成，它是个双向沟通的过程，领导者要把对下属的期待表达出来，要倾听下属对自己行为的解释。

面谈是信息交流、情感交流的过程。要体谅员工的处境，当员工对失误行为做出解释时，你可以用真诚的微笑、赞许的点头、热情的肯定来鼓励员工，让员工无拘无束地表达意见。

针对问题寻找解决方案，是面谈的主要目的，也是比较敏感的步骤，要注意把握好分寸。不要挫伤员工自尊心，不要急于对问题表态，表达时要注意措辞，最好采用建议形式。

员工出于面子和感情因素，一般会为自己找一些理由辩护，此时管理者应该保持理解的态度，而不是针锋相对去反驳。员工和管理者之间总是存在等级差别的，想要成功面谈，就必须尽量消除这种不平等。可以选一个合适的场所和时间，以便轻松交流。在办公室里，要注意座位或坐姿，因为办公桌象征着权力，要以朋友或同事而不是上级的身份交流。可以倒一杯咖啡，移步到会议室。

要策划好一个开场白，清楚说明面谈的问题、目的。要全神贯注地听、有反馈性地听、可以间歇概括一下对方所讲内容。

2. 反馈要具体和及时

反馈要具体，要针对一个结果或一个行为，不能模糊笼统，不能随意评价。当反馈的内容是考核性的时，应根据确立的标准、可能的结果或可能的改进，做好坏评判。反馈应该关注个人可以控制的事，管理者可以表明自己所期望的行为，这样就能有效地改善员工的表现。

反馈要及时，要及时反馈可以及时纠偏。决策基于信息，与下属同步信息有利于你做出正确决策。如果能创建一个数字化系统，比如绩效仪表盘，让员工随时自己"看见"自己的绩效，那就太棒了。

采购经理婷婷在给直接领导发邮件时，也会抄送给老板。一般理解，既然是抄送，老板都是不回应的。但无论是什么内容的邮件，如呈报问题的、请示的，甚至仅仅是抄送的，老板都会一一回复，而且还会给出评论，比如，你做得很好，我有一些建议。如果没有什么建议，他也会回复一句："收到，谢谢你。"

大家很喜欢这位老板。

3. 反馈要对事不对人

反馈是管理者的日常工作，通过反馈能让员工知道哪些事情做得对，哪些事情做得不对。

在做负面反馈时，管理者要特别注意自己的反馈方式，避免带个人主观情感，要客观理性地评判员工的工作。批评的目的是指出事情错在哪里，而不是去指责人；应该指向员工的错误行为，而不是员工的一些人格特征。

不要动不动就说，"你这个人脾气太坏了，跟谁都处不好""怎么总是马马虎虎，怎么总是不在状态"。一定要聚焦事儿，聚焦成果，聚焦行为。成果和行为都是事实，能让员工心悦诚服地接受负面反馈，容易找到改进的方向。

如果总是负面评价，就变成了人身攻击。人会本能地自我防御，甚至发起反击，进行辩解或争吵。

心理学家研究发现，90%的人喜欢赞美。因此，在批评员工的时候不妨肯定一下他的优点，在批评前设法表扬一番，批评后再设法表扬他一下，使用"三明治法则"。力争用一种友好的方式结束谈话，这样就不会引起员工的怨恨和抵触。注意，表扬是为批评做铺垫，该批评的地方，仍然要批评。沟通，请从赞美开始。

小师妹插嘴

"三明治法则"是什么啊？

学霸掉书袋

"三明治法则"是对员工进行绩效反馈的基本方式，就是先对员工的工作进行肯定，然后指出问题，最后提出改进方案，给出光明前途。

第三节　正面反馈，结构化更有效

正面反馈是塑造行为的最佳时机。通过正面反馈，可以帮助员工萃取工作经验，提升工作能力；通过正面反馈，可以让员工感受到领导的认可，激励下属继续努力；通过正面反馈，可以表达领导的期待，为团队指明方向。

作为领导者，我们习惯花大量时间批评员工，让员工知道什么是错的。现在要提醒的是，作为领导者，一定要让员工明白，什么是对的。对员工的工作表现及时给予正面积极的反馈，可以营造和谐的团队氛围，让员工感受到尊重和信任，让员工找到工作的意义和乐趣。

1. 表扬要具体

表扬也要有理有据，让员工感觉到真诚和受到尊重，否则员工就觉得是虚情假意。表扬时可以遵循 STAR 法则，后来发展成为 STARS 模型，具体如下：

情景（Situation）——事情是在什么情况下发生的，把时间、地点、事件说清楚。任务（Task）——目标是什么，要解决的问题是什么。行动（Action）——为了做这件事情采取了哪些行动，要描述思考和判断的过程。结果（Result）——结果如何，问题是否解决，学到了什么。

现在又加了一个 S（Sharing）——总结经验教训，成功的关键因素是什么，失败的教训是什么，给今后以借鉴和启示。

2. 正面反馈要快一步，负面反馈要慢半拍

简单地说，表扬要及时，批评可以慢半拍。因为人们总是喜欢听表扬，表扬越及时、越具体，激励的作用越大，如果是批评，是负面反馈，要找一个恰当的时机，在员工情绪比较稳定的时候反馈，有时也不一定那么正式，可以是非正式沟通，或者选一个相对比较私密的地方进行朋友式的交流。

采购总监纪总特别会赞美和夸奖员工。采购员小赵敦厚老实，做事踏实。

有一次出去吃饭，小赵开车带着纪总，因为他刚学会开车，再加上采购总监坐在副驾驶，小赵表现得很紧张。在等一个红绿灯时，车刚启动就熄火了，场面比较尴尬。小赵也很着急，脸上都冒汗了。

这时纪总笑着说，小赵啊，你开车不如工作做得好。说完，车上的人都笑了，小赵也笑了。纪总接着说，你每次向我汇报的时候，数据很翔实，成本分析也很顺畅、仔细，不过车技还有待提升。小赵就说，您这是批评我还是夸奖我呢？

纪总说，有表扬有批评，表扬你的业务做得好，批评你的车技还得加强。和我在一起不要那么紧张，要像你分析成本时那样麻利、自信。

小赵平时话不多，跟总监在一起比较拘谨，纪总一席话，使小赵完全放松下来了，他感觉总监很亲切。

3. 别在表扬之后，非要说个但是

对员工的工作表现及时给予正面反馈，可以营造和谐的团队氛围，让员工感受到尊重和信任。但有的领导特别喜欢在表扬之后说一个"但是"，总是找机会指出员工的一些不足。其实这种做法让员工非常反感，很多人都表示，特别害怕领导说"但是"，因为"但是"后边没好话。

不管什么样的技巧，一定要出于公心，不能夹杂个人情绪，要讲客观事实，不要随便讲观点、做评价。只要在谈话中始终保持理性客观，像一面镜子一样反映出员工真实的工作状态，始终将重点放在工作探讨上，即使是给予负面反馈，领导也会赢得员工的尊重和信任。

第四节　负面反馈，要成为正激励

员工做得好，要表扬，是正面反馈；员工做得不好，要批评，就是负面反馈。恰当的批评可以促进绩效的改进，但如果批评不得当，反而会影响以后开展工作。因此，作为领导者要掌握批评的技巧。批评的黄

金法则就是，不应以指责为目的，而应以改正错误为初心。

有的领导者追求完美，不能容忍下属犯错误，他们希望下属能将工作做到完美。其实这是不可能的，即使领导者自己也不可能是个完人。领导者这样要求的结果只会使下属工作时畏首畏尾，怕犯错误、不敢担责、不愿创新，产生"不求有功，但求无过"心理。

1. 负面反馈后，要给出措施

批评的目的是改正错误，帮助当事人，甚至是让全体员工吸取教训。因此，对待错误的最好方法就是不掩饰错误，并鼓励员工及时找出错误，分析出错的原因，探讨如何改进，使员工下定决心不再犯同样的错误。

领导在批评员工的时候，一定要给出改进措施，最好是共同制定一个改进措施，或者引导员工制定一个改进措施。如果只是批评，即使员工知道错了，他也不知道朝什么方向改。

对于绩效改进，可以从能力、态度、环境3个方面分析并寻找方法。如果是能力问题，就要找出能力短板，制订培训计划；如果是态度问题，就要研究如何激发员工的动力，制订个人发展计划或考虑升职加薪问题；如果是环境问题，就要领导们思考，如何创造有利于达成绩效的环境。

不管怎样，记住，绩效改进计划一定要在管理者和下属充分沟通的基础上制订。"BEST反馈"是一个很好用的沟通工具。

小师妹插嘴

什么是"BEST反馈"？是"最好的反馈"吗？

学霸掉书袋

又是一个英文首字母缩写词。"BEST反馈"是指在做负面反馈时，先描述行为（behavior description），表述干什么事儿；再表述后果，就是干这件事情的后果是什么（express consequence）；然后征求员工意见，他觉得应该怎么改进（solicit input）；最后着眼未来，积极鼓励员工提出改进方案（talk about positive outcomes）。

2. 要让对方认识到后果

负面反馈，一定要让员工知道后果。很多时候员工没有完成工作任务，可能是没有看到这项工作的价值，或者没有看到这项工作完不成可能引发的后果。所以，应该让员工知道这件事情的后果，让员工心服口服。

失败的负面反馈往往来自只是领导表达了自己的观点或情绪，但并未获得下属认同。这种沟通通常无法解决问题，反而会造成更严重的后果。

那么正确的负面反馈应该是什么样的呢？

可以尝试"BIC反馈法"。B（Behavior）即行为，指出具体的事实，而不是表达观点；I（Impact）即影响，说出这种行为造成的具体影响；C（Consequence）即后果，说明这些影响导致的具体后果。

使用BIC反馈法进行负面反馈时，一定要对事不对人。只讲事实，避免相互指责、反驳辩论，辩论的最高境界就是不辩论。

举一个例子。因为老公经常加班，所以老婆总是一个人在家。于是她跟老公抱怨：为什么就不能多陪陪我。老公也很委屈：你怎么就不能多理解理解我。于是双方开始争吵、指责。不但事情没能解决，反而激化了矛盾，产生了更大的问题。

如果用BIC反馈法，就会变成下面这样。

老婆说：我知道你最近比较忙，辛苦了，所以最近一段时间家里都是只有我一人（行为），我觉得越来越孤独（影响）。如果再这样下去，我不知道我还能坚持多久。我很爱你，所以我是真的不希望因为这个事情影响我们的感情（后果）。

哪种方式好呢？应该不言自明。

3. 不要总是批评，还要表扬

批评下属时，一定要注意下属的接受度，注意不要伤他们的自尊。不能总是批评，也要适当地表扬。如果领导总是批评员工，他们就会没有成就感，会严重挫伤他们的工作积极性。

事实上，想要增进你和别人的感情，最理想的时机，就是在别人做错事情的时候，而不是别人做对事情的时候。

对于不同性格的员工要采用不同的方法。对于性格直爽的员工，可以开门见山，明确表示出对他的期望，只要言之有理，员工一般很容易接受；对于性格比较柔弱的员工，严厉批评容易使他们产生畏惧感，因此批评时，要以鼓励提醒为主；对于心怀不满的员工，要认真听取他们的意见，然后再针对错误进行批评。

采购总监何总的能力很强，不但对自己的要求很高，对员工的要求也很高，是个完美主义者。他总是批评员工这也不行、那也不行，也时常把"对你要求高是对你好"挂在嘴边。但是他没有搞明白，对员工要求高和不停地批评员工是两码事。在他的管理下，采购部离职率一直很高，员工在不停地换，何总也因此被人事部面谈，最终搞得职位都难保。

思考题：

1. 观察并记录周围领导的反馈方式，哪些好，哪些不好？
2. 制订负面反馈的改善计划。

Chapter14

第十四章

激 励 结 果

 学习目标

1. 学会如何激发内驱力。
2. 学会通过授权激励下属。

管理就是激励,激励则作用于人的动机,激发、驱动、强化人的行为。做事需要动机,动机产生动力,动机驱动行为,一切动机的背后都是未被满足的需求。这种需求需要通过沟通来了解:沟通员工的期望,为他种下梦想;沟通员工的工作进展,帮助他解决困难;沟通员工的情绪,激发他的积极心理;沟通员工的错误,帮助他成长。沟通是一种反馈,也是一种激励。

《动机心理学》一书告诉我们,动机为行为提供能量和方向。能量包括起始、强度和持续的时间,方向是想要实现的具体目标。真正影响一个人行为的,是内在动机,外在动机的推力再大,也很难唤醒装睡的人。

作为有领导力的采购人,应该着重思考如何激发员工的内在动机,也就是内驱力。通过激发员工的内驱力,把"要我干"变成"我要干"。

第一节　美好心理：除了奖金，还有什么激励方法

朱总监最近非常烦恼，因为很多员工离职了。有资深的、有刚刚招聘来的，其中好几位都是他着力培养的人，这些人的离职，让他感觉就是在割肉，他非常痛苦。

朱总监大学一毕业就进入这家公司，已经工作20年了。他从基层员工做起，做过生产经理、质量经理，在质量总监的岗位上也做了几年，后来公司觉得他认真负责，提拔他为采购总监。公司对他是有很多期待的。现在市场竞争激烈，公司期待他的工作在成本上能大幅下降，在质量上能大幅提升。

他自己亲力亲为，参加了中采商学的所有课程，他说他要成为部门里最专业的采购人。他与人力资源部门一起制定了KPI考核制度，并承诺高绩效会有高回报。他挂在口头上的话就是"重赏之下必有勇夫""我不会亏待大家"。

他对自己要求很高，努力学习各种专业知识，他工作非常勤奋，还病倒了好几次。他对部下要求也很高，非常看不惯"不求进取"的年轻人，觉得他们不上进。他经常批评下属，"你还有没有责任心""为什么我说的话你就是不听""价格给我再砍一刀""我一定要好好带带你们，带出一个能打仗、打胜仗的队伍""批评是对你们的爱"。

所以，即便有"高绩效会有高回报"的承诺，员工还是纷纷离职。

一说到激励，很多人就想到了物质激励，其实用金钱激励效果是非常有限的。如果你去调查那些成功人士会发现，几乎没有人是单纯因为钱而走上成功道路的。他们都认为自己做的事情特别有意义，自己特别喜欢。

特蕾莎写过一本书《激发内驱力》，她通过大量调研得出的结论是，激励员工最佳的方法是帮助他们在工作中取得进步，哪怕是小进步。

"美好的工作心理"能够培养员工的积极情绪，激发员工强烈的内在动机。

第二节　建立信任，铺就领导力的基石

领导力的本质是人际关系，而人与人合作的基础就是相互信任。

对于个人，信任是一种内在的心理诉求，是一种渴望。获得别人信任，能够证明个人的存在价值，这也是一种个人进步的原动力。信任别人是表达一种尊重，也是一种力量，它能够激发人的潜能，使事情出现预想不到的变化。信任是领导力的基石。

1. 扩大交集，分享个人故事

人与人之间越了解，就越容易产生信任，所谓知根知底。我们很难对一个陌生的人产生信任。如果一个领导高高在上，与下属刻意保持距离，故作神秘，那么他和员工之间就很难建立起真正的信任。

或许你认为领导需要一定的权威，距离会产生权威。但是不要忘记，领导者与被领导者天然有一段距离，一个卓越的领导者必须缩短这个距离，努力让大家了解自己、相信自己。所以，自己要成为一个实实在在的人，与大家一样的人，而不是一个高高在上的领导者，更不是神。

社交心理学表明，"适度出丑"反而会使人际关系更融洽。

著名心理学家艾略特曾做过一个实验。他采集了四类不同人士的采访录像：第一类是行业精英接受采访，应对得体；第二类也是行业精英接受采访，但不同的是在采访过程中出现了一个小插曲，受访者因为紧张而将咖啡打翻，并洒落到主持人的裤脚上；第三类是普通职工接受采访，回答得很流利；第四类是普通职工紧张地接受采访，全程有多处停顿以及数次小意外。

艾略特将四段录像逐一展示给测试人员并要求他们给予评分，选择出自己喜欢的录像。投票结果很快就出来了，获得最高分数的是第二段录像。艾略特觉得有些奇怪，随后与测试人员进行交谈，很多测试人员都表示第二段录像给他们一种亲切感与真实感。实验结束后，艾略特总结数据，得出了一个结论：出丑可以使得人们获得好感。

作为领导者，要善于或者说要敢于与下属分享不成功的事、糗事，

分享一些关于个人的信息。

2. 说到做到，言行一致

信任就要打造一致性、可预见性。其实，信任是面向未来的，相信你说的未来，相信未来的你。但相信也一定是基于过去的，过去你说到做到，那他就会相信你说的未来，相信未来的你。

古人说：轻诺者必寡信。那些诚实守信的人都不会轻易承诺，因为践行承诺首先是自己有信心，有的时候践行承诺也要付出成本。所以，诚实守信的人一旦做出承诺，就说明他做好了践行的准备。这种人非常可信。

信任是一点点建立起来的，但也可能一夜间崩塌。建立信任，要从每一件事做起，从小事做起。例如守时，不轻易承诺，承诺了就要做到，要做一个靠谱的人。

3. 不能停留在嘴上，要关心人

建立信任，要关心人，而不仅仅是事，要站在对方的角度想问题。如果不能站在对方的角度去想，不考虑对方的利益，就不可能建立起真正的信任。

你会发现，有领导力的人都是关注人、关心人的。他讲的话是你心里想说的，他做的事情是你想做的，是你自己期待做，但没有能力做或不敢做的。

所以，建立信任，一定要关注对方这个活生生的人，站在对方的角度考虑问题，站在自己的立场做事。

其实，同理心是让对方产生信任的最好方式。所谓同理心（empathy），就是"设身处地理解""感情移入""神入""共感""共情"，将心比心。同理心就是站在对方的角度去想问题，想他之所需求，而站在自己的角度去办事，这样才能兼顾对方与自己。

想想看，如果有人愿意为你的利益着想，他自然会获得你的信任。

同样，你对别人如此，别人也会信任你。

采购经理小九的母亲过世了，他向出差在外的采购总监吴总请假。当时正好总经理在吴总旁边，知道了这个消息后，给小九发来一条信息：听说令堂往生，很难过，请你节哀。

小九很感动，总经理不仅关心员工工作，还关心员工个人事务。不仅如此，总经理每次出差回来都会给项目团队带一些小礼物，大家都倍感亲切。

第三节　充分授权，不是弃权

授权就是通过别人的手，来完成你想干的事儿。授权可以让领导者节约时间，还可以增强领导者的聪明才智。

授权作为一种管理和激励策略，古今中外，都是管人用人的重要手段。韩非子说："下君尽己之能，中君尽人之力，上君尽人之智。"这句话的意思是，下等管理者只能"尽己之能"，什么事都是自己干；中等管理者只能"尽人之力"，让别人在自己的指挥下去执行；上等管理者可以"尽人之智"，发挥别人的聪明才智，替自己去决策、指挥和执行。

1. 为什么你不敢授权

韦尔奇说："一个老板事必躬亲，只会累坏自己。"有领导力的采购人必须学会授权，让最了解问题的人快速决策。

道理懂了，为什么有的人还是不敢授权呢？我想主要有以下三个原因。

（1）担心下属的能力。很多主管不信任下属的能力，担心他们办砸了。因此，放权之前，必须先解决能力问题。放权的核心问题是人，关键点是被授权人的能力要能完成任务。比如，作为采购人，就必须具备专业采购必备的四大核心能力。

（2）担心下属的意愿。因此，放权之后，要解决信任问题。授权人的信任对下属至关重要，信任会让下属有一种受托人的感觉，会产生无穷的力量。你想象一下，当别人特别信任你的时候，你会做对不起他的事吗？相信你一定会竭尽自己所能把事做好。

（3）担心失控的恐慌。担心下属脱离控制，内心有一种莫名的恐慌感。领导者"既要拿得起，也要放得下"，不要贪权恋权，分享权力对下属的激励作用巨大。

很多领导者，大权都抓在自己手中，事无巨细、件件操心；下属唯命是从、束手束脚，不敢发表意见，于是养成了旁观和依赖的习惯，同时失去了主动性、创造性和对企业的归属感。

2. 如何把授权真正变成激励

合理的授权是各司其职、各尽其责。授权是让领导做领导最该做的事，下属做下属最该做的事。

有领导力的采购人，必须把授权真正变成激励，变成员工行动的动力。可以在三个方面下功夫，即激发潜能、激发意愿、激发责任。

（1）充分授权，最大限度地激发员工的潜能。过度管理不但不利于提升员工的能力，还会让员工失去挖掘潜能的机会。这会挫伤员工的积极性，他们慢慢就会养成不动脑筋、一切依赖领导的习惯，从而失去想象力、创造力和积极性。

（2）充分授权，最大限度地激发员工的意愿。过细的指令，或许会使员工少走许多弯路，可员工得不到锻炼和提高，也体验不到通向成功之路的成就感。员工通过自己的努力"付出"，披荆斩棘而获得成功的"回报"，才会有最大的成就感。当然作为领导者，要辅以物质和精神的鼓励。

（3）充分授权，最大限度地激发员工的责任。权力和责任是相对的，这是人人都懂的道理。我在中采商学推崇的是"领任务"，员工主动认领了任务，就表明他愿意为此付出，并且愿意为此承担责任。作为领导者，你只要支持他，给他资源，向他赋能，并给予他相应的回报，就会极大地激励他拼尽全力完成任务。

另外，要让"授权"被看见，"付出"被看见。授权的时候，要同时抄送给相关的人，以便让其他人了解授权范围，支持被授权人。被授权人的每一分付出，做出的每一点成绩，也都要把它呈现出来让大家"看见"。对于那些做事不张扬、低调行事的下属，甚至可以给他们发一个"默默奉献奖"。要让大家明白，下属的付出，你是"看见"了的。这种"看见"会给下属极大的鼓励。

3. 授权不是弃权

有的人担心下属出差错，或者担心下属很出色会显得自己太无能、在偷懒，所以不愿意授权；有的人愿意把工作委托给下属，但是做法不对，效果不好。所以，授权要遵循以下原则：

一是任务必须明确。他的目标是什么，期限到哪天，相关的权力有哪些，要把权限范围交代清楚。

二是授权给有能力的人。也就是说，授权不能超出员工的能力，也不能超出他职责的权限。

三是授权给有意愿的人。接受你的委托应该是自觉自愿的，拒绝你的委托也不会受到任何报复。

四是授权但并不失去监督。授权后，要建立反馈控制机制，定期检查进度成果。当被授权人有需要的时候，应该对其进行指导。

甘于放权，还要善于放权。如果授权方式出了差错，会导致权力不够、权力过大、定位偏差等，收不到实效。

第四节　及时认可，错过就错了

按照心理学家马斯洛的需求层次理论，工作认可就是满足员工的尊重和自我实现的需求。如果对待员工像对待内部专家一样，允许他们发表自己的建议，会增强他们的归属感、成就感。这就是满足自我实现的需求。

从管理学到心理学，都不厌其烦地反复告诉我们，多夸奖、多认可，少处罚、少批评。管理讲究计划、组织、领导、控制。及时认可，既是一种领导激励手段，又是一种控制手段。

及时认可就是及时的正向激励，表达领导者鼓励什么，也可以及时地纠偏，表达领导者反对什么，这样才可以形成正确的领导。从自动控制理论的角度讲，反馈的信号一定要及时，延迟反馈，信号就会失真，这时再去纠正就晚了，需要花费更大的能量。

要突出在两种时机下对员工的赞美：一种是在提建议的时候；另一种是取得成就的时候。

1. 说表扬，还是说鼓励

表扬指向结果，而鼓励则是指向行为和过程。

著名心理学家阿德勒明确指出，表扬和鼓励不同：表扬是纵向关系，"权力"导向；鼓励是横向关系，是平等的。横向关系能接纳彼此的差异，是相互尊重的。

"你做得太棒了，我为你骄傲。"

"你这张表做得真好看，一定花了不少时间吧。"

你能看出这两句话的区别吗？第一句是表扬，第二句是鼓励认可。

表扬是对人的评价，而鼓励说的是事实。

美国斯坦福大学发展心理学教授卡罗尔·德韦克做过一个实验，她的团队对纽约20所学校的400名学生做了鼓励和表扬对孩子的影响的研究。

研究表明，孩子会从鼓励中慢慢学会自我肯定。如果一个孩子经常受到表扬，他会喜欢上这种被表扬的感觉，如果不被表扬，便会产生吃亏的心理。

成功时，鼓励孩子的努力，而不是孩子的天分。这样孩子就会明白，自己的成就是建立在辛辛苦苦的努力上面的。失败时，鼓励孩子的态度，轻视结果。让孩子意识到，过程比结果重要。

由此可见，表扬不等于认可，真正的认可应该是对某些行为和态度的认可。表示认可时，要说事实，越具体越真诚，越详细越真切，否则，让人觉得虚伪。

2. 认可团队，还是认可个体

对于认可团队，还是认可个人，大家的认识并不一致。认可团队并没有指向个人，没有突出个人在其中的贡献；认可个人没有体现团队的价值，而且，如果认可的事情不是事实，很有可能会伤害其他人，或者让被认可的人遭人嫉妒。

我的建议是，公开场合多认可团队，私底下多认可个人。除非有明显的个人作用，可以在公开场合认可个人，否则就认可团队。不恰当地认可个人，可能会让当事人很不舒服，或者让其遭人嫉妒。领导赞美或认可时，心里面要装着"鼓励团队协作"。

肯定性评价是激励下属奋发图强的兴奋剂。不要吝啬认可有缺点的下属。领导的鼓励是一种力量，它可以促进下属弥补不足、改正错误，而领导的冷淡和漠视则会使这些人失去前进的动力，不利于问题的解决。最有效的赞美，不是锦上添花，而是雪中送炭，是员工最需要的那种赞美和认可。

3. 说谢谢，还是说对不起

感激你的同事为公司所做的每一件事，虽然钞票或股票可以收买某种忠诚，但几乎所有的人都喜欢听到别人真情实意的感谢，感谢他们所做的工作。

员工喜欢听到这种感谢，特别是当自己做了某项引以为豪的工作时。领导一定要善于识别下属也认为自己做得好的事情，然后有所表示，可以考虑给他们发"卓越贡献奖"或者发"感谢状"，而不仅仅是发红包或者聚餐吃饭。

沃尔玛创始人山姆，就在公司中寻找一切可以被赞扬的事，特别是员工常有的那种不为人知的默默的奉献。他说，当公司的员工有杰出表现时，公司应该知道。要让员工了解自己对于公司来说十分重要，任何东西都不能替代真诚的感激。

如果领导自己错了，那就真诚地道歉。这是另一种认可，认可员工是对的。它有助于树立领导的威信。

许多领导总喜欢找各种理由掩饰自己的错误，这样不仅会给下属留下虚伪的印象，而且会错过自身改变的机会。

一句"对不起，我错怪你了"或"对不起，这是我的问题"，会让下属觉得领导是一个坦诚、敢于承担责任的人，让下属更有归属感。

小师妹插嘴

一句"谢谢"就这么有学问？看来，我的领导力确实需要提升。

学霸掉书袋

世事洞明皆学问，人情练达即文章。

思考题：

1. 列举激发内驱力的改善点。
2. 列举奖金之外的激励方法。

Chapter15
第十五章

忽视情绪

 学习目标

1. 学会如何管控自己的情绪。
2. 学会如何疏导员工的情绪。

在现代企业管理中,两件事情影响至深:一是泰勒的科学管理;二是福特的T型车流水线。

学徒工出身的"科学管理之父"泰勒认为,管理的根本目的在于谋求最高劳动生产率,重要手段就是用科学化、标准化的管理,让每个人都成为"一流的工人"。工程师出身的"美国汽车之父"亨利·福特受肉类加工厂启发,开发了世界上第一条T型车装配线,开启了一种革命性的流水线生产方式。1908年T型车上市,当时美国汽车的售价为4700美元左右,相当于一个普通美国人6年的收入,而T型车售价仅为850美元。

这两位都极大地提高了生产效率,降低了生产成本,对当时的企业管理起到非常大的推动作用。但是他们两位忽略了人的因素,对当今追求创意的知识型员工和追求自由的"90后""00后"员工不太适用。

彼得·德鲁克说,20世纪管理学的任务是让生产员工的效率提升50

倍，21世纪是让办公室知识员工的效率提升50倍。作为当下的企业管理者，不能忽略人的情绪，过去靠的是严格约束，现在靠的是相互吸引。

第一节　踢猫效应：压力或快乐，哪个更能让人成就卓越

领导者的任务就是管人，管人就要管好情绪。当你终于解决了一个难题时，你会感到喜悦；当你的方案失败时，你会感到沮丧；当上级拒绝了你的计划时，你会感到失望；当领导认可你的工作时，你会感到骄傲；当别人给你一份支持时，你会感激；当你发现下属耽误了工作时，你会感到愤怒。这些都是情绪。

作为有领导力的采购人，要尽量激发并鼓励好的情绪，疏导坏的情绪。领导者既要管好自己的情绪，更要管好他人的情绪。如果不重视情绪问题，负面情绪就会像病毒一样蔓延，破坏团队士气。激励，可以让员工业绩翻倍；训斥，会让员工陷入低迷。

胡经理原来是车间主任，工作认真负责，现在调到采购部担任经理，他做事依然井井有条、一丝不苟。

每周一早上他都召集大家开晨会，让大家站在那里围成一圈，回顾上周的工作，讲讲本周的计划。遇到哪个人计划拖期了，供应商没有准时交货，质量出问题了，他就把当事人臭骂一顿。他说："公司现在的市场竞争压力很大，我必须给你们压力，你们要把压力变成动力。"

周一的早晨，大家还没有从周末休息的氛围中转换过来，一大早便被胡经理批了一通，可以想象大家的心情一定很郁闷。很多人背后都说，来时心情好好的，这下要郁闷一天了。有的人心思细腻，比较敏感，长此以往受不了这种压力，就离职了。

胡经理很是苦恼，自己从公司给大家申请到各种福利，他只是很期望大家能够快速成长，为什么大家就不领这份情呢？

"踢猫效应"，描绘的便是一种典型的坏情绪的传染过程。例如，父亲在公司受到了老板的批评，回到家就把沙发上跳来跳去的孩子臭骂了

一顿；孩子心里窝火，就狠狠地踹了身边打滚的猫；猫逃到街上，正好有一辆卡车开过来，司机赶紧避让，却把路边的孩子撞伤了。最终的承受者，是无辜的孩子。

一般而言，人的情绪会受到环境以及一些偶然因素的影响。当一个人的情绪变坏时，潜意识会驱使他选择下属或无法还击的弱者发泄；受到上司或者强者情绪攻击的人，又会去寻找自己的出气筒。这样就会形成一条清晰的愤怒传递链条。

美国社会心理学家费斯汀格有一个著名的判断，被人称为"费斯汀格法则"：生活中的10%的事情由发生在你身上的事情组成，而另外的90%则由你对发生的事情如何反应所决定。换言之，生活中的10%的事情是我们无法掌控的，而另外的90%却是我们能掌控的。有兴趣的朋友可以在网上搜搜这个故事，若能运用好菲斯汀格法则，就不会有"踢猫效应"系列事件发生。

小师妹插嘴
我们领导脾气就很大。

学霸掉书袋
这里不是讲领导脾气，而是请领导注意引导下属的情绪。就像你男朋友，明明你已经生气了，他还在和你讲道理，你会听吗？

第二节　管理好自己的情绪

管理者要学会控制自己的情绪，不能将自己的坏情绪传染给下属。遇到问题，不能冲动，不能不分青红皂白就训斥下属，应该首先弄清事情的来龙去脉，找出原因，然后理性客观地与下属一起分析，并告知正确的做法，这样才会产生好的结果。

沟通高手都善于掌控自己或员工的情绪。每位员工的情绪是多变的，有时难免情绪低落，觉得工作枯燥乏味，如果领导此时再次给予情绪上的打击，只会起到不好的效果，严重影响团队的士气和凝聚力。可以利用复述和认同的方式感染对方。

1. 自省和觉察，不把坏情绪带给别人

克里希那穆提认为，自省和觉察是不同的。自省是为了提升和改变，向内看自己，检视自己。自省一定带着一个最终目的，如果那个目的没有达到，你就会低落、沮丧，总是有一股你不得不与之对抗的情绪之波，为了克服这股情绪，你不得不再次审视自己。那个"我"为了改变而检查某个东西，因此始终存在着二元对立。因而，自省也是一个充满挫折感的过程。坏情绪永远不会被释放，而且，因为感受到挫折，情绪就不免会低落。

觉察则完全不同。觉察是不做谴责地观察，觉察带来领悟。如果我想了解什么，我就必须观察，不批评、不谴责，不从中追求快乐或避开不快乐，只是对事实默默观察，观察内心出现的每一种思想、每一种感受、每一个行为。

王总监上任后，压力很大，一心想做出成绩，获得领导认可。一天，他组织5人小组开品类会议，负责冲压件的采购李冲天汇报说，供应商要求涨价。王总监问，为什么涨？涨多少？是原料涨了，还是劳动力涨了？李冲天一时说不清楚，王总监很不满意，直接在会上开骂：看看你的工作，你整天在干什么？连为什么是这个价格都说不清楚，还怎么做采购？骂了半天，最后还小声嘀咕了一句，要是在我前公司，早把你开了。

看看，王总监就没有管理好自己的情绪，你觉得他这种做法会有效果吗？沟通的本质是尊重与合作，一个人没有获得尊重，内心就会产生对抗，沟通也不可能有效。表面上看，李冲天不说话，那不是尊重，而是怕，这不是我们所说的领导力。

2. 换位思考，提升共情能力

共情（empathy），也称为同理心，是人本主义创始人罗杰斯提出的，它是指体验别人内心世界的能力。

领导者要借助下属的言行，深入对方内心去体会他的情感、思维，借助知识和经验，更好地理解问题的实质。用共情的方式和别人沟通，不仅能够让对方心花怒放，也能让自己拥有一个好的人际关系。

如果缺乏共情，不考虑对方的处境和感受，说话做事都是按照自己的逻辑，就很难真正理解下属的问题。有时领导者表现出不耐烦、反感，甚至批评下属，这会使下属觉得自己受到了伤害。要用认同化解对方失控的情绪。用心倾听，与员工建立"情感账户"。

共情式沟通需要换位思考，需要多考虑对方的感受，不要伤害到对方的尊严或者其他方面的情感，只有做到这一点，才能够让自己和对方有一个良好的沟通氛围。注意，倾听的要点是接收对方的信息，感受对方的情绪。

3. 不要揪着小错不放，要看整体

"金无足赤，人无完人"，每个人都不是十全十美的。同样地，在做事或者与人相处中，谁都不是圣人，不可能不犯错。若是对方犯错了，你总揪着不放，拿对方的过错说事情，这对自己、对他人都是不利的。

如果你是单位的领导，遇到了犯错误的下属，若不是原则问题，大可不必小题大做，而应耐心教导，让对方感到温暖。有时，偶尔给予对方一些鼓励也是一种高情商的做法。

最近一段时间，很多产品都涨价了，采购员静静一直在和供应商谈降价的问题。她非常努力地多次到供应商处出差，了解成本结构，多次下班了还在与技术探讨原材料的替换方案，最后终于敲定了降价15%的方案。

静静兴高采烈地给采购经理提交了报告，没想到采购经理却回复她说，报告太粗糙，有错别字，数字没有加分位号，这让静静很有挫败感。她觉得自己真的是多做多错，之后工作中也表现出了懈怠情绪。

如果采购经理能对报告的整体给予正面评价，然后指出其中的细节问题，那静静的感受肯定就不一样了。

第三节 疏导支持者情绪

如果下属都是机器人，那么管理者只需设定程序；如果下属能做到绝对理性，那么领导做好管理也不是什么难题了。

问题是，下属是活生生的人。是人就会有情绪，而这正是管理的困难所在。

工作情绪看似是小事，它却可能像病毒一样快速蔓延，如果管理者不加以重视、不正确对待，很可能会引发一系列严重后果。

1. 感知支持者情绪，做好情绪疏导

下属是领导者最重要的支持者，作为领导者，要能敏锐地感知到下属的情绪。下属出现情绪问题，先不要要求员工做好自我情绪管理，遇到情绪化严重的下属，要因势利导，先处理好其情绪，再处理事情。

下属有情绪，应该如何安抚？这需要领导的智慧。首先做一个好的倾听者，让下属把情绪宣泄完，然后做一个好的引领者，做一个好的教练。要让下属感觉你懂他、理解他，是真心在帮助他。一定要让下属的情绪有一个出口，否则憋在那里，要么伤了自己，要么伤了他人。

然后寻找让下属产生情绪的干扰源，是工作上的还是生活中的；是管理上的还是同事之间的；是自身工作能力不足，还是自我情绪管理问题。优秀的领导者，应该能够预判下属有可能有什么情绪。情绪是表象，化解背后的问题才能真正安抚下属。

A公司采购部来了一个新人面试，此人来自同行业的龙头企业B公司，B公司在业界非常有名，福利待遇也很好。几轮面试下来，A公司发现此人业务能力非常强。谈及他想要跳槽的原因，他讲到B公司新来了一位领导，领导风格非常强硬，说话做事完全不顾及别人的感受，挂在领导嘴边最多的一句话就是，"我不是你的父母，不负责照顾你的心情"。在这样的领导风格下，办公室死气沉沉，同事们做事也畏首畏尾。很多同事提出离职。

纵然办公室是大家工作的地方，但我们也不能忽视，工作是由一个个活生生的人完成的。人是有情绪、有感情的，作为领导者，千万不能忽视这一点。

2. 回应支持者情绪，给予激励

如果感知到或预判到，员工完成任务的过程中遇到困难有了情绪，一定要积极地给予回应，也就是要直面这种情绪，不回避，不怕起冲突。

要引导员工聚焦解决问题，敢于挑战，不要被情绪所左右，要与员工一起寻求解决问题的办法，要帮员工树立信心，迎难而上，能打仗，打胜仗。信心是成功的关键要素，有领导力的人特别擅长为员工加油鼓劲，帮助大家在失败中汲取教训，在迷茫中找到希望的光芒，让大家看到胜利的曙光。

K公司采购经理小丁，是位青年才俊，是著名高校毕业的学霸。

一次，原材料涨价涨得非常厉害，供应商要求按时付款，于是丁经理就跑到财务部沟通："这种原材料现在涨价很厉害，供应商也没给咱公司涨价，还是按原来的价格，人家唯一的诉求就是到期的货款能按时付，否则就停止供货。"

财务张经理一听要钱，脸色大变，说："你们采购一天到晚总替供应商要钱，天天就是钱钱钱，花钱买东西谁不会啊，不给钱才算你们厉害，连供应商都搞不定，还做什么采购？"

小丁非常恼火，本身就已经被供应商的不断催款搞得心烦，现在又被财务骂。小丁情绪上来了，没控制住，就气呼呼地跑到总经理办公室说："这采购没法做了。"

总经理问小丁："怎么了？"（第一句话）小丁就把财务说的那番话说给了总经理听。话音未落，供应商又打电话来说，不付款就停止供货。小丁一激动，就把手机摔到了总经理的办公桌上。

总经理也没发火，说了第二句话："你在我这儿摔手机，不合适吧？"小丁这才意识到，自己的情绪失控了，但也不肯承认自己失态了，就点了点头。然后又把财务经理的话说了一遍。

此时，总经理说了第三句话："你声音太大了，小点声，别吓坏了旁边的同事。"小丁转头一看，秘书阿曼达正笑呵呵地看着他们，小丁有点不好意思了。

总经理把财务经理叫过来，询问了一下公司的现金流情况，然后和小丁一起商讨了付款的方案。

离开总经理办公室后，小丁觉得自己刚才的行为有点不妥，于是给总经理发了条短信：感谢您倾听我的怨言，刚才是我不对，以后不会有类似的情况出现了，感谢您对我的指导。

3. 不要被坏情绪传染，要激发正能量

如果发现某个员工有坏情绪，要及时化解。如果是他的个人生活上的原因，就尽量帮助他解决生活上的困难；如果是工作上的原因，那就帮助他解决工作上的困难。有人说管理就是激发善意，我们要尽最大努力激发每个员工的积极情绪。

如果发现有的员工喜欢散播负面情绪，那就及时处理这样的员工，避免破坏整个团队的氛围。

作为有领导力的采购人，要营造积极乐观的团队氛围。当员工出现失误时，要策略性地纠正，建立融洽的人际关系和工作关系，尽量减少情绪化冲突，提高员工的归属感。

采购王经理最近很苦恼。办公室小张离职了，本是很正常的一件事情，可是没过几天，与小张关系密切的小李也离职了。王经理想不明白，自己哪里错了，为什么接连两名员工离职。

王经理疏忽了，员工离职最主要的原因就是对现状不满，这可能与公司当前的环境有关，也有可能与员工个人的情况有关，但是不管怎样，说明离职员工是不满的，是有情绪的。这时候，管理者就要非常注意对其他员工的疏导，防止离职员工的坏情绪传染他人，导致离职事件连环发生。

第四节　引导团队的工作氛围

团队氛围会严重影响个人情绪，每个人的情绪会严重影响团队氛围。一个好的领导者，会特别擅长营造好的团队氛围，引导员工积极向上。团队氛围不好，必将影响员工的积极性，造成士气低落，执行力差。

管理者需要制造自己的优势能量，引导员工用正确的方法与态度回应各种信息，处理各种事件，解决各种错综复杂的问题，使团队保持足够的默契和凝聚力，使团队成员朝着共同目标前进。

那么，如何营造团队氛围呢？

1.以身作则，做公司价值观的宣导者

采购人，对外代表公司，对内代表部门，有领导力的采购人一定是公司价值观的宣导者，公司使命、愿景的践行者。下属一般会通过领导的行为观察领导，领导可以通过各种行为发出信号，追随者有时把这些信号作为判断自己的行为是否合适的标准。

领导者要以身作则，因为他们使用的语言、花费的时间、询问的问题，以及做出的反馈，都是强有力的工具，都会体现他们的理念，都是下属的标杆。

领导者可以在处理各种关键事件时体现自己的价值观，也可以将处理过的事件变成案例故事，讲给周围的人听，以强化、鼓励、引导某些其希望再次出现的好的行为。

小妮是苏州一家公司的采购经理，她分享了这样一件事。公司当时在开发一款产品，客户要求很高，使得项目组成员压力很大。

总经理请项目组成员一起吃饭，他还带了老婆和儿子。一开始，项目组成员围着一个大桌子，谁也不说话。项目组成员来自各个部门，平时与总经理几乎没有说过话，都显得很紧张。

总经理看大家紧张，就问大家："你们平时看江苏卫视的《非诚勿扰》吗？"

这是一个相亲节目，当时非常火。大家听到这样一个轻松的话题，

就七嘴八舌议论开了，有的人说喜欢这个嘉宾，有的人说喜欢那个嘉宾。小妮平时与总经理联络比较多，就大胆地问总经理："您看过这个节目吗？您是给谁找女朋友啊？"总经理老婆在场，大家都想看看总经理怎么回答。

这时总经理微微一笑，说："我看这个节目不是为了找女朋友，主要是看看中国女性的需求是什么。"接着话锋一转，"你们看我们这个客户的需求是什么？未来我们公司的核心竞争力应该是什么？我们需要什么样的供应商？你们采购把这个搞清楚了，就能做到供需之间的精准对接了。"

2. 同舟共济，永远与大家在一起

作为有领导力的采购人，要营造一个团队一个梦想，心往一处想、劲儿往一处使的团队氛围，要做到胜则举杯相庆，败则拼死相救。成功要大庆，失败则不必耿耿于怀，必须把自己的那种活力、献身精神和责任心传递给员工。

要倾听公司每一位员工的意见，他们才是知道实际情况的人，一定要鼓励员工将他们的想法说出来，做到信息相通、上下同心；培养团队具有阳光心态，积极面对困难，相信办法总比困难多；鼓励员工互相补台，构建和谐的同事关系；相信团队的力量。

K公司开发了一款SUV汽车的悬架产品，市场需求量非常大，公司产能满足不了需求，于是决定在最短的时间内再投入一条生产线。由于人手紧张，公司所有人员全部都24小时吃住在公司，老板也和员工吃住在一起。夜班的员工说，需要加餐一根火腿肠，老板说加两根，再加一个卤蛋。那段时间虽然艰苦，但大家都感觉很开心。

项目如期完成，并顺利投产。

3. 不搞小圈子

既然是一个团队，就绝对不能搞小圈子。有领导力的采购人，一定是个心中装着公司使命、愿景的人，一定是能够平等对待所有员工的人，

要有能力带领整个团队实现工作目标,成就每一位团队成员。

如果你搞小圈子,团队中就会分成自己人和圈外人。自己人或许忠诚,但可能会有优越感,工作上放松自己的要求;圈外人就会和你离心离德,团队就形成不了合力。

要身体力行,践行公司价值观;要以身作则,提升团队凝聚力;要开放包容,尊重每个人的独立性和个性。要通过构建安全的心理空间,让员工畅所欲言、坦诚相待、努力向前。

思考题:

1. 列举几种情绪管理失败的案例。
2. 列举改善工作氛围的行动计划。

第四部分

供应商领导力
——撬动供应资源，提升供应链竞争力

　　这里说的供应商领导力，不是奖励和惩罚供应商的职位权力，也不是供应商管理。供应商管理，是组织行为，是流程制度；供应商领导力，是对供应商的领导力，是个人与供应商交往中体现出来的一种影响力。采购方有难题，需要供应商帮助；供应商有难题，也需要采购方帮助。如果换一个人，供应商管理效果就不一样，那是因为每个人的领导力不一样。

　　采购工作本质上是和人打交道，谈判是和人在谈，合作是和人在合作。出现问题，如何解决？管理供应商，要多多思考人。

　　供应商是资源，好的供应商是筛选出来的，高效的供应商是管理出来的。采购人需要思考：如何挖掘供应商潜力？是否能够实现与供应商协同？如何用好供应商资源，让供应商价值最大化？打造供应链竞争优势，需要采购人的领导力。

Chapter16
第十六章

营造公平

 学习目标

1. 学会如何营造公平氛围。
2. 学会如何创造公平竞争。

买卖公平,公平交易,公开、公平、公正,这些都是我们耳熟能详的词汇,是古今中外所有法律的基本规则、所有生意人的基本遵循。

"大其牖,天光入;公其心,万善出。"这是明朝方孝孺《杂铭·牖》中的一句话,意思是:把窗户打开,阳光就会进来;出于公心,就会做出许多善事。荀子曰:公生明,偏生暗。

他们说的都是一个意思,那就是买卖公平。法律是公平的,合同是死的,关键是执行的人,公平的氛围需要采购人去打造和维护。供应商很看重公平,是否公平会严重影响供应商的积极性。营造公平氛围,是供应商领导力的重要组成部分。

 小师妹插嘴

估计导论中提到的那位王总挺难,很多供应商是老板的亲戚、朋友。

学霸掉书袋
所以,他更应该注意公平,否则无法引进优秀的供应商。

第一节 公平理论:为什么供应商最后都变差了

"公平理论"是由美国心理学家亚当斯于1967年提出的,讲的是员工薪酬问题。该理论认为,员工对报酬的满意程度能够影响员工的工作积极性,满意程度取决于比较过程,不仅进行纵向比——与自己的历史报酬进行比较,还会进行横向比——将自己获得的报酬和付出与他人获得的报酬和付出进行比较。如果这个比例相当,就感觉公平,就会努力工作;当感觉获得的报酬不公平时,就会消极怠工。我觉得公平理论同样适用供应商管理。

某设备公司H,它的采购都是以项目制来运作的。新上任的采购中心总经理冰总,收到其他部门的反馈:采购价格居高不下,质量却连年下降,严重影响销售在市场上拿订单。

销售总监说,市面上很多竞争对手在用的供应商,采购部门嫌规模太小,不用。而且总是拒绝新的供应商,怀疑采购人员暗箱操作。于是冰总找采购经理了解情况。采购经理汇报说,他们引进过新供应商,但是质量部总是说品质不过关。供应商多次提交样品,但不同的人会提出不同的要求,供应商的样品一次次通不过,供应商怨言很大。

很多供应商反映,觉得每次报价都是在陪标。老供应商也不愿意降价,都在抱怨,在生产现场做了很多工作,H公司从来没有对此付过钱,还经常拖欠货款,它们反复找采购、找财务,隐性成本很高。销售部门却还在不停地压低预算价格。

很多采购员反映,2021年,材料短缺,价格暴涨,运输费用也翻了一倍,但是销售部门给到的采购预算价格比往年还低了5%,供应商真的是没有办法了。于是有的供应商在质量上做手脚,偷工减料。

好像公说公有理、婆说婆有理,那么问题到底出在哪里?

当供应商感到不公平时，猜猜看，它们会选择以下哪种方法来应对：

（1）改变自己的投入，偷工减料。

（2）改变自己的产出，消极怠工。

（3）离开你们公司，不再继续合作。

理解了这个问题，就不难理解供应商管理了。

第二节　公平机会，能力催化剂

机会公平是最大的公平，它会产生无穷的力量，是供应商领导力提升的催化剂。规模有大小、距离有远近、能力有不同，并不是所有的供应商都是合适的供应商，也不是所有的供应商都能成为我们的供应商，这一点供应商也清楚，他们要的是一个公平的机会，采购能给的就是公平机会。

1. 机制公平，才能选到正确的供应商

公司有流程制度，甚至请专业的咨询顾问设计优化流程制度，目的就是在机制上保证供应商的机会公平。

但是，再好的制度也是人来执行的。是千方百计维护公平，还是不在乎，甚至费尽心机钻机制的空子，给供应商的感觉就完全不一样了。

军总是一家餐饮企业的采购总监，有一次，公司需要引进老坛酸菜鱼方面的复合调味料供应商。中餐行业没有相关标准，调味料就更难确定标准了，10个供应商10种口味。

怎么选？怎么定？这让军总煞费苦心。如果评得不公平，大家就会觉得有问题，何况公司内部有很多人本就是戴着有色眼镜看采购，总觉得采购有猫腻。于是军总想了个好办法，干脆来个"盲测"。

她将所有料包按照同样的比例摆放好，当然没有标注供应商名字，之后请来与这个项目相关的所有人员，包括后端的厨师，大家一起来品尝、打分。在项目管理上，这些人叫项目干系人，在有些外资企业叫利

益相关者。然后将过程和结果存档，包括哪几家供应商参选，谁参与评选，最后大家签字选定供应商。

军总说，这一招儿还挺有用。

一次，后端那个胖胖的厨师跑过来对军总说："你买的料包味道不好。"军总就和他说："大哥，你也参与了评选的。"他说："没有印象。"军总就翻出了记录，他也只能嘿嘿一笑，掩饰自己的尴尬。

2. 机会公平，才能吸引更多的供应商

有时我们觉得供应商资源不够，尽管原因有很多，但其中一个重要原因就是给予供应商的机会不公平。供应商觉得没有机会入选，索性不参与，甚至你邀请它参加，它都拖拖拉拉，即使给你报个价，也是应付差事，没有认真对待。

那一年，黄小林担任某电力公司采购经理。他发现一个问题，就是新供应商很难进入，公司内部很多人会以各种理由拒绝新供应商加入。他觉得不应该这样，就向董事长汇报，想给供应商建立一个公平的准入机制，董事长很是赞赏。

首先他在采购部内部不断强调，欢迎大家推荐供应商。后来，又在全公司层面利用各种机会，对各个部门的人说，任何人都可以推荐供应商。

再后来，他对所有接触到的供应商表态，只要产品好，价格有竞争力，公司的大门永远是敞开的。

通过黄小林的不断宣讲，在供应商端、采购端，在公司其他部门，慢慢就形成了公平的氛围，从而吸引了更多供应商参与竞争，资源一下子多了起来。

有的供应商还特地和黄小林说，以前也来过他们公司，但门都进不了，不受待见。后来听其他供应商说，你来了以后，机制变了，所有供应商可以公平参与竞争了，于是又来了。

现在的小黄，可不是当年的小黄了，他现在也不是黄经理，而是在供应商那里很有威信的黄总监。用他自己的话说，能力已经不允许他低调了。

3. 过程公平,才能真正彰显公平

过程公平,才能结果公平;过程不公平,没法真正做到结果公平,即使结果公平,人们也不认为公平。

过程控制,是质量控制的生命线,也是采购管理的生命线。

深圳一家公司要上马一个水冷却系统项目,A、B两家供应商参与竞争。A供应商报价很低,比其他供应商低20%左右,在价格方面的确很有优势,公司有意选择A。但是采购部黄经理觉得,价格低20%,这里边有蹊跷,不能轻易做决定。

于是,他安排相关人员去审核A的生产工艺过程。审核后发现,A在材料选型上没有按照技术要求采用国外更为先进的部件生产。A说,它选择的零部件也能达到技术要求,但是黄经理觉得A模糊了技术标准。当然也对B做了同样的审核,B是严格按照技术协议生产的。

如果选择A,这对B不公平,因为没有按同一种标准进行生产。此外,也会给未来的供应商选择带来不好的影响。

最后,黄经理与相关部门商量,为了体现公平,决定把这个合同给B。

小师妹插嘴
我常常觉得不公平。

学霸掉书袋
所以说,过程公平很重要,要让别人感觉公平。

第三节 公平地位,伙伴黏合剂

平等是人类追求的永恒价值。买卖双方是合作关系,地位是平等的。只有把双方摆在平等的地位上,才能开展合作,达成供应链协同。公平地位是伙伴关系的黏合剂,没有它,休想建立真正的伙伴关系。

1. 地位平等，才能形成伙伴关系（共同解决问题）

企业之间的竞争就是供应链之间的竞争，既然是供应链竞争，采购和供应商就是一个战壕的战友，双方之间彼此平等、彼此成就。但有的采购方高高在上，也有的强势供应商以势压人。一旦有一方感觉地位不平等，就会产生恶果。

K公司有一个项目，是两家供应商承包，一家规模大，一家规模小。大的那家供应商是老板的亲戚，平时根本不把普通的采购员看在眼里，态度比较恶劣，采购只能忍气吞声。小的那家供应商配合度不错，但合同份额小，还没有机会表现出特别的能力。

年底，公司有一个大的项目，采购总监决定让规模小的那家供应商进行承包。在合同实施过程中，给予供应商必要的提醒和指导，结果发现规模小的那家做得还不错。

采购总监下定决心尽快和规模大的那家供应商终止合同，采购总监将情况汇报给老板，没想到，老板竟同意了。老板觉得大的那家供应商虽然是自己的亲戚，但是它总是仰仗亲戚的地位，态度很差，长此以往，对公司很不利。

2. 相互尊重，才能激发供应商的能动性

我做过很多"供应商管理提升"咨询项目，都涉及供应商关系管理。供应商关系，不是合同上约定的买卖关系，也不是公司间实力对比的关系，它相当大程度上取决于人和人之间的关系。人需要尊重，尊重才会激发潜能。学会关注人，做一个好客户。

大家非常重视供应商创新，有些公司通过设立KPI考核供应商创新。有指标当然是好事情，但是创新不是逼出来的。创新需要氛围，不包容失败就不可能获得创新；创新是由人做的，必须对供应商的人给予足够尊重，否则不可能创新。

浙江宁波某家电企业，非常注重供应商关系管理，每年举办两次供

应商创新大会，对于有卓越创新成果的供应商给予奖励。同时，对创新突出的个人也会发一个大奖牌，给予足够高的荣誉，并赠送公司生产的产品，让他们体验自己的创新成果。

企业的以上做法是我们作为咨询顾问提出来的，供应商感觉到的是来自客户的尊重。良好的创新氛围，吸引供应商纷纷参与到创新中来。

3. 甲方心态，并不能获得最大价值

采购是甲方，通常处在强势地位，这是人们的一种认知习惯。其实，在合同中只有甲乙双方，合同法没有说采购一定写在甲方的位置，这只是在签订合同时，人们习惯将采购一方放在甲方的位置，以示尊重。

如果采购一味以甲方心态对待供应商，其实并不利于合作，无法获得真正想要的。

我的一位好朋友，是一家著名咨询公司的合伙人，在我心里，他是最专业的咨询顾问。

他参与过一家著名企业 F 公司的咨询项目招标，当时有三家公司参与竞争。通知下午 2 点去述标，他们早早地赶到那里，由于门牌号不清晰，他们费了好大的劲儿才找到投标的办公楼，在楼里转了几个弯儿才找到 404 会议室。由于早到，他们只能在走廊里等候。

2 点到了，一个小姑娘出来叫他们抓阄，以确定先后顺序。然后带着第一个人进去述标，其他人在走廊里等候。

注意，走廊里没有椅子，他们只能站着，北方的冬天还有些冷，也无法到外面去散步，只能站在走廊里等待。过了一会儿，那个小姑娘又出来了，叫第二个人进去。我的朋友是第三个，在走廊里站了两个多小时，没有喝一口水，也没有地方坐，也没人搭理，干巴巴地等了两小时。

等到他进去的时候，他已经筋疲力尽。打开电脑，抬头看了看那些低头看手机的评委，他开始讲解标书。他看着那些心不在焉的评委，心里面拔凉拔凉的，心里想再也不会来这家公司投标了。

他和很多人讲过这个故事，不知不觉中，F 公司进入大家的"黑名单"。你们没有平等待我，我也不会把你们看成客户。或许 F 公司觉得，我是大企业，不缺供应商。但是我想告诉大家的是，优秀的供应商也不缺客户。

第四节　公平交易，关系防腐剂

公平交易是市场经济的一项准则。它意味着交易双方从交易中获利是均衡的，双方享有的权利和承担的义务是相当的。专业采购人，应当维护公平交易。

1. 权利与义务对等，才能让供应商全力以赴

"显失公平的合同，当事人一方有权请求人民法院或者仲裁机关予以变更或者撤销。"这是法律的规定。

显失公平，是指合同一方当事人利用自身优势，或者利用对方没有经验等情形，在与对方签订合同中设定明显对自己一方有利的条款，致使双方基于合同的权利义务和可获得的利益严重失衡，明显违背公平原则。

所以，做一个专业的采购，维护这种公平很重要。采购有义务向供应商讲明真相，不可以隐瞒，这是法律的要求，也应该成为采购的职业操守。合同履行过程中，不要把责任全部推给供应商，买卖双方要共同努力解决执行过程中出现的问题。

J 公司是一家大型的设备企业，生产的设备主要用在一些大型船舶上，对于产品的可靠性要求很高。作为 J 公司的采购，责任就非常大，因为一台设备 90% 的零部件都是外购的。为了更好地监督和督促供应商，J 公司的合同中有一个条款，就是供应商要确保产品质量的可靠性，例如因产品质量造成的问题，供应商要承担维修或更换有质量问题的产品所产生的所有费用。

这本是一条没什么争议的条款，但有一家供应商提出异议，它家的

产品价格不高，若要维修或更换，费用就会非常高，这些维修或更换费用远远超过产品价格本身。这让采购经理艳艳非常为难，如果按照标准合同签署，对此供应商来说，权利和义务明显是不对等的，但从公司角度来讲，这部分损失确实是供应商的原因造成的。

艳艳把此事汇报给了总经理，总经理想了想，问："这家供应商的毛利是多少？"艳艳想了想说："根据我们对行业数据的调查，应该在20%左右。"总经理想了想，说："那就把最大的赔偿额度改为合同价格的130%，这样既能最大限度地激发供应商尽一切努力确保质量，也能让供应商将可预见的损失控制在可承受的范围内，保证权利和义务对等。"

不得不说，这招儿真的很高明。供应商不仅愉快地接受了，还增加了产品质量控制流程，增加了试验设备。后来，此款产品在使用中质量也确实非常好。

2. 遵守契约，才能让供需关系长久

"人无信不立，业无信不兴。"这句话的意思是：人没有诚信，就不能立足于社会；做业务没有诚信，就不会兴盛。古今中外有各种讲究诚信的例子，可见诚信弥足珍贵。在市场经济高速发展的中国，有人说诚信比金子还可贵。

诚信需要从小事情做起，"小信成，则大信立"，做小事情讲信用，就能够建立起很大的信用。比如，采购方准时付款，供应商准时交付。

小毛所在的公司经常拖欠供应商货款。供应商催得急，财务就付一点，像挤牙膏一样。这么多年下来，供应商一直在抱怨，有时还威胁要停止供货。

2022年有段时间物资供应紧张，合同规定款到发货。一个节假日前一天，有一批很急的货，按规定应该提前付款给供应商，但是公司当时现金流紧张，小毛就和供应商商量好，节后一定付款，请供应商提前发货，供应商同意了。

但是，节后财务并没有立刻审批同意这笔付款，而是又拖了一阵子

才付款。供应商很生气，说小毛公司根本不讲诚信。

小毛很难过，因为她知道，长此以往，就会出现"狼来了"的现象，供应商就不会再相信她了。

果然，在一次后来的产品交付中，小毛公司没有及时按照合同约定时间付款。小毛就和供应商沟通，款项已在审批中，能否晚两天。结果供应商直接拒绝，怎么协商都没用。

3. 滥用强势地位，可能适得其反

通常买方都处于强势地位，作为采购人，如何拿捏这个分寸，是领导力的一种体现。

《中华人民共和国反垄断法》（简称《反垄断法》）中第十七条规定，禁止具有市场支配地位的经营者滥用市场支配地位的行为。例如，以不公平的高价销售商品，或者以不公平的低价购买商品或者限定交易相对人只能与其进行交易，或者只能与其指定的经营者进行交易。它讲的是，如果你利用自己在市场上的优势地位，制造一些不公平的交易条件，就有可能违反《反垄断法》，受到市场监管部门的处罚。

当然，这里讲的是公司行为。我们采购人作为一个公司的代表，不仅要知法懂法，还要给供应商以正确的价值取向，公平对待供应商，不利用自己的强势地位，压榨供应商，甚至欺骗供应商。采购人的口碑，就是公司的口碑。

在汽车行业，对于汽车零部件供应商来说，汽车整车厂处于绝对优势地位。想想看，零部件的供应商建在整车厂的周边，主要就是想就近为整车厂服务，此时作为整车厂的采购，很容易利用这种优势，压榨供应商，甚至欺负供应商。

某汽车整车厂的一位采购总监，把拖欠供应商的货款当成自己的业绩，把恶意制造的供应商竞争当作自己的荣耀，当然，短时间内他获得了公司高层的重用，完成了自己的KPI，给公司带来了所谓的经营业绩。

但同时给这家整车厂带来了不好的口碑,很多供应商都不愿给他们报价,不愿意给他们供货。

思考题:

1. 列举公司公平方面需要改善的地方。
2. 列举自己在公平方面可以做的事项。

第十七章

共 享 信 息

学习目标

1. 理解信息流在供应链管理中的作用。
2. 学会如何与供应商共享信息。

"信息流问题解决了,供应链管理问题就解决了一半",这是我在"如何打造供应链竞争优势"课上反复强调的观点。供应链管理强调物流、信息流、资金流。如果我们复盘一下就会发现,很多物流、资金流的问题,都是信息流的问题。"信息共享"是解决信息流问题的钥匙。怎么判断信息流问题是否解决呢?那就是检验一下,不同的人在同一个时间是否享有同一版本信息。

在实践中,由于买卖双方是不同的法人实体,有着不同的利益诉求,落实信息共享非常困难,有领导力的采购人,要积极构建信息共享机制,推动落实信息共享。在实践中,有的人把持信息、垄断信息,不愿意分享,怕泄密、怕利益受损。我们要认识到,所有决策都是基于信息的,如果信息不对称,双方就不能在相同的信息上做决策,就有可能出问题。

导论中提到的那位王总当然明白这个道理,他上任没多久,就请销售部门提供销售预测，不管准不准，先要有一个预测，然后将其转化为采购预测，逐月滚动发给供应商，这样供应商就可以提前做很多准备，很是开心。

第一节　啤酒效应：都是信息不同步惹的祸

麻省理工学院的斯特曼教授做了一个著名的啤酒销售流通实验：

假设生产一件成品要经过 7 个流程，需要 7 层上游供应厂商。如果第一个月，客户向公司下的订单是 100 件，为了防止缺货风险，保证安全库存，公司要求上游供应商备 10% 安全库存，则需要提供 110 件，以此类推，到了第 7 层供应厂商时，所提供的数量可能达到 200 件。10 个月下来，随着供应链上下游的累积效应，这个数字会与实际需求相差甚远，导致最后一层厂商损失惨重，可能多达百倍。

啤酒效应，暴露了供应链中信息传递的问题。它不是啤酒行业独有的现象，是流通领域一种普遍现象，产生的原因在于信息传递过程中出现偏差。信息从最终客户端向原始供应商端传递时，无法有效实现信息共享，导致信息扭曲且逐级放大，需求信息出现越来越大的波动，在图形上很像一个甩起的牛鞭，因此被称为"牛鞭效应"。Hau L. Lee 等人（1997 年），对啤酒效应中的需求放大现象进行了全面深入的分析，总结了导致牛鞭效应的 4 个原因，并提出了牛鞭效应的量化模型和方法，信息不对称就是其中最重要的原因。

生活中也有类似的例子。例如，小明的妈妈给小明买了一条裤子，但觉得有点长。她出门前，就对小明奶奶说："你好好休息，不要弄，等我晚上回来，我给他剪掉一段。"

小明妈妈出门后，奶奶觉得她很辛苦，就自己戴上老花镜，亲自操刀，估算一下小明的身高，剪掉一截儿。晚上，小明妈妈回来，又剪掉一截儿。妈妈和奶奶都觉得对方很辛苦，结果小明的裤子不能穿了。

信息是工作的指令，没有做到信息共享，大家就不能同步，这将给供应链管理带来非常大的混乱。

小师妹插嘴

啤酒效应很有名。

学霸掉书袋

这是一个典型的信息流的故事。老师讲,"信息流问题解决了,供应链的问题就解决了一半"。处理信息流,不是一个简单事儿,如何处理信息流,是对采购人领导力的挑战。

第二节 思想协同,心往一处想

"心往一处想,劲儿往一处使",只有这样,团队才能成功。供应链成员之间也一样。

做到"心往一处想"并不容易,作为一个有领导力的采购人,必须统一大家的思想,要让内外部利益相关者认识到分享信息的好处。

这里分享一个小招儿。任何讨论结束的时候都可以说:"已经达成共识了,对吧?那就开始行动吧。"这是一个确认的过程,非常有效。

1. 找到目标一致的供应商

要想"劲儿往一处使",必须找到"心往一处想的"人,找到目标一致的供应商,志同才能道合。

陆总是中国汽车行业非常知名的领导人,他在接受一汽大众总经理岗位的时候,一汽大众已经连续亏损5年。总部把他从一汽集团常务副总经理调任到一汽大众第二任总经理岗位上,要求他迅速扭亏为盈,这是董事会给他的任务,也是员工对他的期待。

要想迅速赢利,必须一手抓销售,一手抓采购。他要求采购降本10%。

采购部长说,公司已经连续5年亏损,甚至传言德国股东计划撤资,在这种背景之下,哪家供应商愿意降本呢?大家都不看好一汽大众。

采购部长觉得,这个时候自己出面说服供应商有难度,于是邀请陆总亲自出马，走访骨干供应商。请陆总详细介绍一汽大众未来5年发展规划，展望中国汽车工业的发展前景，希望供应商相信一汽大众，希望它们能降低成本10%。

考虑到陆总在汽车界的威望，大家相信陆总对一汽大众的发展展望，绝大部分供应商同意了降价。

但是，上海有一家做轴承的供应商，坚持不降价。之后，一汽大众选择这个产品全力开发第二供应商。结局，大家可以猜到，很快第二供方取代了上海这家供应商。

陆总在会上特意强调，一定要选择那些愿意和我们一起成长的供应商。

有领导力的采购人，要创造机会向供应商分享企业发展规划，让供应商能够看见自己的未来，这一点对于初创公司尤为重要。如果觉得自己和对方谈力度不够，那就邀请总裁，一定会带来意想不到的效果。

也可以请供应商负责人讲讲他们的发展规划，以便找到志同道合的供应商。一些领先公司，已经把供应商发展规划纳入供应商评审流程。

2. BBC 沟通，让伙伴关系现了原形

这里的 BBC，不是英国的 BBC，而是汪亮老师和我共同开发的一款同供应商沟通的工具，全名为 Back to Back Communication，即背对背地沟通。

这个工具有什么神奇的妙用吗？我先给你讲个故事。

浙江一家著名的小家电公司F，已成立20多年，销售达到百亿规模。很多供应商建厂初期就开始给F公司供货，和它一起成长，85%~100% 都是给F公司供货，每周都会参加F公司的例会，它们之间是绝对的战略伙伴关系。

我们给F公司做"供应商管理提升"咨询项目，看到有一家供应商K，从高管到员工同F公司之间都非常熟悉，在一起不用称呼张总或李总，直接喊名字，甚至直接喊小张或小李，因为他们年轻的时候就在一起。我们要求双方坐在一起，我问他们："你们彼此熟悉吗？"注意，我

这里把"熟悉"两个字加了重音。

供应商老板说:"太熟悉了,他们厂房我可以闭着眼睛走。"

说到这里,你觉得他们之间熟悉吗?是否能做到100%地相互了解?

接下来,我请F公司的采购和供应商分别坐在不同会议室;让他们写出"对对方的要求是什么",然后再猜猜看"对方对我们的要求是什么",把它们都写下来。写好以后,双方拿过来进行对比,看看相符程度。

按照前面描述的熟悉程度,相符程度应该达到100%,退一步,80%总是有的吧。我估计他们心里这么想。

打开结果,相符程度不到50%。两家公司老总非常震惊,眼睛瞪得大大的。

其他几家供应商我们也做了BBC沟通,结果类似。

这个就是我们做的BBC实验。我想告诉大家的是,我们以为对方很了解我们,我们很了解对方,其实并不一定了解。

信息共享的路很漫长,共享的价值亟待挖掘。从说到做到,中间隔着个"喜马拉雅山"。

3. 不要喊口号,要落地

"供应商是伙伴""一定要双赢""我们是命运共同体",这些话,很多人挂在嘴上。相信大家也都见过,很多公司与供应商签署了《战略合作协议》,但是,如果没有落地的方法,没有落地的积极性,"伙伴关系"就成了一句空洞的口号。

蔡总是某著名乳业公司采购总监,他给我讲了这样一件事,问我怎么办?

公司要求采购部与供应商Q签署一个《战略合作协议》,据说Q有特殊关系。蔡总也没多问,就签了一个合同,有效期10年。

合同签订后,供应商按约定把设备安装在乳业公司的车间里。供应商通常分为一级供应商、二级供应商,我把这种建在买方车间里、运输零距离的供应商,叫作"零级供应商"。

在一个厂房里，双方紧密合作，很容易实现信息共享，从而共同对抗市场波动的风险。从这个角度看，双方是绝对的战略关系。

但遗憾的是，供应商对市场情况根本不了解，没人跟它分享信息，经常由于备货多造成库存。于是供应商要求涨价，蔡总不同意，供应商就开始威胁，如果不涨价就断货。蔡总想核算供应商的成本，供应商坚决不同意。

它们相互之间没有做到任何信息共享、风险共担，尽管有"战略"两个字，本质上还是博弈，这种战略关系就徒有虚名。

第三节 利益协同，力出一孔

"力出一孔，利出一孔"，华为公司坚持这个原则，成就非凡业绩。这句话出自管仲《管子·国蓄第七十三》："利出于一孔者，其国无敌；出二孔者，其兵不诎；出三孔者，不可以举兵；出四孔者，其国必亡"。

这句话可以反转一下，"利"出一孔，才能"力"出一孔，同供应商也一样。有领导力的采购人，要合理分配双方的利益，让供应商产生信任感、获得感。

1. 合理分配利益，才能激励"信息共享"

买卖双方是两个不同的法人实体，各自追求自己的经济利益，所以造成很多管理割裂，甚至有的人强调要保密，人为制造很多信息交流障碍。

如果你心里装着供应商，让供应商"看见"共享信息带来的好处，并且这个好处是双方分享的，它一定愿意追随你。

M公司在市场调研中发现，自己产品的价格大大高于同行，市场倒逼M公司必须降本。

M公司采购黄经理找到供应商，要求降本。供应商不同意，强调原材料价格在上涨，成本也在上升，现在给予M公司的价格已经很优惠了。

黄经理说，我们不是要降价，是要降本。黄经理看着供应商副总经理那半信半疑的眼睛，继续说，只要成本降下去，我们双方共享这个降本成果，公司要求我降本10%，我们双方可以各取一半。共同努力，这样大家才有机会拿到更多订单。

供应商副总经理年近60岁，摸了摸没剩几根的头发，喝了一口茶，抬头看着眼前这位黄经理——戴个眼镜，头发精致地梳向两边。想想黄经理是个有能力的小伙子，前途无量，以前也没骗过自己。他接着开口说，我非常认同黄经理这种协同降本的思想，我马上安排技术人员同你们公司的技术人员沟通。

第二天，双方人员坐在一起，开始研究开优化设计方案。最后成功降本11.5%，黄经理也兑现了承诺，只降价5%。

2. 确保信息安全，才能放心"信息共享"

很多人不愿意共享信息，是因为担心信息泄露，尤其是担心泄露给竞争对手。信息安全是网络时代大家非常关注的话题。

有领导力的采购人必须想办法，让大家看到分享是安全的。

龚正是个很有能力的人，同事都很喜欢他。最近他跳槽了，在圈内是个小新闻。大家热议：没有龚正了，看他们采购怎么办。

此前，龚正在一家德国汽车零部件公司工作，现在受聘到一家民营企业做采购总监。

进到这家公司以后，他发现很多奇怪现象。比如，有的采购员拿到新供应商的报价就去找现在的供应商压价。供应商不同意，就把新供应商的报价拿给老供应商看，老供应商没办法，只能降价。更有个别人，让新供应商开发产品，开发成功后，交给老供应商让其"照葫芦画瓢"，开发新品。这些采购人，利用这些方法把采购成本降得很低。

慢慢地，新供应商发现了这个问题，再也没有人愿意参与报价了，只剩下一些老供应商，这种做法致使采购成本高企，质量问题频发。

总裁很恼火，于是，通过猎头公司把龚正招聘过来。

龚总发现这些问题后，就去找总裁商量，不能再这样下去了。起初，总裁也不是完全理解,觉得能把成本降下去,总归是好事。龚正举了很多例子,让总裁相信公正的力量。最后总裁说,可以试试,我支持你。

他邀请供应商,包括潜在的新供应商,其实主要是想找新供应商,召开一个大会。请总裁去讲话,讲了新的合作理念(其实讲稿是龚正写的),并郑重承诺将选择供应商的权力交给新来的采购总监龚正。

之后龚正想了很多办法,如签保密协议、廉洁协议、违约罚则,发布员工行为守则等。就这样,慢慢恢复了供应商的信心,参与竞争的供应商数量增加了,当然成本也控制住了。

3. 推动双向互动,才能实施"信息共享"

供应商最需要的是客户端的需求信息,采购最需要的是供应市场的信息,如果双方能互相分享,供应链信息流就打通了。信息流问题解决了,供应链问题就解决了一半。

我在一家外企做采购总监,我们公司要进军河南市场,河南市场很大,但是要求的价格很低。怎么办?我找到供应商,要求降价10%,供应商不同意,说:"我们已经跟你们签订了年度框架合同,价格是锁定的,不能因为这一单而降价。"

我和供应商讲,我们的利益是共同的,如果你降价,我就能给客户降价;我们能拿到客户的订单,你就能拿到我们的订单,我们双方都增加了销量;销量增加了,固定费用分摊就变少了,看上去不赚钱,最后是赚钱的。

起初供应商不信,觉得我在忽悠他,我就和供应商详细核算了成本。最后能说服供应商,是因为供应商从客户市场信息中看见了希望。

我们约定,以后一起分享客户市场信息和供应市场信息,共同制定对策,一起努力,多多拿单。

之后,公司逐步在内部建立了销售与运营计划(S&OP)会议机制,与供应商建立了协同、预测与补货(CPFR)机制,从机制上解决了落地问题。

第四节 行动协同，动作一致

再好的理念，也需要化为行动；军队的纪律，从齐步走开始。

想协同，做不到怎么办？要设定一些方法，在沟通的流程上、手段上、机制上，找准"齐步走"的口令。只有信息同步，才会协同行动，方向一致才能胜利。

1. 不要垃圾信息，保证准确性

决策要依据信息，虚假的信息会误导决策。所以，有领导力的采购人必须善于发现最有价值的信息点，并确保信息的准确性。为了减少信息传递过程中的失真，可以将信息标准化。

S 公司是一家跨境电商，产品销往欧洲、北美。客户在国外，供应商在国内，供应链非常长。国内的供应商无法掌握国外市场的动态，没有销售端的数据，很难开发新产品，全靠猜。

以前，都是等待国外的客户做市场调查，然后把信息反馈给 S 公司，S 公司再转给国内的供应商，供国内供应商开发新产品参考。信息滞后、模糊，无法形成清晰的消费者画像。

贝贝是 S 公司采购经理，她非常喜欢学习新东西，也勇于实践。"信息流问题解决了，供应链问题就解决了一半"，她把"如何打造供应链竞争优势"课上学到的这句话打印出来，贴在墙上。

有一天，她突然想起老师说的另外一句话，"买是为了卖"。对呀，不了解卖，怎么买呢？任督二脉打通了。她找到销售，商量如何让国外的客户把销售端的数据给到他们。把国外大卖场里 POS 机数据整理出来，然后做数据挖掘，形成客户画像，再转给供应商。

供应商觉得太棒了，清晰的客户画像，解决了它们研发的困惑。

2. 不要收藏信息，保证及时性

信息传递出去才有价值。有的人习惯收藏信息，把信息握在自己手中。没有及时传递出去的信息，就会变成过时的信息、无用的信息。

长周期物料是个难题，如果不备货，一旦有订单下来，就会有断料风险；如果备货很多，又造成很大库存。怎么办？

M公司隶属光伏行业，受政策影响很大，订单起起伏伏，是个典型的项目型公司。采购的水冷系统里有泵阀，交货周期比较长，是典型的长周期物料。

以前，都是要求供应商备货，由供应商承担风险。有时，备货很多，但是M公司没有足够订单，造成大量库存；有时，订单来了，库存不多，就催促供应商赶紧交货，供应商叫苦不迭，而且断料也影响了M公司的销售。

黄小林是位年轻有为的采购经理，他觉得必须想办法打通销售预测端和供应市场端的信息。

他找到销售，要求提供未来三个月的项目需求信息。销售说这些信息根本不准，黄经理认为不准总比没有强，就把这些信息给到了供应商。供应商很高兴，它可以根据这些信息提前做产能规划了，同时，也把原料端的订货信息分享给了黄经理。

黄经理觉得长期这样也不行，三个月的时间太长，并且是不确定的信息，于是他就跟销售和供应商商量，每周更新信息。销售部门把项目中标情况，包括可能性，预估一个概率，提供给采购，供应商也一样，每周滚动更新，确保信息的联动。重大信息在微信群里直接互动，第一时间有反馈，保证信息交互的及时性。

后来，黄经理在中采商学"小批量多品种解决方案"课堂上，学到一个词"渐进清晰"，也学到一个内部沟通机制"S&OP"，还认识了S公司展总。展总介绍，他们公司有一个供应商协同工作平台，在新产品开发立项时，市场端就会给采购导入一些信息，采购提前知道需要哪些资源，从而加快了产品开发的速度。

3. 不要多个接口，保证一致性

"共享信息"必须做到"在同一时间，不同的人，使用同一版本信息"。如果大家的信息不一致，就会造成混乱。

很多时候，研发人员与供应商直接交流技术变更，现场改了图纸，但是采购部门不知道，质量部门也不知道。最后，供应商要提高价格，采购不同意；供应商交付后，质量通不过，因为与图纸不符。如何保证信息的一致性，是信息共享中必须解决的问题。

K公司招标项目很多，经常出现招标过程中修改技术要求的情况，甚至在中标结果发出后，技术人员找到供应商要求修改设计。

有一次，一个土建工程特种设备安装项目，先后修改设计十几次，给供应商增加很多成本。供应商找到采购樊经理，要求提高价格，樊经理当然不同意。但是供应商坚持，如果不同意涨价就停止合作。这件事闹得沸沸扬扬，严重影响了项目进度，总裁很不满意。

樊经理觉得有点烦，这样下去不行，必须得想个办法。他组织大家设计一个"工程变更工作流程"(ECN)。要求统一出口，不管什么样的变更，必须由采购部发出。同时对供应商提出要求，不管是技术标，还是商务标，任何疑问，由采购部统一解释。不通过采购部发出的，可以拒绝接受。

开始，研发部门不同意，觉得与供应商沟通技术问题与采购部无关，采购没有必要参与。樊经理举了很多案例，把课上学的、与同学交流的都搬了出来，不厌其烦，终于说服了这些难对付的研发人员。

思考题：

1. 列举由信息流问题引发的管理问题。
2. 制订一个信息流改善计划。

Chapter18
第十八章

信守承诺

 学习目标

1. 理解信守承诺与领导力的关系。
2. 学会与供应商沟通的方法。

市场经济就是契约经济,重合同守信用是基本的商业规则。信誉是领导力的基础,承诺一致是做人的基本准则。

道理人人懂,但有意思的是,如果你到一家公司参观,看到墙上写着"信誉第一",翻看员工手册,也会写着"诚实守信",可如果你有心,你会发现,"信誉第一"是给客户看的,"诚实守信"是要求员工对公司的。对供应商,要求供应商"诚实守信",但较少谈及对供应商也要保持"信誉第一",较少要求员工对供应商也要"诚实守信"。

毫无疑问,信守承诺应该是相互的。信用是靠积累的,采购人要通过一次次行为在供应商那里树立领导力。关键时刻,可以动员供应商一起共同战胜各种困难,解决各种难题。

导论中提到的那位王总在这方面花了非常多的时间,说服大家,说服老板。比如给供应商付款,一定要准时,不能拖欠,如果资金困难,要和对方坦诚相待。还好,他上任不久,没有思想负担,可以大胆提出这样的要求。

小师妹插嘴
欠账还钱，不是正常的吗？

学霸掉书袋
你说得对，但现实不是这样的。

第一节　立木取信：为什么出高价还买不到货

先给大家讲一个历史上商鞅"立木取信"的故事，看一看诚信的力量。

公元前361年，秦国的新君秦孝公即位，他下决心发奋图强，改革积弊，强大国家。秦孝公任命商鞅为左庶长（秦国的官名）负责改革。

商鞅起草了一个改革的法令，但是怕老百姓不信任他，不按照新法令去做，就先叫人在都城的南门竖了一根三丈高的木头，并贴出告示说："谁能把这根木头扛到北门去，就赏十两金子。"

不一会儿，南门口围了一大堆人，大家议论纷纷。有的说："这根木头谁都拿得动，哪儿用得着十两赏金？"有的说："这大概是左庶长开玩笑吧。"

大伙儿你瞧我，我瞧你，就是没人敢去扛木头。

商鞅知道老百姓还不相信他下的命令，就把赏金提升到五十两。没有想到赏金越高，看热闹的人越觉得不合常理，仍旧没人敢去扛。

正在大伙儿议论纷纷的时候，人群中有一个人跑出来说："我来试试。"他说着，真的把木头扛起来就走，一直扛到北门。

商鞅立刻派人传出话来，赏给扛木头的人五十两黄金。

这件事轰动了秦国。老百姓认为左庶长的命令不含糊。

商鞅知道，他的做法已经起到了作用，就把他起草的新法令颁布了出去。新法令赏罚分明。自从商鞅变法以后，秦国力量大增。

一个信守承诺的举动，获得了百姓对官府的信心，推动了改革的成功，强大了一个国家。

在商场上也一样，有的公司信守承诺，获得了供应商的尊敬；有的公司不断盘剥供应商，在关键时刻遭到供应商的抛弃。

有新闻报道，供应商围堵买方大门，要求偿还货款。最后，供应商断料、起诉，致使买方公司倒闭。当然，这是极个别的事件。由于买方公司不守信誉，在供应商那里"信用等级"下降，得不到优先的供货、得不到优惠的价格，这是比较多的。

可能有人认为这是公司的行为，个人无能为力。其实，在与供应商交往过程中，采购人有相当大的操作空间。同样的内外部环境，不同操作，结果就会完全不一样，在供应商眼中所呈现的领导力也是不一样的。

第二节　谨慎承诺，树立口碑

采购人，代表了企业在供应商眼中的口碑。采购是买方的代表，是企业形象代言人，是否诚信在于我们对外展示的形象。

轻诺者必寡信，不能轻易承诺。

1. 不要做兑现不了的承诺

采购人是企业与供应商信息交互的枢纽，供应商的诉求也会通过采购人来表达。承诺的事项有大小，有的容易实现，有的不容易实现，因此，采购不要做兑现不了的承诺，不要"说大话""打包票"，不要让承诺变成"忽悠"。

有领导力的人，都非常重视自己的承诺，因为他们知道，轻诺寡信，不仅影响自己的信誉，也影响企业的信誉。

燕子是一位电商公司采购经理，西安姑娘，举止优雅，清澈的大眼睛给人一种强烈的信赖感，做事从来不轻易承诺，在供应商那里特别有口碑。

在"双十一""双十二"促销期间，供应商的一款消毒牙刷架月销量5000个。可是，疫情期间，这款消毒牙刷架的月销量跌到了1000个，供应商的总经理商总很是焦虑。

考虑到公司的生存问题，商总找到燕经理，提出一个增加销量的方案：降低一点利润给燕经理的公司用作平台推广费，期待月销量提升到3000个。

燕经理表示，促销有一套规则，不能轻易打破。但考虑到商总公司的情况，答应先和运营部门评估数据，然后报请领导做决定，晚些回复。

燕经理在和运营部门评估数据后发现，达到3000个的月销量是可能的，可以将供应商让利的部分用于推广。燕经理将情况汇报给领导，领导同意了。

商总获知结果后很是感动，觉得这样解决了他们的大问题。

2. 不越权承诺

采购人是公司的商务代表。法律上，公司是"本人"，采购是"代理人"，"代理人"必须在"本人"授权范围内活动。如果超出了"本人"的授权，那就不能做出承诺。越权承诺，不但公司不允许，也会失信于供应商。

采购人要维护好自己所代表的形象，维护好授权范围内的权威，让供应商真正信任我们，只有这样，才能真正发挥采购人所代表的角色力量。

2022年4月7日，Y供应商的董事长打电话给采购经理林大伟，表达了对采购员小汪的不满，觉得在忽悠他们。

林经理赶紧找小汪了解情况。原来，林经理公司拖欠供应商Y货款200万元，其销售总监过来找小汪催款，小汪答应至少回款100万元。

之后小汪向财务申请100万元，但是财务只支付了20万元。销售总监觉得小汪答应支付100万元，回去高高兴兴向总经理做了汇报，结果只回款20万元。供应商总经理有些不高兴，来找林经理"理论"。

其实小汪只能向财务申请，并没有决定的权限，付款多少由财务决定。

林经理向供应商总经理做了解释，表示沟通上有误会，申请不代表同意，采购员没有这个权限。

林经理进一步解释了公司经营状况。2022年3月确实比较特殊，很多项目没有开工，致使公司资金流出现困难，恳请供应商理解，并请财务部一起与供应商制订了新的回款计划。

林经理叮嘱小汪，以后对供应商承诺要注意，关于回款，一定要和财务确认后再回复。

3. 不被利益所迷惑

有个别供应商，会使用各种手段游说采购人，期待采购员做出让步，甚至牺牲公司利益，帮助解决困难。有的采购人，违背职业道德，正常的事情办成不正常。采购人要不被利益所动，不为利益迷失。

有的人，觉得自己并没有损害公司利益，但是请注意，只要让供应商付出了不正当的"努力"，你才肯帮助供应商，那你在供应商眼中的形象就会一落千丈，不可能有什么领导力。个别人，甚至会堕落成供应商的"奴隶"。

俞敏洪老师的东方甄选直播间火了，各类供应商都想来寻求合作。俞老师在媒体上声明，东方甄选任何商品上架，从来不收"坑位费"，虽然大多主流直播间，"坑位费"都是盈利模式之一。但古话说，"拿人家的手短"，拿了钱就要替人家办事，那谁为消费者负责呢？可见，不收"坑位费"是非常明智的选择。

第三节　积极沟通，主动就是先机

商务活动复杂，采购人无法掌控所有情况。由于各种各样的原因，我们可能无法做到信守承诺。但作为一个有领导力的采购人，不能回避问题，而是要挑战困难，解决别人不能解决的问题，获得别人不能获得的支持。把自己的情况讲清楚，与供应商积极沟通，共同寻找解决方案。

1. 不守信用，不要理所当然

信用是双方的，不要把买方的不守信用合理化。在采购实践中，很多采购人员对此有些不以为然，有的人觉得这是公司的事情，有的人觉得这是供应商应该提供的服务，有的人觉得别人也是这么干的，我没有不守信用。不要将不守信认为理所当然。

钱老板是浙江一家民营企业的老板，自主创业，商场上摸爬滚打20年，现在公司颇具规模。

有一次他和我说："宫老师，我们公司那帮采购有问题。"我问他为啥，他说："我们公司的采购总替供应商要钱。"

我说："你们公司欠供应商钱吗？"

他说："是的。"

我说："欠多长时间？"

他说："这不一定，3个月、5个月、半年的都有。"

我说："如果供应商想要钱，找你还是找采购？"

他说："当然找采购。"

我说："那采购应该找谁呢？"

他略微停顿……

继续说："采购应该给我顶住。"

我说："那么如果顶不住了，他找谁？总要告诉公司一个真实的情况吧。"

他一时无话可说，最后他又说："其实我们这行都一样，互相欠款。"

我问："你们为什么欠供应商的钱？"

他说："客户也经常欠我们的钱。"

我问："你是怎么办的？"

他说："我就会派销售不停地去找客户的采购、财务、总经理，白天不行，就晚上。今天不行，明天继续。我们有一个人专门负责催款，对销售还设了一个回款考核指标。"

他颇有成就地说："我创业的时候，就曾经跑到一个财务处长的家里去，一共找了她 11 次，最后把钱要到了，否则就没有现在这个公司，早就倒闭了。我们是千山万水、千辛万苦、千言万语、千家万户跑出来的，现在的年轻人没有这样的创业精神。"

说这话的时候，他眼神中透露出一种成功者的自豪光芒。

我说："你这样多次去找，是不是增加了你很多成本，你是不是会添加到下一次的报价中去？如果没有添加到报价中去，你是否可能偷工减料，或者是减少服务？"

我又问："你现在对客户分级吗？"

他说："啥意思？"

我问："你现在是不是挑客户？应该不是所有客户的生意都做吧？"

他低声自语了半晌，没有回话。最后扯到别的话题上去了。

2. 不要编造理由

有些采购人，也觉得自己理亏，就编造各种理由欺骗供应商，或者将责任转嫁给供应商。供应商不傻，一次两次可以，绝不会被骗第三次。供应商一定会找机会"还"回来，久而久之，大家都不守信用，合作关系变得脆弱。

某公司采购经理对我说："我现在已经彻彻底底变成了一个大骗子。"我问他："怎么了？"

他说："公司无钱给供应商付款，所以我就一直编造理由。有时说，领导出差了，回来之后就会付款。等到供应商再来问，我就说，领导又出差了。我整天拼命躲避，供应商打来电话也不敢接。"

总说出差，供应商也不信，他自己也觉得不好意思，后来他又说供应商质量有问题或交货晚了。总之，他就是不断编造理由，在供应商那里他彻底没了信用。

当然，他强调说，这是公司的原因。但是有没有他可以努力的地方呢？我觉得是有的。

第一，将真实情况与供应商进行沟通，承诺一个新的付款时间。至少可以做到，什么时间给答复，不要躲避拖延。

第二，将历史付款时间做一个统计，与财务和总经理一起协商，看看可以做到多长时间付款，原来3个月不行，可以改成6个月，然后与供应商协商，延长付款周期。

对于供应商来说，3个月拖成6个月，叫不守信用，6个月按时付款，就叫信守承诺。

一定要坚信，办法总比困难多。

3. 掩盖问题，会让问题更大

合同履行过程中，难免会出现问题，这个时候怎么办？一定要正视问题，不要掩盖问题，掩耳盗铃只会让问题更大，甚至让问题无法解决，最终带来无法挽回的损失。有领导力的采购人都是敢于直面问题的人。

黄经理是东莞某家公司的采购经理，公司拖欠供应商货款。一开始，供应商一直催款，采购员小胡觉得很多公司都有这种情况，他前雇主就是这样的，所以没有在意，既没有与供应商积极沟通，也没有向上级领导汇报反映。

第一次供应商发了催款函，小胡没有搭理；第二次供应商发来律师函，小胡也没理会，觉得这无非供应商催款的一个手段而已。

结果，过了一段时间，法院传票过来了，供应商真的把他们公司告上了法庭。此时再去沟通，已经晚了。

虽然经过黄经理与供应商总裁的多次沟通，最后供应商同意撤诉了，但提出要黄经理公司承担50%的诉讼费，并承诺3个月之内付完款项。

事情虽然解决了，但是他们公司在网络信用平台上留下了诉讼记录，影响了公司的商业信誉。因为这件事，黄经理被总经理骂了一顿："有事，为什么不找我？"

第四节　及时补救，真诚善良也是领导力

不能兑现承诺怎么办？不是听之任之，而是要积极补救，哪怕发生不可抗力。这是合同法的要求，也是基本的商业伦理。

作为有领导力的采购人，要积极与供应商协商，寻求解决之道。

1. 坚决不能回避，要积极补救

不管是自己还是他人，都有可能说了但没有做到。作为采购人，时刻要记得，自己代表的是公司，不能失信于人，要维护公司的信誉。如果能纠正，就及时纠正；如果不能纠正，就真诚地道歉。无论何时，遮掩都不是最好的办法。

浙江宁波一家汽车零部件公司的总经理给我讲过这样一件事情：

他们公司买了一台设备，迟迟没有验收。供应商着急回款，就找到了总经理，表面上很客气，询问原因，但明显能感觉出来是在质问总经理，觉得有人在刁难他，若明若暗地说可以给些"好处"。

总经理找到车间主管询问原因，车间主管说，觉得不验收就能够延迟付款，这样既可以替公司节省现金流，还可以多一些时间检验设备的质量。听上去是好心，但总经理批评了他，觉得这样做是不讲信用，一定要按照合同执行，否则，供应商群体之间会传播这件事，认为他们公司根本不守信用。他相信，一旦形成了这样的市场口碑，供应商也会绞尽脑汁"算计"他们公司。

后来这位总经理组织会议，重新确认了验收流程，很快进行了验收付款。

2. 及时寻找当下的备选方案

我们在前文讲过，向上级领导提交解决方案时，要有备选方案，要让领导做选择题。此时正是启动备选方案的好时候。

小师妹插嘴
怎么做备选方案？

学霸掉书袋
一个最基本的备选方案就是业务连续性计划（BCP）。该方法广泛应用于各种生产型和服务型组织，并进一步发展成为国家标准，即 GB/T 30146—2013/ISO 22301：2012《公共安全 业务连续性管理体系 要求》。业务连续性管理体系（business continuity management systems，BCMS），已经成为各个组织管理体系中的核心部分。

小师妹插嘴
原来有这么多讲究呀。

学霸掉书袋
2020年突发的新冠肺炎疫情，让全社会对供应链的风险意识增强了，从风险管理角度来看，也应该有备选方案。制订完备的业务连续性计划，可以确保供应链中断发生后快速恢复，保持核心功能正常运行，将损失和恢复成本降至最低。

当然，备选方案不一定都那么复杂，有时就是一个小的承诺，也不需要兴师动众。如果不能兑现，也不要简单地说不可以，还是要想一个新办法。有领导力的人，一定是敢于挑战困难、不断寻找新的解决方案的人。

冯部长是深圳东莞一家电子公司的采购主管，春节回湖北老家探亲，由于疫情，只能就地居家办公。原来他承诺供应商春节后付款，现在无法操作了。

供应商很着急，正缺一笔钱购买一批紧缺的电子料，于是让冯部长想想办法。

冯部长想到了一个同学，他是深圳一家公司的总经理，也是冯部长公司的客户。于是冯部长给这位同学打电话，请求帮忙垫付货款。

3. 积极寻求补救办法

"亡羊补牢，未为迟也。"羊丢了再去修补羊圈还不算晚。出了问题以后，要想办法补救，可以防止继续遭受损失。

如果无法临场补救，正确的做法是接受教训，在之后的行动中做出更改，也就是"吃一堑，长一智"。不能视而不见，一错再错。

某外企采购经理凯文向我讲述，他们有一家欧洲供应商，以前一直合作很好，最近要求必须先付款再发货。他很困惑，不知道为什么会有如此要求，觉得这家外国公司不了解中国情况，依仗强势地位，刁难他们。

我和他讲，可以主动去沟通，了解真实原因。一般来说，供应商要求先付款再发货，可能是他们拖欠货款严重，失去信用，另外一个就是有新品类合作，而这类产品的交易惯例即如此，总体来说是信任的问题。

他说都不是，他们公司付款一直很及时，都是按时付款，从来没有拖欠过。

我建议他直接与供应商沟通一下，看看是怎么回事。

沟通后发现，双方对合同的理解不一致。合同约定交货30天付款，卖方的理解是"货到以后30天付款"，买方财务的理解是"月结30天付款"。听上去好像差不多，但请注意，财务每月有固定的付款时间，通常是每个月的25日付款。

这样，就出现一个情况，比如本月26日交货，待到次月25日时，不满30天，那就要等待再下月25日，这样事实就变成了隔月付款，时间接近60天。频繁"失信"，供应商的财务系统将凯文的公司列入失信名单，要求必须款到发货。

凯文了解情况后，详细向供应商说明了情况，并获得了供应商的谅解，凯文的公司被移出"失信名单"。

思考题：

1. 列举公司对供应商不信守承诺的案例。
2. 列出自己公司与供应商沟通的改善点。

第十九章

分担风险

学习目标

1. 学会构建风险分担机制。
2. 理解互惠在供应商管理中的作用。

我们经常说买卖双方是合作伙伴,既然是一个战壕里的战友,一定要风险共担。但是,现实情况往往不是这样,双方各自寻求自己的利益最大化,总想把一方的风险转嫁给另一方,追求单方利益。

作为一个有领导力的采购人,一定要改变这种现状,通过谋求双方之间真正的合作伙伴关系,获得整个供应链的竞争优势,真正实现共赢。这是我们必须接受的挑战,为了创造可持续的竞争优势,一定要勇敢地迈出第一步。

第一节 互惠定律:原材料涨了,是否要给供应商涨价

原材料价格上涨,供应商要求涨价,我们到底要不要给供应商涨价呢?

A、B两家公司是竞争对手,它们都购买电缆这种物料。铜是电缆

的主要材料，其成本占电缆成本相当大比例。电解铜的价格一直在波动，那么电缆的价格要不要随之变动呢？

A公司实施项目制采购，为了更好地控制项目成本，A公司与供应商签署了框架协议，并附有价格联动条款，把电缆的价格与电解铜的价格绑定。也就是，电缆的价格随着电解铜价格的变化而变化。

2020年下半年至2021年上半年，铜材料价格飞涨，由于供应商给A公司供货的价格也能随之调整，所以供应商能稳定地为A公司供货。

相反，A公司的竞争对手B公司，一味追求低价格，在铜材料价格飞涨的情况下，却不肯给供应商进行价格调整，导致供应商一个5000万元的单子处于巨亏状态。供应商要求取消订单，B公司坚决不同意，双方僵持不下，最后走上诉讼的道路，导致延期交付，不仅使项目产生损失，而且对B公司的声誉也造成了影响。

A、B两家公司，不同的操作，不同的成果。

一位心理学教授做过一个实验，在一群素不相识的人当中随机抽样，给挑选出来的人每个人寄去一张圣诞贺卡。没想到的是，大部分收到卡片的人都给他回寄了一张。其实，给他回卡片的人，根本就没有想过，这个陌生的教授到底是谁，收到卡片后自然地回赠了一张。

这个实验证明了互惠定律的作用，从别人那里得到好处后，总觉得应该回报对方。给予就会被给予，剥夺就会被剥夺，信任就会被信任，怀疑就会被怀疑，爱就会被爱，恨就会被恨。买卖双方交往时，你先让一步，对方作为回报也会做一些让步。在处理利益的时候如此，在处理风险的时候也是如此。

原材料价格上涨，我们不给供应商涨价，那么原材料价格下跌的时候，供应商也不会给我们降价。有的人说，我可以再找别人，但其实别人也不傻，他会把这个风险产生的机会成本加到报价中去。即使这一次不加，下一次也会加，久而久之就会增加交易成本。

第二节　共建风险机制

我们看到很多这样的画面：买卖双方见面握手、拍肩膀、拍胸脯；在供应商大会上，领导们慷慨激昂地称供应商是合作伙伴，一定要追求双赢、风险共担。但是，当风险真正来临的时候，却常常把风险推给对方，变成"大难临头各自飞"。

风险共担，不是嘴上说说，而是要共同商讨，构建一个风险共担的机制。要把这个机制写下来，签署一个协议，并且积极去践行这个协议。

1. 信息对称

很多风险是由于信息不对称造成的。所谓信息对称，就是在同一时间，不同的人要掌握同一版本信息，大家按照一个信息行动。

信息共享，不是一方对另一方信息共享，而是相互之间的共享。我们这里提到的信息对称，不是一方对另一方的信息对称，而是相互之间的对称。不仅是日常运营信息的对称，也包括风险信息的对称。只有信息对称，才有可能风险共担。

电力公司A，有一个新品需要用到芯片，但当时芯片非常短缺。有一家做印刷线路板（PCB板）的OEM供应商就没有按时交付产品，原因是它的芯片供应商断货。

这是谁的原因？造成的风险谁来承担？

A公司采购部黄经理觉得此时怪罪供应商并不能解决问题，完全把责任推给供应商也于事无补。供应商没有及时预判风险，没有第一时间采取措施，而自己一方也没有及时更新需求信息。

交付是采购第一要务，黄经理立即联系供应商，邀请供应商一起商讨最佳解决方案。

他首先梳理了一下自己公司的需求。原来给出的计划是100套，其实有50套是备货用的，现在只需要供应商提供50套产品就可以了。供应商把相关的供应市场信息、产品渠道、代理商的情况也都如实告诉了黄经理,并表示目前只能供货 1/3。供应商与黄经理团队一起讨论了整整两天,一个物料一个物料地过一遍,包括目前急需的量、最快供货的料,努力将风险降至最低。并共同完善了下一步的信息分享机制,避免出现同类风险。

2. 优势互补

在对抗风险的过程中,买卖双方的力量是不均衡的,有可能这家能力强一些,另一家能力弱一些,在这件事情上强一些,在另一件事情上弱一些。双方要本着友好合作的精神,发挥自己的强项来对抗风险和承担风险。共担风险不是平摊风险,而是大家共同面对风险。

还记得前文提到的"能力不允许他低调"的小黄吗?他在升任总监之前还做过这样一件事。

当时公司正在开发一个新品,为保证项目进度,更好地应对交付风险,他专门成立了电子料交付小组并担任组长。每周,这个小组都要和供应商开会交流,共享信息。

在这个产品上,采购方有更多的供货渠道,也比较有话语权,他们会主动帮供应商协调调货;此外,采购方也会利用强大的研发资源,为供应商寻找国产化替代产品,为此还在社交平台建立了三个工作群,以推进国产化替代,以及对项目过程中可能出现的风险及时处理。

通过定期会议机制交换信息,管控新产品开发过程中的风险,最后保证了项目按时完工。

3. 整体最优

买卖双方应该共同面对风险,在对抗风险的过程中,应该保证整体最优。

整体最优,首先是满足客户的需求,同时保证供应链的总成本最低。整体最优,既不是买方成本最低,也不是供应商成本最低,既不是对买方最有利,也不是对供应商最有利,当然也不是简单地均摊成本。

VMI（Vendor Managed Inventory，供应商管理库存）是近些年发展比较迅速的库存管理方法。

在实践中，很多买方为了降低成本将库存责任完全推给供应商，使得双方在责任承担上出现很大的分歧，供应方也难以有效地管理库存。

罗经理是一家汽车零部件公司的采购经理，他在推动VMI的过程中就遇到了问题。由于自己公司的客户是整车厂，客户评审时要求零库存管理。为了满足客户的要求，公司推行VMI。但客户的需求常常不稳定，导致供应商的库存增加，供应商要求罗经理支付仓储费。

这件事在公司内部阻力非常大，财务觉得这个费用就是应该由供应商承担。法务认为，根据VMI一般惯例，买方在接受货物或销售货物时，货物的所有权转给了买方，在此之前，无论何种原因导致的货损货差等损失都要由供应商承担。

但是，罗经理觉得，如果这样简单地把风险全部推给供应商，最后羊毛还是出在羊身上，表面看没有支付成本，但供应商最终会把这部分成本加到销售价格中去。

于是他就找供应商和有关部门商量，最后确定如下办法：

协同预测，共同制订库存计划。使用数字化手段，彼此交换订单、计划及预测信息等，并使库存状态相互透明，供应商可以随时跟踪和检查到买方的库存状态。这提高了预测的准确性，体现了资源共享和风险共担原则。

商定订单取消窗口，避免紧急供货和临时退货。在指定交期的前n天可以取消订单，超过第n天则不能取消，库存完全属于买方；反之，库存属于供应商。

共担库存成本，鼓励供应商实施VMI。VMI为买方减少了很大一部分库存成本，如果完全转嫁给供应商，会引发供应商的抵触情绪，不利于双方的长期合作。

明确责任归属，合理分担责任。对于意外风险，要区别对待；对于两家公司合作过程中的风险，按合同规定来处理；对于由外部环境引发的风险，由双方协商后共同承担。

第三节 共担风险损失

风险会产生收益，也会产生损失，共担风险，更多讨论的是共担损失。共担损失，不是一方发生风险让另一方去承担，也不是一方的责任让另一方去承担，更不是一方的损失让另一方去承担。

共担风险，是通过双方合作，最大化地降低风险发生的可能性，最大化地降低风险造成的损失，追求整体最优、总成本最低，合理分担风险损失。

这里的关键是"合理"。如何合理，考验采购人的领导力。

1. 损失收益平衡

保险公司的原则是弥补被保险人的损失，而不是使其获利。共担风险，是指一旦出现风险造成损失，要双方合理承担，不是一方出现了风险让另一方承担损失，甚至让自己获利，要遵从损失收益的平衡。比如，由于质量问题造成的损失是1万元，那么就按1万元承担损失。

这里有两层意思：一层是风险产生的机会收益或机会成本，还有一层是真实产生的损失。两者都应该是平衡的，不能任意夸大或者缩小损失和成本。

一般来说，根据VMI的合同条款，此时货物的所有权归属供应商，风险由供应商承担。

但仔细想想，它非常不合理。因为这个库存是供应商给买方准备的，有些物料还是买方定制的，如果出现风险皆由供应商独自承担，就显得有些不合理。一旦出现市场价格大跌，则供应商要承担大额损失，当然，若市场价格大涨，供应商也会赚很多钱，可是涨跌的周期是多久，谁也说不清。这种不确定性，对供应商来说是个巨大压力，尤其是一些市场行情波动剧烈的产品。

陶经理是一家阀门公司的采购经理，他们的零部件上会使用铜、铝等有色金属材料，如果让供应商做VMI，供应商要承担巨大的成本波动压力。陶经理很爱动脑筋，多方请教，最后有位专家给他出了个主意：

买卖双方共同分担库存成本，共同分担或分享原材料涨跌带来的收益或损失。

2. 损失责任平衡

共担风险，要遵从损失和责任的平衡，根据双方应当承担的责任分摊风险，甚至可以根据双方的能力分摊风险。

黄经理上任没多久就遇到一件难事。供应商没有按照约定的时间供货，而此时的原材料价格已经上涨，理论上说逾期供货应当由供应商承担违约责任。

实际情况是，芯片供应非常紧缺，供应商的芯片供应商没有及时供货，造成供应商不能及时生产和供货。

怎么办？为了保证及时生产，供应商不得不从现货市场以高于合同10%的价格买了芯片，那谁来承担这10%的成本呢？

黄经理觉得，这里有供应商的责任，但更多的是外部供应市场的剧烈变化，如果按照合同约定要求供应商承担违约损失，供应商肯定会不服气，可能还会影响双方未来的合作。

于是黄经理和供应商共同回顾了整个过程。2021年5月，黄经理公司的采购通知供应商，要求对英特尔FPGA产品进行备货，供应商回复交货期6~8个月。当时公司也有一部分库存，交货期6~8个月刚好可以衔接上，不会造成断货。可是，交货期到了，供应商没有及时交付。

虽然存在客观原因，但是黄经理觉得不仅供应商有责任，自己一方也有责任。供应商没有及时监控芯片供应市场的情况并通报，自己一方没有及时告诉供应商所预测的数量。最后商定，双方各承担一半责任。

3. 损失要有上限

如果出现风险，造成实际损失，也要设定一个合理的上限。要考虑到风险承受的能力，对于过大的风险应当谨慎决策，或者转嫁给第三方，比如保险公司。这是采购人要考虑的。

汽车厂推行精益生产，要求供应商准时供货，并在合同中写明了违约责任。

那么如何衡量因供应商延期交付而给汽车厂造成的损失呢？其实，这是个很大的难题，如果按照影响装车的数量算，那么金额将大得惊人，一般的小规模供应商根本承担不起，并且这种违约金额也无法按合同金额的百分比来确定，因为不同的供应商供应的产品不一样，金额差异巨大，所以在整车上往往就规定一个固定的金额，并设定一个上限。这个金额既考虑了停产损失，又给供应商一个警戒，并不是赔偿真实损失。

在实践中，一般来说买方的规模要比供应商大一些，在风险管理方面，不仅管理水平更高一些，承受风险的能力也更强一些。如何合理分担风险损失，也是考验采购人领导力的一个关键点。如果我们仅仅是从追究责任的角度，让供应商独自承担风险，其实也是有难度的，供应商承担风险的成本过高，可能会让供应中断，或者导致供应商倒闭，这样并不利于供应链保持持续竞争力。

所以，有的公司在延迟供货的索赔上规定，耽误一分钟500元，但会增加一个赔偿上限，比如总金额不超过5万元，或者是合同金额的一定比例。

小师妹插嘴
与供应商共担风险有点难，估计公司一堆人不理解。

学霸掉书袋
所以，才需要领导力。这个问题解决了，你的领导力肯定会提升，你的公司也会更吸引供应商合作。

第四节　共同及时补救

要想共担风险，双方就要合作，共同识别风险、评估风险、制定应对策略。按照一般风险管理理论，风险管理遵循4T原则：风险接受（Tolerate）、风险终止（Terminate）、风险转移（Transfer）、风险降低（Treat）。

风险总会发生，或大或小，双方根据评估，可以采取不同的补救措施。最好的补救方法就是提前评估风险，制定风险应对策略，尽量避免发生风险，或者确保风险来临的时候，能够及时采取补救措施。

1. 风险接受和风险终止

风险接受，即如果评估后，大家认为风险可以忽略不计或者没有可行的方法来降低风险，那么当下就不需要采取进一步的措施，接受风险，正常行动。这种情况下我们仅仅是登记风险就可以了。

风险终止，就是通过评估，觉得这件事风险太大，那就放弃这个项目，或者选择另一个项目方案。这也是一种风险共担的方式。

2. 风险转移

双方也可以共同研究转移风险，比如转移给保险公司，或者通过合同由供应链成员承担或分担风险，这就是风险转移。

很多技术型创业公司起步非常难，对供应商水平要求高，但对供应商的吸引力又有限，采购工作是个难题。这时就可以考虑通过保险公司转移风险，破解这个采购难题。

明明是北方某大型装备公司采购总监，通常采购的都是新产品、新部件，所以在决定是否采用的时候非常慎重，多次讨论都没有下定决心。

这种重大技术装备，由于技术复杂、价值高且直接关系用户企业的生产经营，市场初期面临应用瓶颈，严重制约着装备制造业的创新发展。

采购怎么办？明明总监突然想到，他在报纸上看到过一则消息。[一]

中集来福士海洋工程有限公司（以下简称"来福士"）烟台基地，2015 年制造生产的 D90 系列超深水双钻塔半潜式钻井平台，是首台

[一] 来源于 2022 年 3 月 18 日《中国财经报》。

(套)国内自主研发的半潜式钻井平台。如何推向市场,面临难题。于是,该装备投保"首台(套)重大技术装备定制综合险"。

该险种包括"产品责任险和产品质量保证险,前者保障因质量缺陷造成的用户财产损失或人身伤亡风险,后者保障因质量缺陷导致用户需要修理、更换或退货的风险"。

这是由保险公司将质量险、责任险等突出风险集中打包设计形成的保险,打破了传统的"谁投保、谁受益"的保险补偿模式,采取生产方投保,购买方受益的做法,直接将赔款补偿给装备购买方,以增强购买方信心,切实推进首台(套)重大技术装备的推广和运用。

在运行机制上,按照"风险共担、利益共享"的经营原则,保险行业成立了首台(套)重大技术装备保险共保体,包括人保财险、太平洋产险、平安产险等主要财产险公司。

为支持中小企业积极参与重大科技专项和工程,提升重点产业链的配套协作能力,早在2019年,财政部、工信部、银保监会联合印发《关于进一步深入推进首台(套)重大技术装备保险补偿机制试点工作的通知》,进一步完善了首台(套)重大技术装备保险补偿机制试点工作,鼓励大型企业与配套中小企业建立利益共享、风险共担的机制,促进创新产品快速优化升级。采购人了解政策、用好政策,也是一项重要技能。

他就找供应商和自己公司的高层商量,建议请供应商投保"首台(套)重大技术装备定制综合险"。

3. 风险降低

风险降低即采取积极的应对措施,尽最大努力降低风险发生的可能性和破坏性,将潜在影响降到最低,降到可接受的水平来共同规避风险。例如,共同制订应急管理计划,包括业务连续性计划、灾害恢复计划(DRP)、公关计划等。

杨总在一家进出口公司工作,2021年苏伊士运河堵塞事件让他惊出一身冷汗。

埃及时间 2021 年 3 月 23 日，由于当地天气原因，一艘大型货轮横在了苏伊士运河的航道中央。苏伊士运河连接地中海和红海，是欧洲到亚洲的最短航道，也是世界上极为繁忙的河道之一，承载着全球超过 10% 的海上石油贸易运输。苏伊士运河大拥堵，引发国际原油市场明显波动，原油价格出现上涨。

如果拥堵不能及时解决，就会产生供应链中断，造成生产停产。

这件事让杨总想到，必须与供应商一道制订一些应急计划，一旦出现问题，立即启动备份计划。他们按照国际上广泛使用的"二拉平"原则——"最低合理可行"（As Low As Reasonably Practicable，ALARP）原则的俗称，制订了一些应急计划。

他们依据风险的严重程度，将项目可能出现的风险进行分级，由不可容忍线和可忽略线将其分为风险严重区、ALARP 区和可忽略区，重点管控风险严重区和 ALARP 区。

思考题：

1. 你公司在风险共担方面存在哪些不足？
2. 在风险共担方面，你能做什么？

Chapter 20
第二十章

追求单赢

 学习目标

1. 了解单赢的危害。
2. 学会如何让供应商感觉到赢。

一个企业要想成功,必须带领供应链上的伙伴一起成功。作为有领导力的采购人,必须舍弃单赢思维,要认识到,帮供应商就是帮自己。

供应链是一个链条,它的强弱取决于最弱的一个环节。作为采购方,离不开供应商伙伴的支持,只有双方合作,才能打造供应链的竞争优势,才能在激烈的市场竞争中赢得客户,最终自己获得成功,供应商伙伴也同时获得成功。如果追求单赢,就不会有供应商的忠诚,就不会有长期的合作,就不会有困难时刻的守望相助。

追求单赢,可能会让供应链不稳定,在关键时刻掉链子,给供应链平添很多风险。

第一节 零和游戏:杀鸡取卵,降价不可持续

零和博弈(Zero-Sum Game),也称零和游戏,它是博弈论的一个概

念，指参与博弈的双方，在严格竞争下，一方的收益必然意味着另一方的损失，一方的所得正是另一方的所失，博弈各方的收益和损失相加的总和永远为"零"。

两位对弈者：一个赢，一个输。如果我们把胜者计为1分，而输者计为-1分，那么，这两人得分之和就是：1+（-1）=0。这正是"零和游戏"的基本内容：游戏者有输有赢，一方所赢正是另一方所输，游戏的总成绩永远是零。

零和游戏的原理之所以广受关注，主要是因为人们发现，在社会的方方面面都能发现与"零和游戏"类似的局面。从个人到国家，从政治到经济，似乎无不验证世界是一个巨大的"零和游戏"场。

20世纪，在人类经历了两次世界大战，经济高速增长、科技进步、全球化以及日益严重的环境污染之后，"零和游戏"的观念正逐渐被"双赢"的观念所取代。

但从"零和游戏"走向"双赢"，要求各方有真诚合作的精神和勇气，在合作中不要小聪明，不要总想占别人的小便宜，要遵守游戏规则，否则"双赢"的局面就不可能出现，最终吃亏的还是自己。

很多企业喜欢打价格战，拼命降价，其实是没有真正理解价格战。

价格战更多讲的是价格定位，绝对不是简单的低价竞争。低成本更多的是我要做到比竞争对手成本低，而不是利润低，所以降成本不是降价格，更不是降利润。

在实践中，很多企业逼迫、胁迫供应商降价，榨取供应商的最后一点利润，这种以牺牲供应商的利润来换取自己的利润的做法，如同杀鸡取卵，这就是单赢思维。正确做法是双方合作，共同降低成本，实现双赢。

 小师妹插嘴

总想占别人便宜，肯定没人愿意跟你玩儿。

学霸掉书袋
是的，但采购人好像没有意识到这些。

小师妹插嘴
不要总怪采购人，公司就这么要求的。老板还会说，"赚不赚钱，供应商自己知道，不需要你操心"。

学霸掉书袋
你说得对。大部分书都是讲怎么战胜别人，很少讲怎么给别人创造价值，怎么共赢。现在经济由高速发展到高质量发展，或许我们也应该更多考虑共赢了。

第二节　不要一味追求低价

有人认为，采购工作的主要绩效指标就是降本。于是，采购部成了砍价部，似乎采购工作就是降价、降价、再降价。一味降价让供应商没有利润、没钱研发，只能生产低端产品打价格战，最后导致买方也很难创新，整条供应链就形成不了创新竞争力。

作为有领导力的采购人，一定要挑战现状，寻求创新突破；一定要明白采购工作的本质是帮助公司形成供应链竞争力，不是降价，更不是你输我赢，降低供应商的利润。

1. 降本不是降价

几乎每家公司都有降本指标，但是我们一定要明白，降本不是降价，不是降低供应商的利润，而是共同研究如何降低不必要的成本，从而提高整个供应链的利润。

贡总是江苏一家公司的采购总监，他跟我讲：

我们每年都有降本目标，一直降到供应商无法再降，最后有些供应商就不和我们合作了。后来再找新的供应商，很多供应商都没有报价的意愿。并且，供应商的质量问题频发，交货经常不及时，供应商竞争形成了恶性循环。于是，公司一直在思考如何破解这个难题，既要维持低价格形成市场上的竞争优势，又能让供应商有利润。

后来我们找了专业机构的老师做了咨询，帮助我们建立标准成本模型，到供应商现场与供应商一起核算成本的真实性，一起探讨成本的合理性，通过头脑风暴，共同生成降本项目。用项目管理的方法跟踪这些项目，最后成本降下去了，供应商利润上来了，供应商得以健康发展，他们和我们合作的意愿也提高了。

2. 降价要有理由

降本指标设计要合理，降价一定要有个理由，要根据供应市场的情况和市场竞争的策略来制定降本指标。

黄经理是 M 公司采购经理，是一位特别优秀的采购经理人。2020年，他邀请一家无锡电容器供应商来 M 公司谈年度降本。供应商副总一上来就和黄经理强调，原材料价格上涨了，价格实在降不下去了。

黄经理就和供应商副总说，公司给采购的指标是降 8~10 个点，这个指标不是拍脑袋决定的，是 M 公司的产品目前和同行的差距倒逼公司这样降本。黄经理表示，M 公司需要和供应商一起协同降本，共同寻找降低成本的方法，不是单方面压缩供应商利润，而是对产品的设计材料进行优化，这样大家才有机会拿到更多订单。供应商副总听后非常认同这种协同降本的思想。

之后，M 公司和供应商在技术层面进行了多次交流，黄经理也提供了大量的供应市场数据。通过双方技术人员对产品的优化，挖掘出很多降低成本的项目，双方很快达成一致并展开行动，最后成本降低 7.9%，而且双方都拿到了新订单。

3. 要分品类，不能一刀切

不同的品类有不同的降低成本空间，绝对不能一刀切，要根据不同品类的供应市场特性和产品的特点来设定成本控制指标，有的要降本，有的可能要加价，必须保证产品的竞争力。

一般来说，一些创新型产品的成本会随着市场销量的上升而逐渐下降；一些服务项目，成本主要是人工，所以成本会上涨。不懂品类成本，乱降价，最终一定会害了自己。

陆总是 L 集团采购总监，她为我们提供了一个反例：

她们每个门店都需要用到 A 设备，每个门店配备 5 台左右，每台价格 1700 元，用量大、费用高。研发部门提出建议，既然用量这么大，集团可以自己生产 A 设备，于是就让采购找对应的工厂去开发生产。

采购部门寻找了几家供应商，这些供应商有着固定的大型品牌客户，但经过数轮谈判，成本始终降不下来。

后来集团领导指示，可以自建工厂生产这一产品。一位生产管理人员对该设备进行拆解，并对元器件进行了询价，他估算这个设备的成本大概只有 600 元。他很兴奋，将该信息报告给集团。随后，集团很快租了一个小厂房，开始流水线生产。

结果事与愿违。作为生产管理人员，他并不懂经营，对很多情况不了解。他只看到了元器件成本，没有看到使用成本、人工成本、损耗成本。3 个月后，质量问题开始频繁发生。设备出现问题要先联系客服人员，再联系售后把设备寄回，修好后再发回去，总成本不降反增。

最后，很无奈，集团决定关闭工厂，遣散员工，那位生产管理人员也离职了。

第三节　不要一味推卸责任

在合同的洽谈和执行过程中，会有各种各样的意外事情需要处理。采购部门是内外信息交互的枢纽，采购人对外代表公司，对内代表供应商。有领导力的采购人，一定要管好这个信息交互接口，担负起内外信息传递的义务，协调好公司内外的行动。

1. 不要不传达、不作为

有很多采购人为了避免被别人说闲话,怕被别人说"为什么总替供应商说话",对供应商的要求充耳不闻,不传达、不作为,没有起到信息传递的桥梁和纽带作用。

这其实是不负责任的行为,有领导力的采购人,一定要光明磊落,大胆地向公司反映供应商的诉求和心声,协调各个部门解决供应商提出的问题,只有这样才能促进双方协同工作。

比如,如果供应商提出创新方法,可以降低成本、缩短交期,采购要向研发部门或其他部门反映,这将极大提升供应链的竞争力。

再如,如果采购方拖欠供应商货款,当供应商找采购催款时,采购应该主动协调。有的采购不愿意或不敢向财务部门催款,更不敢向总经理反映,导致供应商只能自行去找财务部门、找总经理,不但会增加沟通成本,还会影响公司信誉。

2. 不要不协调、慢作为

买卖双方由于信息不对称,所以需要信息一致才能统一行动;买卖双方由于隶属不同公司,所以需要聚焦共同目标才能达成一致;买卖双方由于是不同的工作群体,所以需要沟通协调才能达成技术或管理共识。

有领导力的采购人,一定要主动协调、积极工作,以最快的时间、最有效率的方式达成一致,实现共赢。

在实践中,有很多采购人觉得很多事事不关己,是其他部门的责任,不愿意主动沟通,或者就是坐在办公室里发个邮件、打个电话,最多在微信群里发个表情包。办事拖拖拉拉,不是主动协调双方之间的冲突,或者没有想更多的方法让大家达成一致,致使很多问题久拖不决,这是懒政。

每年的10月和11月是电力行业的抢装潮。深圳某电力公司给浙江温州一家隔离开关供应商下了105台的订单,要求10月和11月两个月每月提供30台,其余在12月31日前完成全部交付。

采购员在跟踪的时候发现,这家供应商第一个月只交了5台,这下麻烦了，采购员立即将情况告诉采购部黄经理。黄经理马上安排采购员到温州现场了解情况，后来情况有所好转，提供了20台设备。但半个月后，供货又出现了问题。这下，黄经理也着急了，因为是最后一个月了，如果再交货延迟，公司项目肯定完不成，客户那里没法交代。于是黄经理决定亲自去温州催货。

没去之前，黄经理认为肯定是供应商没有合作意愿了，脑袋中构想了很多替代方案。但去了之后发现，自己的预判完全错了。

黄经理抵达温州那天，已是晚上8时许，天下着大雨，供应商的老板自己开车来接黄经理，并且亲自打伞带黄经理去车间现场察看情况。

通过沟通，黄经理才清楚了解到问题的症结所在。供应商新建了一个厂房，投入很多资金，而黄经理公司没有给供应商及时回款；还有，前年这家供应商根据黄经理公司的要求，备了50台设备，但因为后来黄经理公司修改了设计方案，导致这50台设备无法使用，供应商的资金被占用了；再加上近期铜价大涨，供应商的资金流压力非常大，购买原材料出现困难。

之前可以提供20台设备，是因为采购员当时答应付给供应商20万元的回款，这个回款都用来生产设备了，但后面的款项再也没有回。

第二天，双方立即召开会议，针对三个问题商讨办法。第一，关于财务问题。黄经理马上和公司协调，立即给供应商回款，并指定供应商用这笔回款购买材料。第二，关于设计变更问题。黄经理和研发部门沟通，研讨修改方案，利用好原先的50台库存，供应商以折扣价出售，减少彼此的损失。第三，关于销售预测问题。每月沟通之后3个月的滚动需求，供应商根据需求备货。

最后，供应商在指定日期内完成了交付，项目顺利完成。

3. 不要不讲理、乱作为

合作双方出现争议，采购人应该如何处理？是把所有的问题都推给供应商，还是邀请对方坐下来一起分析，查找根因，寻求解决问题的办法？这是采购人彰显领导力的重要时刻。它能够体现采购人解决问题的能力和态度，体现采购人是否有能力解决冲突，是否处理问题客观公正。

我相信这样的例子有很多。一味推给供应商，不讲理、乱作为，会损害供应商对买方的信任，也无助于问题的解决，甚至会久拖不决。

有一家供应商找到采购，询问为什么退货。

采购说："这事不归我管，请找供应商质量工程师（SQE）。"SQE认为就是供应商的问题，于是采购员开出罚单。供应商很不服气，找到采购总监贡总。

贡总马上组织供应商、SQE、研发坐下来一起分析，最后发现，是因为更换了供应商，出现了相邻两个零件的设计干涉问题。通过多次匹配实验，研发修改了设计参数，问题成功解决。

后来，这家供应商多次表示贡总能力强，否则这个问题不知道拖到何时才能解决。

第四节　要让供应商有赢的感觉

双赢就是你赢、我赢，大家一起赢，共同把蛋糕做大，不是一方赢、另一方输。要想实现双赢，就要想如何让对方赢，至少要让对方感觉到赢。领导力体现为互惠，而不是利用买方地位硬逼对方退让。

1. 要考虑供应商的"求"

你需要供应商，供应商也需要你。你不仅要关注自己的"求"，也要关注供应商的"求"。要让供应商有赢的感觉，就要考虑供应商的"求"，要用满足对方的"求"，换来对方满足自己的"求"。

2021年，很多餐饮门店倒闭。为了稳定市场，L集团决定开发新产品。采购总监军军接到一个严峻的任务——盘活火锅食材的后端，要速度快、品质高，但价格要严格控制。如何开发供应商？军军想到了供应商A。

2019年，A供应商首次到L集团拜访，与军军总监建立了联系。之后，A供应商多次拜访L集团，并表达了强烈的合作意愿。L集团是餐饮加盟连锁行业前三的企业，很多供应商都以进入L集团的供应体系为荣。

由于餐饮行业的特殊性，确定了料包口味和口感后，不会轻易更换供应商，所以在老项目上，A 公司是进不来的。但是，火锅食材这个项目是新项目，所以采购总监就想到了 A 公司，于是建立了新的联系，并从供应商处获得了火锅食材项目的 SKU 目录。

其间，军军总监与 A 供应商一起走访了多个品牌的门店，讨论产品信息，A 供应商还在产品定位、选品等方面提供了很多建议。比如市场中火锅流行的口味底料一定要有，像番茄、咖喱、牛油火锅底料等，牛油火锅只能有中、特辣，不能微辣，因为想吃牛油火锅的一定要辣，不怕辣、辣不怕、怕不辣。在定价方面，双方也达成了一致，突破了以往的固定单价方式，而是采用了固定成本加浮动利润的定价模式，也就是锁定一个最低的成本价，随着采购量的增加，供应商的利润会越来越多。这样既帮 L 集团在新品试开发阶段拿到了好价格，也给供应商带来了收益。

L 集团自己的 OEM 品牌有 150 种，A 供应商最终供应的火锅底料、蘸料占 30 种，它也是 L 集团唯一一家火锅底料、蘸料的供应商。满足了供应商的"求"，进入 L 集团的供应体系后，原本小规模生产的 A 公司，当年的销售额比头一年翻了三倍；同时，也满足了 L 集团自己的"求"，开发出火锅底料新品，稳定了市场份额。

2. 帮助供应商提升能力

帮供应商就是帮自己，这是很多采购人的共识。例如，厨电行业的领导者宁波方太电器提出建立可持续的采购与供应链体系，丰田汽车设有专门的团队来提升供应商的能力。已经有越来越多的公司，在研究如何帮助供应商提升能力，有的公司还制订了帮扶计划。

黄经理所在的 H 公司，有一家在陕西的电阻供应商，已经合作多年，但在 2021 年下半年所供产品多批次出现不良，严重影响了 H 公司的生产，以前都是退货或换货处理。

黄经理觉得，退货可以短时间解决问题，但不是长久之计。

于是黄经理组织研发人员、SQE 和供应商一起分析电阻失效的原因，通过多次实验，终于找到根因。SQE做了一个8D[一]质量整改报告，并派人到供应商处指导供应商改善工艺，加了一道检查，重新修改了作业指导书，最后成功解决了问题。

3. 不要用淘汰供应商代替管理

有领导力的采购人，一定要牢牢记住，供应商是资源，供应商不好就是我们不好。不能采用猎人式的供应商管理，而要采用牧羊式的供应商管理。

我在此倡议，追求创新、打造卓越的那些各个行业的领导者，要想实现创新驱动，必须将提升供应商的能力纳入日常管理规划。

上海某大型装备公司，请中采商学的专家团队给他们做"供应链管理提升"咨询项目。我本人作为专家团队的成员，为这家公司的供应商管理提出一个明确方向，作为一家创新引领的装备公司，在国内没有现成的供应商群体，无法用传统的淘汰供应商的方法去做供应商的筛选，必须用牧羊式的方法培养供应商。

并且强烈建议这家公司，要选择那些愿意在这个领域投入资源，愿意和这家公司共同发展的供应商，给它们业务机会、给它们失败的机会，双方共同承担风险开发新产品，只有这样才能打造一个合格的供应商群体，才能建立自己真正的供应商资源池。

有领导力的采购人，就是要打破常规，求新求变，说服他人，为公司打造独特的供应链竞争优势。

思考题：

1. 列举你公司追求单赢的案例。
2. 列举自己可以做哪些事情。

[一] 8D是解决问题的8条基本准则，或称8个工作步骤。

第五部分

自我领导力
——提升个人魅力，增加影响力

我们可以自测一下，是经常说服别人，还是被人说服？也可以思考一下，为什么有人总是可以说服别人，甚至不说话就能让人无比信任呢？

要想改变别人，首先改变自己，优秀的领导者也是一个自我领导者。提升领导力，是一个自我开发的过程。首先在行为上表现得像一个领导者，而后才会成为领导者，先行动，后思考。向外展示领导者行为，向内修炼自己，提升领导力"气场"。

前面讲述了对上级、下属、横向部门和供应商 4 个 S 的领导力，本篇我们讲最后一个 S——回到自身（Self），即如何提升对自身的领导力。这些做法，有些只是比以往多一个小的动念，不看任何人员的反馈评价，而是将视角拉高，站在第三者角度来观察自己，感受自己领导力的气场。

Chapter 21
第二十一章

精益求精

学习目标

1. 理解专家权力在领导力中的作用。
2. 了解提升专家权力的方法。

有领导力的人,都喜欢好上加好、精益求精。精益求精的人,是用自己的专家权力、榜样权力彰显自己的影响力、领导力。环顾四周,我们对精益求精的人、专业的人、总是用数据和事实说话的人,总是心生敬佩,不知不觉地,我们就相信他说的话、他做的事。对那些信口开河、只会照着稿子读、不知所云、完全外行的人,内心总是充满鄙视和不屑。

第一节 专家权力:成为采购专家,领导力自然提升

我们常说"专业创造价值",本书开篇提到 5 种权力,除了职位权力之外,非常重要的权力就是"专家权力"。见到专家,我们自然心生敬畏。在日常工作和生活中,我们也一般会听从专业人士的建议。不妨让我们回想一个场景,那就是去医院看病,让我们看看你是如何在这个场景中做选择的。

一天清晨，一种你从未感受过的不适席卷全身，你很快意识到，今天可能无法工作了。

这时候，你手机里的两位联系人跳进了你的视线：一位是你高中时的体育老师，在你高中运动受伤的那次，是他帮你治疗按摩，很快让你恢复了运动能力；另一位是你上次通过朋友的饭局认识的一个医院的朋友，你依稀记得他是某医院的主任。请问你会选择给谁打电话？

假设你给他们都打了电话。不过，体育老师叫你到一家附近的医院去看看，而那位主任要你去一个远一点的第二人民医院。请问你会第一时间去哪个医院？进入医院后，分诊台的护士在听了你的描述后，给你挂了消化科的号。但是，护士问你，消化科主任的专家号今天还剩了几个，平时很难挂到，你要不要挂专家号？选择专家号后，你来到诊室，专家简单了解了一下你的情况，给你开了一盒胃药并嘱咐你按时吃饭，就让你走了。这时候你的感受是什么？

几个问题回答完，我相信你已经初步感受到了专业人士在你决策中的分量。

这里我们再做一个思考。很不幸，你的病可能有点棘手（只是为了引导你思考的假设），需要进一步的诊断，这时有两个消化科的主任站在你面前，两位都是著名医科大学的博士生导师，在业内都是泰斗级的存在，著作等身，一号难求。请问你会选择哪位？忘了告诉你，其中一位是研究小孩胀气的专家，另一位是研究十二指肠溃疡的专家。

我想你现在明白我的意思了。在人们做决策之前，我们通常会听取专业人士的意见，专业人士的研究越是深入，我们对他们的信任感越强。

这就是精益求精的功效。资深人士的一句话，可能抵得过十年的埋头苦干和千言万语的解释。很多同行非常喜欢介绍自己从业多少年，以展示自己很资深、很专业。年限长不一定真资深，干得久不一定真专业，因为干一行还要专一行。做采购就要做专业的采购，不专业的采购无法展示"专家权力"。

本章将介绍几个非常高效的方法，助你成为资深专家，提升采购的全方位领导力。

小师妹插嘴

做采购能成为专家吗？很多人不觉得采购是个专业活儿。

 学霸掉书袋

当然能，世事洞明皆学问，关键是自己怎么做。现在已经有很多公司采购岗位设有"专家"级了，社会上还有"认证专家"呢。

第二节　多读几本书

"腹有诗书气自华"，领导力的气场通常需要专业知识的积累和结构化的思维。我们常说，你的一生就是你看过的书、走过的路和爱过的人的总和。在这里，"走过的路"是指你的职业履历，"爱过的人"是你接触的其他4个S的人。在采购工作中，你"看过的书"可以帮你快速厘清思路，并给你提供理论依据和观点支持。读过的书也是业内人士认可你的入门证。试想一下，一位医学生不清楚希波克拉底誓言，一个中国历史专家没读过《史记》，一个经济专家没看过《经济学原理》，我相信不论他有多少头衔，你内心都会有疑惑，这人真是专家吗？不会是"砖家"吧？

读书读得不到位，必定使你的话可信度大大降低，更别提拥有领导力了。

作为采购人，特别是拥有领导力的采购人，采购与供应链领域的专业读物应该成为你的枕边书。这里，我给大家推荐三类采购与供应链读物。

1. 专业书籍，系统学习专业知识

专业书籍是快速提升采购领导力的基石。经验再丰富的采购，如果没有专业书籍的指引，所说出来的观点大多是故事集锦。年轻后辈的一句"现在和过去不太一样"，就给人一种感觉，好汉不提当年勇。阅读专业书籍，可以将你平时散乱的经验通过结构化的表述串联起来，给你提

供了结构化思维和理论支持。

目前，国内外均有成体系的采购与供应链管理书籍。国外的采购与供应链专业发展时间较长，很多国家在大学甚至职业学校均设置有采购与供应链管理专业，许多理论也与管理学知识相呼应，教材也有很多中文译本。近两年，国内本土学派的许多行业资深人士和咨询培训专家也开始深耕，形成了自主的、完整的理论知识体系。这里给大家介绍几本在国内外都具有影响力且有自己知识体系的中文采购专业书籍。

首先是《如何专业做采购》，以及专业采购四大核心能力系列书籍，如《供应商全生命周期管理》等，它们已经成为中国机械工程学会国家级培训基地指定教材。

其次是刘宝红老师的《供应链的三道防线》等，从需求预测、库存计划讲到供应链执行。

最后是国内外的一些采购认证教材，系统完整地介绍了采购与供应链知识。

2. 权威杂志，洞察最前沿信息

还记得前面提到的信息领导力吗？采购的领导力也来自采购人员对权威的政策和数据的掌握。这些政策和数据就像是子弹，是采购专业人员输出观点时的火力支撑。

权威的行业期刊可以让你时刻补充自己的信息库，培养自己的行业洞察力。一般而言，权威行业期刊的作者都是行业内的资深人士和专家，在提供信息的同时还会提供这些行业头部人士的观点和解析，帮助你理解消化。比如《国际市场》《进出口经理人》《中外管理》等期刊，都是不错的专业期刊。

3. 社交媒体，了解最新资讯

媒体，是了解行业资讯的快速渠道。我们可以通过CCTV了解国家政策，通过社交媒体了解最新资讯，还要学会利用网络搜索所需要的信息。宫迅伟作为上海跨国采购中心首席专家，参与策划的电视栏目《链制造》在上海东方财经频道播出；作为中采商学首席专家，策划的网络直播栏目《对话 CPO[⊖]》，通过网络与大家互动，让首席采购官现身说法，让大家跨界学习最佳实践；中采商学还办了一个电子杂志《供应链洞察》。主办这些栏目和杂志的目的，就是想给大家提供最新的信息、最权威的观点，让大家洞见最前沿，发现新机会，通过信息权力来提升领导力。快速捕捉信息，是采购人的必修课。

第三节　多上几次课

在学习阅读大量采购前沿的资料后，我们可以进行自我评估，对标专业找差距。差距分析，是战略管理的输入，是进步的原动力，将专业培训和采购论坛上的新知识运用到工作中，是提高专业采购领导力的诀窍。

在美国，各行各业都有着自己的资格证制度，房产经纪需要考试，水管工需要考试，就连按摩技师也需要考试。这种测试，一方面确实保护了专业人员的就业机会，但更重要的是，提高了这些专业人士对自己的专业能力水平和法律条规的认知。在同等情况下，市场也更倾向于选择这些拥有专业能力培训资格证的人员。这类资格证制度，更像是专业领域的入门门槛，而非锦上添花的头衔。

当然，市场上各种职业培训的质量参差不齐，许多都毫无含金量，使得采购人在选择时特别担心"事倍功半"，不只浪费了财力、物力，浪费了时间，更是削弱了采购人的领导力。为什么这么说呢？试想一下，如果采购人运用专业知识都无法选择一个含金量高的采购专业培训，那其他部门是否会觉得你采购的物资也非市场上最合适的产品呢？

本书教你几条，如何辨别市场上众多职业培训的质量。

1. 教材

参加一堂培训，最具象的体现就在教材上，而不是看培训地点是在

⊖ CPO，即首席采购官。

五星级酒店还是在大学校园。我们建议选择拥有版权的培训课程，最好拥有专业的配套书籍，因为这些培训结构化强，遵循教学逻辑，层层递进，对课程内容有较长时间的打磨，可以保证教学质量和课程体验。反观有些培训，或者生搬硬套地抄袭，或者杂乱无章地堆砌，尽管课程名字很酷炫，培训大纲很吸引人，PPT做得很漂亮，但很难落地，都是听听激动，回去无法行动。

2. 结业证书

我们相信一堂高水平的培训课程，除了让你带走专业知识之外，还能让你获得有含金量的背书证明。就像我们拥有一个名校的毕业证书，总能让你在人才市场上被高看一眼。一份具有含金量的结业证书，也是参加专业采购培训的重要收获。什么叫有含金量的证书呢？第一步，看发证单位。发证单位最好是行业内有声望的权威机构或资深的专业咨询公司。第二步，看培训课题。课题或科目最好是问题导向，或者有明确的指向，如"采购全方位领导力""如何专业做采购"。

3. 作业和互动

很多优秀的培训，都有对应的作业、考试和回访，甚至打通线上线下，不断补充信息、互动交流，打造一个深度和持续的学习过程。

除了课堂互动、线上线下互动，与谁做同学也很重要。很多学员都来自业内的头部公司，同学间互动也是一个学习的过程。一个充满高质量互动的课堂，往往是收获最大的。同学之间可以相互激发，借鉴不同企业的管理做法。一个好的课堂应该是多元的、思维开放的、相互碰撞的，老师的作用就是在其中做催化剂。一堂聚集优秀企业、资深专家和行业同僚的采购培训课，一定是锻炼提升采购领导力的课。

除了专业培训，还可以多多参加专业讲座、专业会议和论坛，并积极争取发言和演讲的机会。参加专业论坛，了解前沿信息；参加专业会议，了解权威观点。比如，中采商学举办的"中国好采购"年度千人大会已经成功举办7届，在行业内颇具影响力。它是一个千人大课，邀请权威专家演讲，让大家360度看采购；它还举办案例大赛，让大家了解最佳实践，同时把获奖案例编辑成书，现在已经出版3本《中国好采购》案例，以便大家延伸阅读，深入思考。参加这些会议、论坛，是非常好的学习交流机会，能够不知不觉提升信息领导力、专家领导力。

第四节 多参加社团活动

有一句古话我经常用来勉励自己，那就是"人伴贤良品自高"。在社会心理学理论里，把它称为群体效应，它是指个体形成群体之后，通过群体对个体的约束和指导，群体中个体相互影响，就会使群体中的一群人在心理上和行为上发生一系列变化。简单地说，就是群体对个体有约束，群体中个体之间也相互影响。正能量的群体会形成促进效应，每个成员之间相互影响，在良性的"同伴压力"下，可以得到自我提升。对于采购领导力来说，它会起到放大的作用。

社团组织是大家展现自己的平台，更容易获得组织尊重与认同，增加归属感。即使在扁平化组织的内部，也有上下级的关系和协同的关系。本书第一至四部分的4个S正是论述这种关系的。但是在社团中，大家不分上下级，可以对采购专业问题进行深度讨论，彼此借鉴。社团活动也有很多展示的机会，只要你有想法和做法，都有机会让更多人看到，并获得大家的认可。满足了尊重的需求，采购人就会更自信，必然也更有领导力。

本书介绍三类采购人可以选择的优质社团，多去参加其活动，你在工作中的话语权会越来越大。

1. 专业组织

国内的采购人在长期工作交流中已经形成了成熟的行业意识。在美国，行业协会和专业组织多如牛毛，像推荐品牌产品的协会，如牙膏包装上的专业牙科医师协会、卫生纸包装上的水管工协会，都是具有一定影响力的行业协会。这些协会和专业组织会定期举办聚会、发布行业报告等，通过这些聚会，采购人可以从来自各行各业的采购专业人士那里吸取和借鉴经验。同样，为了让采购人获得公司内部更大的支持，为了树立一些优秀企业的标杆做法，以打造更加协同的供应链，为了让采购人更具领导力，这些组织也会为采购人发声。

现在全国乃至地方，都有很多正式、非正式的采购组织，大家可以选择加入一个或几个。比如苏州就有"采购之家"，它是一个比较大的采购组织，每年举办采购大会，在业内有一定的影响力。

2. 行业组织

专业组织，它是横向的，由不同行业从事同一专业的人组成；行业组织，它是纵向的，由一个行业内上下游企业构成。我在做采购与供应链培训与咨询的过程中，最常听到的就是采购人反馈自己碰到的问题太特殊了，自己的公司与其他公司区别太大了。参加专业峰会、行业峰会可能是解决个性化问题的金钥匙。

行业峰会一般聚集了行业内的头部企业，聚集了行业内上下游企业，是个信息交换的平台，同时，峰会一般会邀请相关领域的专家为大家带来更具针对性的洞察。试想一下，如果在工作中可以将全行业的信息与自己的工作相结合，是不是更具有说服力呢？同样，采购作为公司与供应链衔接的端口，更应该将整个链条上的信息传递到公司内部，这就是采购人的领导力来源之一。

以汽车行业为例，《汽车商业评论》是一家专注汽车行业的杂志，已经多次举办"中国汽车供应链峰会"并开展相关评奖活动，在行业内颇具影响力。"盖世汽车"是一家综合性媒体，对行业的很多报道数据翔实、很有见地。

3. 沙龙活动

当你经验越来越丰富、职位越来越高时，伴随而来的有两件事：一是碰到的问题越来越困难，二是能帮助你解决问题的人越来越少。当然，公司给你的薪水也越来越高。这种曲高和寡的孤独感，在许多高管和创业者中尤为明显。

采购人也一样，经过多年的沉淀，你碰到的问题已经是行业内前所未见的难题，你自己也是采购领域的专家了。打一个比方，我们已经将自己的采购知识与经验锻炼得无比坚实，像一个核桃包裹着坚硬的外皮，这个时候，唯有像锤子一样的思想碰撞才能打破外壳吃到果仁。沙龙活动，就是这样思想激烈碰撞的场所。我们鼓励所有的采购高管定期参加沙龙活动，走出自己的舒适圈，打开自己的思维。可以把沙龙活动比喻为华山论剑，活动一般会邀请行业内最顶尖的人士参加。通常人员少而精，还有几位可能是其他领域的专家，将这些"东邪""西毒""南丐""北帝""中神通"聚集在一起，可想而知，这会是怎样的思想盛宴。

中采商学举办的 CPO 工作坊，定期邀请各行业的采购负责人参加，秉持"学员的问题，就是工作坊的主题"，走进企业，以参访企业为研究对象，解读现象，解决问题，每次结束后大家都觉得意犹未尽，收获很大。

思考题：

1. 列一个专业书清单。
2. 制订一个提升专家权力的计划。

第二十二章

知 行 合 一

学习目标

1. 学会如何通过"三化"提升领导力。
2. 学习个人品牌化技巧。

本书强调,领导力不是你知道什么,而是你做了什么。要想提升领导力,就要知行合一。知而不行,等于空想;行而不知,等于蛮干;知行合一,才是真知。真正的知道,不是头脑的知道,而是内在的觉知,由内心触发的行动,才是真正的知行合一。世界上最远的距离,就是从头到脚的距离。

"知行合一"由明代哲学家王阳明提出,他的解释是,"未有知而不行者,知而不行,只是未知"。意思就是,没有知道不去行动的人,如果不行动,说明不是真知道。简单粗暴地理解就是,知道做不到,等于不知道。有领导力的人,对内,修炼自己,知行合一;对外,践行承诺,言行合一。以导论中提到的参照权力为例,就是影响他人,以身作则,成为榜样。

第一节 三化融合：点亮采购人生

作为一名专业的采购人，你希望大家怎么看你？你希望大家如何看出你是一个有领导力的人，可以成大事，愿意追随你、支持你、拥护你？这就要求你要身心合一，言语中透露着自信，行动中展示出魅力，举手投足都具有领导力的气场。可如何做到呢？

采购每天都在和各种产品打交道。在公司，为了生产，货比三家。生活中，大到房产轿车，小到柴米油盐，无处不存在采购决策。工作中，你有公司制度的约束、同事的协同，可能无法察觉自己的第一反应。那看看生活中的我们，做采购决定的时候，第一直觉是什么：A.品牌；B.价格；C.品质；D.另一半的意见。记住你的答案。

我相信大家的答案各不相同。但是当我解释完后，我相信我的答案一定可以说服你。

首先，我们再读一遍题目，这里面有个重要的先决条件，就是"第一直觉"。产生第一直觉的要素，是通过你的五官就可以直接察觉的。

这时候，我首先排除 C（品质），因为在我还没使用过某产品的时候，我无法分辨产品的品质，我相信大家也都碰到过，看着不起眼的产品，但实际使用效果很好。

其次，我排除了 D（另一半的意见）。虽然我是通过耳朵听见的意见，但这不是我的第一直觉。"耙耳朵"很多时候也是身体上很老实，但是心里不服气。

A 和 B 两个选项难分伯仲，都是非常直观的产品信息。但是我会排除 B（价格）。可能你会说我对价格不敏感，一定是兜里有钱，财富自由了。

这里我要说明，我可不是财富自由到买东西不考虑价格了。但是想象一下，你是否碰到过一瓶可乐的价格差别很大的情况？

在楼下便利店一瓶可口可乐售价 3.5 元，隔壁的大卖场售价 3 元，在饭店可口可乐要 10 元一听，在五星级酒店的大堂吧，一杯可口可乐就要 50 元，还有 10% 的服务费。

可口可乐对我的价值从来没有变过，但是它的价格一直在变化，所以我的直觉是 A（品牌）。

我在生活里做采购决策时的第一直觉就是品牌。我们再来做一个小游戏，看我接下来所列举的品牌有什么共性：戴尔（Dell）、松下（Panasonic）、法拉利（Ferrari）、米其林（Michelin）、西门子（Siemens）、阿迪达斯（Adidas）、波音（Boeing）、李宁、京东。这些品牌都是世界著名品牌，大家工作和生活中也经常见到。

现在我来公布答案，这些品牌都是人名，大多都是创始人的姓名。是什么让这些创始人敢于用自己的名字为品牌做背书呢？你要知道，如果这些企业出了任何差错，顾客是可以跟着这个名字找到他们的家门口的。

以上两个例子，都充分证明了品牌效应。

一个有全面领导力的采购人，不仅要学会还要善于树立自己的个人品牌，像打造名牌产品一样打造自己的个人品牌，成为猎头市场上的"奢侈品"。

根据多年的职场经验，我总结出了"三化"准则，即能力显性化、知识结构化和个人品牌化。我用这三条原则指导我的下属，将其分享给我的学员，甚至用它教育我的孩子。三化融合，必将会提升你的职场竞争力和领导力。

第二节　能力显性化，让大家"看见"你

有人抱怨自己怀才不遇，经常挂在嘴边的是，"千里马常有，而伯乐不常有"。那如何碰到伯乐呢？隐居深山，期盼有高人途经你家，一眼看出你的骨骼惊奇，这种概率实在太小。真正的千里马一定是被伯乐先看见，再发展成为众人眼里的千里马的。一个人首先要提升外在表现力，才能成为一名优秀的领导者。

1. 什么是能力显性化

能力显性化的本质，就是要让别人知道并看见你的能力。我相信任

何一个岗位都有能力出众的人，但是，如果你只是默默耕耘，那么你锻炼的是内功。如果想成为有领导力的采购人，你需要内外兼修。外功往往是采购人的短板，采购人最缺的一种才华，就是展示自己才华的能力。中采商学给大家提供很多能力显性化的机会，但感觉大家非常不擅长抓住各种机会展示自己，总是说要"低调"。

能力显性化也需要技巧。并不是一定要有特别出众的能力才去将能力显性化，不必为自己的能力是不是第一名而担忧。相声演员经常拿自己开玩笑，我是相声界最会唱歌的，歌唱界最会做饭的，厨师界最会说相声的，这其实就是能力显性化。显性化是指让别人看见，而不是一定争当第一。

2. 为什么要能力显性化

当你的能力没被看见时，别人会觉得你没思考。即使你有思路，别人也会觉得你做不成。即使你成功了，别人也会认为你是碰巧的。领导不会重用你，同事不会拥戴你。

美国三角洲部队，是美国陆军特种部队的王牌部队，由于其作战环境严苛，人员挑选也极尽严格，经常被人称为"魔鬼部队"。三角洲部队成员是万里挑一，是尖刀部队的刀尖，在屡次的反恐作战中，完成了许多不可能完成的任务。按理说，在这样的选拔标准下，三角洲部队成员应该有足够的能力显性化了。但是，三角洲部队却流传着一条最重要的选人标准，那就是"the right guy"（选正确的人）。

精英部队中怎么还需要再挑选正确的人呢？每个人不都应该是十项全能的特战高手吗？他们普遍的素质确实高过其他部队，这是由他们的选拔机制决定的。但是，在真正执行任务时，不是身体最强壮的、脑子反应最快的或者有超高军事素质的所有队员，都适合到第一线去冲锋陷阵。

从三角洲部队成员的外貌就可窥见一斑，成员里高、矮、胖、瘦，光头的，络腮胡子的，各种肤色的，什么样的都有。如果让他们站在一起，你会误以为他们是一支杂牌雇佣军。因为三角洲部队从来都是在执行任务时，只挑选最符合实际要求的人，也就是最正确的人，而不是最优秀的人。

由此可见，即使你的能力已经出类拔萃，但是在集体中，你还是需要展示出不同的特色能力。否则，即使你在特种部队，任务也轮不到你，荣誉也不会属于你，更别提领导力了。

学会能力显性化，机会就会增多，让人觉得这件事情能做好，另一件事情肯定也能做好，小的事情能做好，大的事情估计也能做好。于是我们能做的事情就会越来越多，越来越大，越来越有影响力。

3. 如何做到能力显性化

比如，原材料价格上涨，供应商要求涨价，作为专业的采购，我们肯定要去和供应商谈价格，过程中我们付出了艰辛的努力，最后的结果是供应商没有涨价。那么，我们有没有付出努力？我们当然付出了努力。有没有取得工作成果？当然取得了成果。可这些成果如果我们不说，没有人知道。大家不要觉得，领导天然就知道我们在干什么，其实他很忙，不一定知道你付出了什么样的努力，获得了什么样的成果，你只有汇报出去，呈现出来，别人才知道。

如果你不承认这一点，那么我问你：你知道你的同事此刻在干什么吗？你知道你的领导在干什么吗？你知道你的下属在干什么吗？我相信你说不清楚，为什么？因为他们没有告诉你，你只是看到他们每天在忙碌，但是他们是如何解决问题的，取得了什么样的成果，你并不知道。

发现没有，这里也对应了我们协同领导力部分写到的："多问一句，了解别人的难题；多说一句，告知自己的难处。"同样地，只有当我们将自己所遇到的问题、解决的难题和自己的贡献清楚表达出时，别人才能看到你。

第三节　知识结构化，全在点子上

有的人，无论多么复杂的事，都能一句话讲清楚；有的人，无论多么简单的事，都能把你搞糊涂。概念化的技能是一个领导者必备的技能。

君不见那些大领导，说话都是一套一套的，思路清晰，表达有力。

作为一个采购人，你是不是也期待自己向别人展示自己专业的时候，也能够1234说清楚，给人家一种"思路清晰，表达有力"的感觉，句句都在点子上，一看就是个专业采购人。专业创造价值，专业也显示权威。

1. 什么是知识结构化

很多时候，我们总觉得有的人说话很容易让人听懂，有的人说话很啰唆，让人云里雾里摸不着头脑。真的是这些人没能力、没经验吗？生活经历告诉我们，未必，他们只是缺少结构化的能力。

不能够让所掌握的知识结构化，会让人觉得你没逻辑，即使你有逻辑，也会让人觉得你没思考，即使你想了很多，别人也会觉得你没能力，因为连话都讲不清，怎么能让人信任呢？

2. 为什么要知识结构化

一个有全方位领导力的采购，也必然是一个拥有丰富经验、有良好知识储备的采购。当然，满墙的采购培训证书和年度好采购的奖杯是一种展示的方式，那么是否还有另外的方式呢？

你想要去超市购物，有两家门脸一样的门店，当你走进第一家店时发现，这家店并没有明确的货柜陈列。苹果摆在了洗发水的边上，你想找根黄瓜，却发现黄瓜在冰箱边上，摆在拖鞋上一起卖。即使这几种产品都看着品质很好，估计你也没有买的欲望。第二家店，物品陈列井然有序，一进店就看到几个分区，比如生鲜区、零食区、生活用品区等。你觉得哪个超市更正规，更像一个专业的超市呢？其实这就是结构化的重要性，不过，在商业上这叫品类管理。

当你和一个很有经验的采购交谈时，他可能可以给你讲很多故事，但是无法系统地提供知识供你学习，无法帮助你举一反三，就像第一家超市。但是，如果你碰到一个采购专家，他和你讲故事的同时升华了其中的知识点，比如"信息流问题解决了，供应链问题就解决了一半"，是不是让你觉得他更有领导力气场呢？

作为一个专业采购，必须不断地学习，不断地总结，萃取自己的工作经验，形成自己的知识结构。

举一个我自己的例子。作为一名培训师、咨询师，我必须不断地总结，"把经验变成产品，让产品创造价值"，这是我从职业经理人变成一个采购培训师时，给自己的定位。我把自己20多年的采购工作经验，加上后来培训的心得体会，总结出了专业采购必备的四大核心能力，开发了4门课程，写了相应的4本书作为配套教材。

这4门课程，回答的就是采购每天必须面临的4个问题，可能是回答领导的，也可能是回答审计的，但首先要回答自己：

- 为什么选这家供应商？
- 为什么是这个价格？
- 如何控制合同风险和合规？
- 如何进行一场双赢的谈判？

你可以对照一下，这是不是我们每天要回答的问题？领导必问、审计必查。所以，作为一个专业采购，必须有能力回答这4个问题。我把这4个核心能力关键英文单词用一个字母表示，组成一个英文单词SCAN。SCAN翻译成中文是"扫描"的意思，你可以对照检查扫描一下，缺少哪种能力就补哪种能力。我自己觉得，这个结构化的总结非常好。

结构化的表达，特别容易让人理解，特别容易让人记住，当然不知不觉，你就提升了在大家心中的地位，就有了影响力，于是就有了领导力。当然，不仅我们自己的知识需要结构化，最重要的是，在汇报工作的时候也要结构化，比如年终总结、工作汇报，无论是口头的还是书面的。

工作中我接触很多人，看他们工作汇报，我很着急，看他们讲话，我更着急，重点不突出，没有结构化，大家听不懂、记不住。听完了之后，脑袋一团糨糊。所以，我们必须培养自己结构化的本领。

3. 如何做到知识结构化

我在这里推荐一本书，那就是麦肯锡一位咨询顾问写的《金字塔原理》。

如果你觉得读书很累，我这里教你个窍门，那就是不管什么时候，无论是写报告，还是讲话，你上来先说123，按照第一、第二、第三的顺序，把你要说的话、要改的内容分成三段。刚开始，可能这123的内容并没有什么逻辑，但是，由于你说了123，别人脑子里面就有一个结构。等练习一段时间以后，你再尝试着按照时间顺序、事情发生的先后顺序或者重要性的顺序进行。当然，也可以按照空间顺序，甚至可以上升到逻辑顺序。比如我们在分析一些质量问题，你就可以先描述问题，然后分析原因，再讲对策，这样问题、原因、对策，就分成了三段论结构。

再如，我们采购追求的QCD（质量、成本、交付）。你探讨任何问题的时候，都可以按照这个QCD结构去分析总结；或者，你说清楚是什么、为什么、怎么做。你看看，现在是不是心中结构清晰了些。

相信我，这一招儿特别有用，只要照着练习，用不了多长时间，你的自信心就会大增。

第四节　个人品牌化，有事就找你

什么是品牌？如果问你啤酒什么牌子好，你一定想到青岛啤酒。我认识很多外国朋友，他们不知道中国什么啤酒好喝，如果你要问他，他就说青岛啤酒，这就是它的品牌。如果提到手机，全世界的人都会想到苹果，这就是苹果的品牌。如果我说采购培训，你可能会想到宫老师。品牌就是大家想到某件事情的时候立刻就能想到你，它意味着知名度、美誉度和口碑。

个人品牌，就是你的口碑，就是你在一个群体中的地位。要想成为有领导力的人，就必须树立个人品牌。有口皆碑的人，你一定更相信他，他更容易影响你、说服你。一个人最大的资产，就是自己的口碑、自己的品牌。

1. 什么是个人品牌化

还记得本章第一节提到的世界名牌吗？他们都是从以创造人自己名字命名的小生意、小作坊开始，逐步成为世界名牌的，这就是个人品牌化。

我游历过30多个国家，最能体现国家特色的就是当地的美食。但是，每当我到一个陌生国家，需要快速选择食物时，立刻想到麦当劳。麦当劳和当地美食比起来肯定不够吸引人，但是麦当劳的标准化，为我在面临复杂且紧急的就餐选择时，提供了一个稳定的选项，这就是麦当劳的品牌。

作为采购人，一定要树立个人品牌，可以是谈判专家、成本专家、供应商管理专家、合同合规专家，也可以是供应链专家。

2. 为什么一定要个人品牌化

品牌是能力的体现，是别人快速识别你的工具。机会是属于那些大家信任的人的，这些信任就是来自他们的口碑，也就是他们的个人品牌。机会多了，干大事的机会就多了，那成功的概率不就高了吗？说得俗一点，就是让自己的名字更值钱。

买东西看品牌，加入公司看品牌，我们在公司同事、亲戚朋友中也要创建个人品牌。"打工皇帝"唐骏，是微软公司历史上唯一两次获得比尔·盖茨杰出奖这一最高荣誉的员工，他还获得微软公司的杰出管理奖，被微软公司定为未来微软公司的领袖之一。唐骏也获得了微软公司历史上唯一的微软中国"终身荣誉总裁"的称号。他能获得担任微软中国区总裁的机会，与他着力打造自己的个人品牌密不可分。

1994年，唐骏通过8轮面试进入微软，成为一名软件工程师。他发现，要在微软12 000名工程师中脱颖而出，就必须走差异化之路。通过自身的努力和个人品牌意识的加持，他逐步在微软内部创造了一个善于沟通、技术出众的中国人形象。当微软想要进入中国时，大家自然想到了他。

技术出众，我相信能加入微软的工程师都不会差；善于沟通，与美国人比，唐骏一定吃了不少语言的亏；中国人，硅谷最不缺的就是中国的软件工程师。但是，三者合一就是唐骏的品牌。

3. 如何树立个人品牌

如何树立个人品牌？第一要给自己贴标签，比如前面提到的成本专家、谈判专家；第二要推广个人品牌，利用好各种渠道、各种机会推广自己。例如：

人网：通过朋友圈推广自己，让亲戚朋友了解你。

地网：通过参加专业会议，比如"中国好采购"大会，让同行了解你。

天网：通过"宫迅伟采购频道"公众号发表文章，或者不断写文章发到互联网，让更多的人了解你。

知名度越高，机会就越多，影响力就越大。日积月累，有了个人品牌，榜样领导力自然就强了。

 小师妹插嘴

我也想个人品牌化。

 学霸掉书袋

请先管住你每天发的朋友圈。

思考题：

1. 列举能力显性化方面的改善点。
2. 制订个人品牌化提升行动计划。

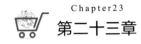

第二十三章

破解僵局

学习目标

1. 学会如何破解僵局。
2. 学会如何说"不"。

工作中一定会遇到这样的场景：对于某个问题，双方各持己见，僵持不下，互相之间谁也说服不了谁，一时陷入僵局，工作无法取得进展。长时间陷入僵局，会影响合作，如果发生在亲友之间，则会影响感情。

我相信，每个人都非常讨厌僵局，都非常希望快速打破僵局。如果全面妥协，不妥；如果一步不让，不对；如果找中间解决方案，各方坚持己见。此时，应该怎么办？有领导力的采购人，不会绕讨这个困难，而是主动出击，换个思路，寻找破解僵局的突破口。领导力就是解决难题，僵局出现的时候，就是需要有领导力的人站出来的时候。

第一节 遇到僵局，学会寻找突破口

与他人讨论问题，就是一场谈判，难免产生僵局。有领导力的人，从不回避困难，而是善于打破僵局。谈判理论对打破僵局有独特的见解，可以给我们很多启发。

罗杰·道森（Roger Dawson）是美国两任总统的首席谈判顾问，也是一名优秀的谈判导师和实业家。他把困局分成三种：僵局、困境和死胡同。

（1）僵局，是指谈判双方产生巨大分歧，而且已经影响到谈判进展。工作中我们会遇到同样情形，部门间分歧巨大，使用部门要求买个好的，采购部门想买个便宜的，双方坚持不下，怎么办？

（2）困境，是指谈判仍在进行，但是无法取得更多共识。使用部门推荐了一个供应商，并说，"这家供应商很优秀，价格你们采购谈"。采购觉得应该货比三家，"你们指定了，我无法谈价"。他们都声称为公司负责，请问：谁为结果负责？选择供应商到底该谁说了算？

（3）死胡同，是指谈判过程中产生巨大的分歧，以至于双方都感觉没有必要再谈下去。供应商坚持涨价，不涨价就不供货，采购方坚持降价，不降价就另选别人，双方一拍而散。

表面上看，三种情景差不多，其实从僵局、困境到死胡同，说的是困局的程度不同，先是"谈判有分歧"，后是"谈判无进展"，最后是"没必要再谈了"。它们有一个共有的策略，就是"搁置争议"，从其他地方寻找突破口，为最终解决问题积蓄能量。

我们要选择不同的应对措施，成为破局者。我们要快速建立威望，成为有领导力的采购人。

小师妹插嘴

领导力能用谈判解读吗？

学霸掉书袋

领导力就是说服别人。"说服"其实就是一个谈判的过程，谈判无处不在、无时不在。

第二节 不要单线程，要学会"传球"

初中物理课我们学过串联和并联。在工作中，流水线安装是典型的串联，而总经理审批工作就是并联的，工作不是单线程，要学会传球，要学会用串联和并联两种工作方式，提升领导力。

1. 学会并联工作

采购工作是串联还是并联？采购员A，如果供应商不报价，他就无法计算采购成本；采购员B，如果供应商不报价，他就通过成本分析倒推采购价格。换个思路，或许就可以打破僵局。

当工作转到采购手里时，压力也转到了采购身上，相当于在足球比赛中，队友将球传到了你脚下，你是选择一个人带球射门，还是将球传递出去，让队友完成进球？我们也可以想一想，前面讲到的4个S（逆向领导力、协同领导力、支持者领导力、供应商领导力），通过自己的哪些动作可以衔接其他4个S（加一个本章的自我领导力），并使得领导力影响相互叠加呢？

在这里，我首先建议你，卸掉背包，轻装前进。

2. 卸掉你的背包

假设我们正在徒步旅行，一路上会越过不同的地形，遇到不同的气候，有山地、有溪谷、有沙漠、有雨林，时而艳阳高照，时而倾盆大雨。你在收拾行李的时候，如何准备自己的背包？可能你的第一反应是把能带的都带上。没错，确实需要多准备一些装备，以备不时之需。

但是我们都知道，当你力求万全准备的时候，说明你针对每一种情况的准备都是不足的，或者是不精准的。为了防雨而带了雨伞，却将雨衣的位置让给了防沙头巾。如果全部的装备你都得背上，可能会拖累你的行程。

工作也一样，面对一项任务时，需要调动不同的工具，联系不同的人。但是，如果我们将每一项任务都装进自己的背包，慢慢地会把自己压垮。这个时候就需要把背包脱掉传给队友，这样才能背上新的背包继续新的任务。采购工作就是这样一个背脱背包的接力赛。很多人会担心，如果我的工作交接出去的时候有错误，岂不是丢人。这里必须说明，我们是人，不是神，任何人都会犯错。真正的领导力，是如何让整个组织和团体随着你动起来。

别怕把工作交接出去，只有交接出去了，工作才会真正运转起来。抓在自己手里，只会减少自己的领导力。大家不会感激你的任劳任怨，反而会责怪你不求助、不传球。再强调一次，脱掉你的背包交给别人，别总是把工作揽在自己手里。

3. 多加几个抄送

脱掉背包，听起来容易，做起来难。比如找不准交接的时间点，担心被其他同事说踢皮球、推卸责任。这里给大家分享一招儿，瞬间帮你脱掉背包，那就是多抄送给"有关的人"。从供应链管理角度，我把这种做法叫作"同步信息"。还记得前面说过的"信息流解决了，供应链问题就解决了一半"吗？我们邀请他人同上一艘船，大家都在一条船上，大家的目的地就在船票上写着，而你要做的就是提醒大家看船票。

工作不存在十全十美，没有一项工作是你可以真正独立完成的。采购工作，这边接受采购申请，那边靠供应商完成，一端连着需求，一端连着供给，我们要做的就是做好这个接口。每一项采购任务的开展，都一定与本书另外几个 S 互动，即使在采购部门内部也是如此，任何一项工作都需要同事配合你。

抄送不是结束，要多跟进几次，形成管理闭环。

第三节 学会说"不"，工作不纠结

任何工作都是解决问题，问题越棘手、越困难，说明你的重要性越高，也就意味着更高的职位和更多的薪水。如何增加解决问题的成功率？我给大家一个建议，就是学会说"不"。

你可能担心，这样会减少领导力吧？如果你有这种想法，说明还没有体会到说"不"的强大。你可以观察一下周围的领导，那些让你感觉有领导力的人，是不是都是敢于说"不"的人。敢于说"不"，不知不觉中就有了权威；敢于说"不"，不知不觉中就让别人敬畏。

当然说"不"，也不是随便说的，一定要有理由、要给出建议。如果你在说"不"的时候附有专业的建议，那别人一定会敬重你，愿意听你的。

1. 对使用部门说"不"，是"需求管理"

很多采购人，总觉得自己是服务部门，不敢说"不"。看到需求不合理，不敢说"不"；看到研发部门指定供应商，不敢说"不"；看到领导不了解情况瞎指挥，不敢说"不"。于是，工作越来越被动，越来越不能顺利开展，没有取得成绩，内部用户不满意，自己也很痛苦、很纠结，不知道该怎么办。

我的建议就是，大胆说"不"，工作不纠结。

使用部门不了解供应市场，不能准确描述物品规格，甚至说不清自己的需求，有时需求笼统，有时申请单上的交货期是"昨天"，这时，作为采购就可以大胆地说"不"，因为需求不清楚，交付就不清楚，买来的东西就可能与供方引发争议，也可能不是需求部门想要的。

此处我们给这种"说不"起个名字，叫作"需求管理"。我讲的一门线上课程"需求管理三部曲"，包括需求识别、需求描述、需求修订三部分，而且在"需求描述"部分提出6种建议，鼓励采购说"不"的同时，帮助需求部门澄清需求、准确描述需求、找到正确需求，做一个帮助需求部门解决问题的采购、增值的采购。

2. 对研发部门说"不"，是"早期参与"

研发部门觉得通过采购部门太麻烦，或者为了所谓的保密，喜欢自己去找供应商，甚至在设计产品的时候，就把供应商设计进去了，这就给采购工作带来很多被动，不仅价格难谈，甚至后期也很难更换供应商。

有的采购遇见这种事很生气，直接到老板那里去告状，认为研发人员直接联系供应商，这中间一定有猫腻。有的公司甚至在流程中直接写上，不允许研发部门直接联系供应商。当然，也有的公司研发部门倒过来到老板那里去告状，认为采购跟供应商一定有猫腻，不喜欢别人推荐供应商。于是，有的公司直接出台制度，不允许采购单独见供应商，会见供应商时必须多人在场。这不仅浪费了人力、物力，还产生了不信任感，这种不信任会带来更大的问题。

其实解决这个问题很简单，那就是采购"早期参与"。也就是说，在研发的前期采购部门就介入，了解研发的进度、研发的需求，提早开发供应商，准备好相应的原材料和零部件供研发部门选择。

"早期参与"是国外大公司成熟的做法，近几年国内也有很多公司这样做。有的公司还专门设立一个"采购代表"的岗位，在制度上保证采购的早期参与。

3. 对领导说"不"，是"提供建议"

领导是人，不是神。某些问题可能超出了他的知识面，可能他不了解情况，可能他做出的决定不合理。当你有这种感觉时，一定要勇敢地说"不"。

如果你只是简单地遵照执行，可能会达不到理想的效果，甚至是负面的效果，给工作带来损失。领导甚至还会反过来批评你，认为你没有尽到责任。

你可能会担心，如果说"不"，会让领导不开心，会觉得你对领导不尊重，其实不会。作为领导，他最重要的任务就是把工作做好，只要对工作有帮助、有价值，他一定会认真听你的观点、你的建议、你的方案。

所以你在说"不"的时候，同时附上你的建议、你的方案就十分完美了。当然，建议一定要精准，方案一定要能落地实操。

第四节　不要死心眼，要学会变通

工作遇到困局怎么办？罗杰·道森在《优势谈判》中将困局分为僵局、困境和死胡同，并针对这三种情形提出了不同的解决方案，我们可以借鉴。

1. 破解僵局，搁置争议

这里的僵局是指第一种情形，谈判双方产生巨大分歧，而且已经影响到谈判进展。工作中，双方人吵，可吵了半天事情毫无进展。于是有人认为，这下麻烦了，问题无解了，陷入死胡同。当对方提高音量，强调无法接受时，面对的是死胡同，还是一个普通的僵局呢？供应商说账期太长了，90天需要变成30天，如果不答应，他就停止供货。你觉得走进了死胡同。

对于谈判新手，这些听起来都像死胡同，对方严厉的措辞就像一堵墙，显得密不透风。可是我们想想，在现实生活中，如果碰到一堵墙，你会怎么做？是一根筋，想着怎么破墙而出，还是停下来，四处找找，是否有路可以绕过去？如果没路，后退两步，望望远方，大概率会找到一扇门或者一扇窗，哪怕只是一个栅栏的小缺口，都足以让你穿过去。工作也一样，要学会变通，从另外一个角度找答案。

有一种方法可以轻松破解僵局，那就是"搁置争议"。谈判是一个堆积势能的过程，就像多米诺骨牌，势能依次叠加，一个火柴盒可以推倒庞然大物。当工作中遇到僵局时，就可以采取这样的策略，先搁置有争议的"大问题"，转而解决另外一些"小问题"，从而为解决这个大问题提供足够的势能储备。千万不要死心眼，把问题聚焦在一个点上，非要在这个点上分出输赢。

很多人可能这样想，如果价格和账期这种"大问题"都无法达成一致，为什么还要浪费时间在那些无关紧要的"小问题"上呢？可具有领导力的采购人非常清楚，一旦双方在一些微不足道的小问题上达成共识，那么对方就会更容易被说服，从而破解僵局。

2. 遇到困境，要学会改变

困境是指在一个问题上反复拉扯，无法找到突破点，就像拔河比赛，双方势均力敌，都在用力，而标志物却丝毫未动。

这个时候，必须想尽一切办法注入新的动能。哪怕一个微小的改变，都可能打破困境。怎么办呢？

（1）调整小组成员。

谈判陷入困境，双方不停地说着"车轱辘话"，翻来覆去，都在重复同一个逻辑。此时，不妨调整一下谈判成员，即使立场没有丝毫改变，但不同人会说出不一样的话。

这种方法还有一个进阶方法，就是"红黑脸"谈判策略，在英文里叫"Good Cop，Bad Cop"，也就是好警察坏警察。根据当时情形，适时换掉黑脸，也就是惹怒对方的人。调整谈判成员，让对方感觉在让步，从而达到摆脱困境的作用。

（2）改变谈判时间。

换个时间，就会改变谈判氛围，人是很容易受氛围影响的。聪明的商家很会利用氛围来提高营业额，像快餐店里明亮的颜色和欢快的背景音乐，都能有效增加消费者的用餐时间，并且觉得食物很可口。谈判也一样，哪怕只是简单地调换一下座次，都能让胶着的气氛得到缓解。

也可以来个茶歇，暂停一下。此时大家不是谈判代表，回归到自然放松的状态，出门呼吸下新鲜空气，伸个懒腰，上个厕所。看似这些事与谈判无关，有经验的谈判专家会利用这个时间聊聊天气，谈谈爱好，问候一下对方的家人，这种场景能够与对方快速建立私人感情。甚至可以约定，下次再谈。

（3）改变谈判主题。

一场谈判可能有多个主题，有的大、有的小。大问题胶着，就谈小问题，就像电子地图，我们可以随时切换比例尺，放大或缩小。大问题通常是一些宏观问题，涉及谈判原则和框架性条款，小问题就是一些微观问题、具体操作的问题。我们要避开争议点，从一些不经意的角度来积攒谈判动力。

比如支付的方式，从承兑调整到现金，也可反之。调整财务问题，在任何谈判中都能起到巨大的推动作用。谈判陷入困境，往往就是双方不由自主地站在了对立面，这时可以通过讨论合作前景和风险，快速将大家拉回到统一战线，共同解决问题。选择能快速达成共识的细节问题作为让步筹码，比如商量好了交付流程，那么影响成交的原则问题就可能让步了。

3. 面对死胡同，引入第三方

在谈判中偶尔也会遇到死胡同，绝望的气息弥漫在会场，无论使用什么办法都无法达成新的共识，甚至连谈判的方向都迷茫了，身边的助理私下问你："咱们还有谈下去的必要吗？"

但是请注意，一个优秀的谈判专家手中永远有牌，有张牌就是引入第三方，作为来到谈判桌上的"鲶鱼"。通过"鲶鱼效应"，一潭死水就有了新的活力。第三方通常扮演一个"中立者"的身份，让双方都认可他是一个仲裁者。这个身份可以通过一个简单的方法来发挥作用，那就是让双方再次介绍一下情况。

不论我们是邀请第三方作为"中立方"，还是将自己当作这个第三方中立方，出现在一个谈判僵局上的时候，我们都要说："到底是什么情况，把现在的情况再说明一下好吗？"就是这样一个简单的陈述动作，有时就是打开死胡同的金钥匙。谈判双方都认为对方是对情况全部掌握的，而真实情况往往不是。对着第三方解释，说不定就会发现，之前的胶着是因为双方理解有误。

上述这些小技巧非常有用，大家可以试试看。当然最后不得不提，很多时候，当谈判陷入了僵局，也确实无法想到更好的解决办法时，不必过分执着，不必非要分出胜负，放弃也是高手的一种选择。

思考题：

1. 复盘一下，你有哪些失败案例？
2. 推演一下，下一次该怎么办？

Chapter 24
第二十四章

吐 故 纳 新

 学习目标

1. 学会如何提升"信息领导力"。
2. 学习如何增强对"变化"的感知力。

采购链接内外资源,是信息交互的枢纽。身处这样的地位,采购有一个得天独厚的领导力来源,不过很多采购没有意识到,也没把它开发出来,那就是信息领导力。

本章除了讨论采购具有的天然信息优势外,还将创新思维融入其中,将采购对信息的运用,升华为一个更高层次的创新能力。信息要吐故纳新,实时更新;信息要转化为价值,为创新输入动力。

第一节 四种创新:吐故纳新,助力创新

信息差,指的就是信息不对称,通常而言,信息越丰富的一方,优势越大。

在价格谈判中,我们经常讲"成本分析",就是为了打破信息不对称。我们与供应商之间的分歧就是成本信息的差异,我们所缺失的就是

对外部市场信息的实时掌握。

采购作为内外部信息的接口，理应掌握更多信息，具有天然的信息领导力。然而在实践中，很多采购不知道甚至忽视了信息领导力。

有些采购很少下车间去了解使用场景，对自己所购买的物品知之甚少，对供应市场缺少研究。如果是这样，信息领导力从何而来呢？掌握并及时更新信息，采购才能在供应链决策中增加话语权，展现领导力。

创新对采购真的重要吗？可能有人会说："采购有严格的流程，我怎么创新？""我不参与决策，提出的创新建议谁会采纳呢？"

在回答这些问题前，我们首先要理解什么是创新。

首先，创新不是发明创造。凭空创造或发明一个新的东西，对于采购这个职位来说是困难的，或者说是不必要的。采购无法因为使用部门的设计而去发明一种新的工具，来满足需求。创新是利用现有的知识和资源，以目的或需求为导向，进行新思路、新排列、新应用的行为。

听上去有点学术味儿，我还是给大家举一个例子。电话，可以称作"19世纪人类最伟大的发明"之一。手机，在某种程度上也不算是发明，而智能手机，则是标准的创新产物，也非发明创造。怎么理解？我们来看一下学术界对于创新的四种分类。

1. 渐进式创新

渐进式创新，是在现有业务和产品上进行微小的改进。这种创新风险较小，是占比最大的创新形式。例如，越来越薄的电视机，或者从单刀片变为多刀片的剃须刀。

2. 持续性创新

渐进式创新侧重于对产品和服务的微小改进，而持续性创新侧重于重大变化，通过创建新的功能和服务来保持市场领先。像智能手机，它不是在原有通话功能上进行增强，而是增加了相机等功能。这不仅抢占了相机的市场，也使得这类产品与其他没有相机功能的产品形成了创新性差异。

3. 突破式创新

突破式创新，也称为重组式创新，是借鉴其他领域的方法和技术，来突破现有领域的瓶颈。这种创新形式投入最小，但往往需要引进外部专家，打破原有思维。例如打车软件优步，就是将自由职业、地理定位与拼车服务进行结合，建立起了"灵活用工"的新形式。

4. 破坏性创新

破坏性创新，就是完全打破原有的商业模式和概念。哈佛商学院教授克莱顿·克里斯坦森率先提出这一观点。克里斯坦森发现，很多优秀公司最终失败的原因竟然是其引以为豪的最佳实践，比如倾听客户声音，或者聚焦投资于改善已发现的问题。这个时候应该思考，是不是要以新的产品和服务来满足需求。例如流媒体巨头奈飞（Netflix），就从原有的录像带租赁业务转型为流媒体播放平台。

采购要保持创新思维，对外部供应市场要有高度的敏感性。采购可以将发现的新材料、新技术、新工艺引入公司，也可以向公司介绍新的管理方式。有些采购偏向于保守，不愿采购没采购过的产品，不愿主动提出创新建议，甚至对新材料、新技术、新工艺后知后觉，这些都会让采购在创新领导力上处于落后位置。

第二节 做市场机会的发现者

我常说，信息流问题解决了，供应链问题就解决了一半。这里的信息流，不仅是订单的信息流动、物流的信息流动、资金的信息流动，还包括市场创新机会的信息流动。

采购连接内外部资源，是信息交互的枢纽，天然具有信息优势，因此应该成为企业创新信息的重要输入者。

1. 成为信息交互的枢纽

创新不是完全地凭空想象,而是需要信息刺激,其中一个重要的信息来源就是供应市场。对外部供应市场,采购不仅要感受到其价格起伏、供求变化,还要感受到创新的律动。

大脑可以指挥身体,是因为大脑通过数以亿计的神经元与各器官相连,从而让信息快速汇聚到大脑,让大脑做出精准的指令。交通枢纽都是经济最活跃的地方,人们聚集于此交换商品,便形成了市场。

这两个例子与采购有什么关系?

之前提到,采购是企业与供应市场信息交互的枢纽。对内,采购需要向公司提供供应市场的信息;对外,采购需要向供应商传达公司需求部门的诉求。你看,这不就是"地理位置"优越吗?

对供应商,采购应该成为了解公司内部信息最多、最新、最权威的那个人;对内部需求部门,采购应该成为掌握供应市场信息最多、最新、最权威的那个人。掌握这些信息,做好信息交互,不就具有信息领导力了吗?

2. 成为最新信息的拥有者

在一个公司里,采购应当是接触供应商最多的人,有正在合作的供应商,有潜在的供应商,甚至有未来也不可能合作的供应商。优秀的采购应该对所负责的供应市场非常熟悉,并保持对外部供应市场变化的敏感性,要了解技术进步的趋势,了解供应商之间的竞争关系,成为供应市场最新信息的权威拥有者。这在本书中多次提及,我在此梳理一下获取信息的渠道,以融会贯通。

(1)参加行业峰会。

行业峰会和论坛是快速获得行业前沿信息的地方。峰会上大咖云集,他们的观点能帮助你捕捉行业的最新动态和发展趋势。我参加工业4.0

论坛，就了解了智能制造；参加互联网大会，就了解了网络世界；参加采购大会，就了解了采购前沿理论，以及数字化转型的最新动态。这样，我就能在采购项目中抓住重点，与各种人平等对话。

（2）参访供应商。

供应商是最好的老师，供应商中有很多隐形冠军。每家供应商都在拼命创新、争夺市场，作为采购，我们要对供应商创新具有敏感性，这样就可以快速地发现新产品、新技术、新工艺、新方法，就可以快速地将它们引荐到公司来。

（3）参加展会。

展会是信息最集中的地方，我每次参加展会，都有耳目一新的感觉。我本以为自己信息灵通，可等到展会一看，总是惊奇地发现，在这个领域居然有那么多供应商，那么多新技术，那么多创新者。因为在展会上，大家都要把自己最好的一面展示出来，平时散落在各个角落里、看似不相关的人，都会跑到展会上亮一下相，都想蹭一下热点，都说跟它有关。

3. 成为供应市场的情报员

尽管采购是信息枢纽，天然具有信息优势，尽管采购可以有很多渠道了解最新信息，但是，如果我们不主动作为，不做一个有心人，那么就会错失良机。

在实践中，有些采购被动保守，不积极参加外部活动，总是等待供应商主动上门；不参与技术交流，成为技术的门外汉。要知道，没有信息优势，就没有信息领导力。

采购要成为供应市场的情报员，主动对接内外部创新信息，捕捉更多创新机会，成为创新信息的串联者。我们在给浙江某家电器公司咨询的项目中，就为这家公司专门设计了创新机制，让采购增强创新意识，主动作为。

在一支球队中，有一个球员，他能力出色且能串联比赛，能为球队的战术提供临场指挥和协动，这位球员就是球队的大脑。采购是否能成为供应链环节中，内外信息的串联者，掌握信息最多、最新、最权威那个人呢？

我觉得，采购可以的。走出去，发现新机会。

第三节　做新事物的体验者

我不得不说，自己老了，有点落伍了，这是我最近的感受，身边很多朋友也有相似感叹。这种感受从何而来呢？

前一阵子，家人突然提出想买一辆新能源车，这样可以节省日渐高涨的油费，也能省去拍卖车牌的烦恼。买新能源车，我是持观望态度的。我是从传统车企走出来的，对于新能源汽车，圈内人管它们叫"造车新势力"，"老势力"总觉得"新势力"还不成熟。

1. 面对时代，我们都是"老人"

我大学毕业进入中国一汽工作，中国一汽被称为"中国汽车工业的长子"，那时，在这样的公司工作，我引以为傲。20世纪90年代末，听说吉利要造车，我们都笑笑，因为大家认为那是不可能的，造车是资金密集、技术密集、人才密集型产业，在大家看来，吉利这三个都不密集，它如何能造出汽车呢？

现如今，吉利不仅造出了汽车，还成了国产汽车的头部企业。在当时，相较于传统汽车，吉利、比亚迪就是造车新势力，它们的创始人也不是汽车专家，所以非常不被传统车企的人看好。

如今，又出现了蔚来、小鹏、理想，这些公司的创始人也都不是汽车行业出身，很多传统汽车行业出身的领导、专家都认为它们也是不可能的，甚至曾经讽刺说，它们就是"PPT造车"○。再好的汽车还是要"造"出来的，这些造车新势力不懂汽车，如何能够生产高质量的汽车呢？

新势力也不要嘲笑老势力，面对飞速发展的时代，不知不觉，任何

○ PPT造车，就是一些一款车也没有，却把汽车新品发布会的PPT做得很好，把车吹得天花乱坠的汽车企业。

"新人"很快都变成"老人"。我们能做的、必须做的，就是要不断"吐故纳新"。

2. 别人告诉你的，可能是过去时

其实我本人对新事物还是充满好奇的，也愿意了解和尝试。我参加过很多论坛，与各种专家讨论过汽车行业的发展，也听到很多人对造车新势力的怀疑，我非常尊敬的一位汽车工业的前辈、一位传统汽车行业的卓越领导人，他就和我说，这些人根本不懂车，不要听他们瞎起哄。

可是这些造车新势力，不仅造出了车，还在市场上畅销了，而且深受年轻消费者的喜爱。对于我本人而言，我不想做个落伍者，不想被时代淘汰，我也在努力洞察前沿的趋势，捕捉行业的动态。但是，仔细想想，我是怎么捕捉的、怎么洞察的呢？大量的内容都是从他人嘴里"听说的"，这些"有身份"的人，很多都是"年长"的专家、"资深"的管理者，他们都带着过去的经验，用过去的眼光判断新事物，说出的其实都是担心，不是事实，这样不知不觉就有了偏差，戴上了有色眼镜。

比如，我就很担心新能源车电池的续航里程，很担心电池的使用寿命，很担心电池的安全，当然也非常好奇这些不懂汽车的人造出来的汽车长啥样。当然，我们的担心也不是多余的，这恰恰是造车新势力要解决的问题。但转念一想，社会不就是在解决一个又一个问题的过程中前进的吗？

面对未知，人们总是恐慌的；面对过去，人们总是熟悉的。不要说我老，其实每个人都一样，总是待在舒适圈里，浑然不知悄然发生的变化，因为已经习惯了，因而不知不觉就落伍了。

3. 亲身体验，才能成为弄潮儿

各行各业的新势力，它们是站在未来看现在，用未来的眼光决定今天我要造什么样的车。它们赋予了汽车新的内涵，是技术的颠覆者，未来的创造者。

在一次直播当中，我与《汽车商业评论》杂志的总编辑贾可博士，一起探讨了造车新势力。他说，我们现在看到的汽车，已经不是传统意义的汽车，应该叫新汽车，它的功能不仅是传统的代步工具，还包括了生活空间、办公空间，它仅仅是车联网中的一个节点，可以看作一部大号的手机，也就是移动的终端。

在家人的鼓动下，我专门去体验了一下特斯拉、理想、蔚来等造车新势力，一下子改变了我很多对造车新势力的"偏见"。我首先感受到的是非常舒适的内饰、多功能的仪表盘、智能化的座椅、自由操控的驾驶体验。试驾几圈，原有的担心似乎少了很多，车没有想的那么差，体验比想象的好很多，视觉上的感受甚至比传统汽车还要好。

对于新事物，我的感受就是：听别人讲百遍，也不如自己一次体验。摸过和没摸过，就是不一样。

如果采购岗位要发挥创新优势，那么第一步就是要走出去，多尝试新事物。很多采购守着历史采购清单，不敢做一丝一毫的创新尝试。谨慎的态度，对于采购是必要的，但是，墨守成规肯定会损害采购的领导力。

企业已经意识到数字化转型的重要性，但是，如果我们从未亲身使用过数字化产品，从未见过供应商的数字化服务，又如何从采购端为公司数字化转型提供动能呢？从某种程度上说，采购才是应该最早使用最新产品、最早接触最新技术的人。

我们要走出舒适区，挑战现状，接受新事物甚至引领新事物，有领导力的人，一定代表先进文化的前进方向。

第四节　做科技进步的洞察者

1892 年柯达公司诞生，2012 年柯达申请破产保护。从诞生到巅峰，柯达用了百年的时间，而从巅峰到谷底，它只用了不到 10 年的时间。是什么导致柯达这个庞然大物迅速倒塌的？

刚工作时，老师傅们教我的一些绝活儿，随着技术的进步，很多都淘汰了。进入21世纪，尤其是到了2012年后，我突然有一种壮士暮年的凄凉感。人类科技已经进入一个快速迭代期，采购人要更多关注技术进步的动态，否则一步跟不上，可能步步跟不上，甚至被时代淘汰。

柯达胶卷曾经是全球最有价值的四个品牌之一，在巅峰时拥有超过15万名员工，业务遍及全球150多个国家和地区。柯达的胶卷技术可谓炉火纯青，在这个领域无人能出其右，但是它却被淘汰了，淘汰它的都不是原来的"竞争者"，而是"后来者"。

我们可能认为是数码相机打败了柯达胶卷，因为数码相机不再需要胶卷。可要知道，柯达是数码相机的发明者。那么是谁打败柯达的呢？是柯达自己，由于集团不愿放弃挣钱的胶卷业务，所以没能率先占领数码相机市场，也就是说，柯达没有随着技术的进步而进步。再后来，智能手机像一个误入羊群的恶狼，将数码相机行业全盘打乱。

这样的故事，在最近10年不断上演，我相信未来会更多。

近两年在中国政府工作报告中反复出现一个新名词"科技进步贡献率"，它是指技术进步对经济增长的贡献。这里的技术不仅包括技术发展和科学知识，还包括管理方法的精益创新和劳动力素质的提高。注意，劳动力素质提高也是一项，真没想到，参加培训也是在为"科技进步"做贡献。"十三五"以来，创新已经成为引领发展的第一动力。2019年，我国的科技进步贡献率达59.5%；世界知识产权组织发布的《2020年全球创新指数》显示，中国排名第14位。美国、日本等发达国家的科技贡献率已经达到80%，成为科技创新国家。

那么，作为采购，除了听课，如何能更快速地走在时代前沿，成为新技术的弄潮儿呢？

高德纳咨询公司（Gartner）发布一个"技术成熟度曲线"（The Hype Cycle）模型，将新技术从诞生到成熟分为五个阶段。

第一阶段：科技诞生期

此刻，某项技术第一次出现在人们视线内，少量专家和学者开始推广它，媒体也开始有所报道。但此时，这项技术的缺点和瓶颈还没有表现出来，很多尝鲜者涌入，开始尝试将其产品化。

采购人一般会在高峰论坛或专业期刊上看到这些新技术。这时我们好奇的 DNA 开始发作，开始畅想这些技术未来的发展和可能对自己所在领域产生的影响。但是，作为采购，要持观望和谨慎的态度，不要做激进的采购决策，以免成了"韭菜"或"小白鼠"。

第二阶段：泡沫巅峰期

新技术已经站在聚光灯下，大量的报道使得这项技术的关注度迅速提升，各种公司如雨后春笋般涌现，ABCDEF 各轮融资登场，"独角兽"可能会在这时出现。

这时候，采购不可能没听过这项新技术，公司的领导和其他部门可能也都在打听，甚至已经有合作意向。这时我们要十分警惕，因为这项技术是未经市场验证的，在大多数情况下，可能并不适合立即购买。

第三阶段：泡沫破裂低谷期

巅峰过后，很快来到了低谷，开始暴露出各种问题，如无法量产、质量不稳、成本高昂等。这个时候大家纷纷逃离，甚至有人开始把这项新技术当作洪水猛兽。

采购这时候应该擦亮眼睛，对这项新技术保持持续关注，很有可能它马上突破瓶颈，也许此时是技术新时代的黎明。

第四阶段：稳步爬升期

新技术突破瓶颈，已经可以产品化了，经营模式开始稳定，市场上出现成熟的供应商。

此时，采购可以大胆试用，做新事物的体验者。可以有计划地在供应商梯队中加入新技术供应商，即使只是简单地试用。

小师妹插嘴

采购不是技术专家，怎么判断创新处于哪个阶段呢？

学霸掉书袋

在实际中，阶段都是模糊的，技术专家也不一定能准确判断。多参加一些论坛，多参加一些展会，多关注一些新闻，感觉自然就出来了。

第五阶段：规模效应期

这个阶段，新技术已经被市场接受，新产品开始迭代。如果你刚听说这项技术，那么你确实落伍了。这个时候是建立战略供应关系的绝佳良机。

如果采购在这五个阶段都持续关注新技术，培养自己的慧眼，从而领先别人半步，我相信，你已经是这个领域的专家了。这时候，采购就具备了十足的专家领导力，甚至可以直接建议公司进行这方面的创新了。

思考题：

1. 如何让自己成为"信息权威"？
2. 自己在创新方面可以做些什么？

第二十五章

身份陷阱

1. 正确认识采购的角色。
2. 正确理解采购人的能力。

"注意你的身份","身份认同"是一个人对自我以及所属群体共有意识的表现。简而言之,就是明白"我是谁"。这个问题西方讨论比较多,中文世界讨论较少。但在社会中,充满了"身份认同"带来的强烈意识和行为惯性,处理不好,还会带来情感冲击。人们习惯通过"身份"就主观判断一个人,形成"身份陷阱"。

我就遇到过一种尴尬的情况。几个人在一起谈论某人行为,其中一个人就评价说:"他们做采购的就那样!"当时我就想,采购是什么样?为什么给他这样一个印象?其实,做某个职业时间长了,都会养成"职业病",我们还真得注意。

第一节 身份认同:"我是谁",重要吗

当下社会,节奏很快,人们需要快速转换角色,以适应不同场景。

有些角色是天生的，如孩子、父母，有些角色是社会关系决定的，如大学校友、儿时发小。人在不同角色中，拥有不同的行为模式和思考方式，这就是身份认同。

我的一个朋友是三甲医院的主任医师，在医院里相当有威望。在生活中，他非常有童心，非常爱笑，家庭聚会时，他总能和孩子们打成一片，让我们感受到生活的美好。

直到有一天，我感觉身体有些不舒服，想去医院检查一下，我联系了他。电话接通后，我赶忙描述了症状。朋友说："好，我明白了。"随后便挂断了电话。

这是我第一次求助他，心里不由得紧张一下，口气怎么和平时不一样？难不成是我打扰了他？

一小时后，我收到一条信息："8月2日13:30，医院三楼A305室，找刘主任。"这条信息有点像命令。我想，应该是朋友帮我约好了，但这段毫无感情的文字，可不是他平时的风格。

我按照指令前往医院，过程一切顺利，在约定时间与刘主任见了面，做了一系列检查，好在问题不大，只是最近有些疲劳，注意作息就行了。

出于礼节，我起身前往朋友的办公室，准备和他寒暄两句，感谢一下。

来到朋友的办公室，我敲开门，向他打了一个招呼。由于临近下班时间，他正在电脑前，忙着为最后接诊的病人打印病历并开药。"有什么问题吗？"他冷不丁地问。我赶忙回答："刘主任说一切正常，注意休息就好。""行，你门口等我吧。"

朋友打断了我刚到嘴边的感谢之词。我赶紧退到门外，心里有点不是滋味，平时那么客气的朋友，今天怎么这么冰冷？

下班的时间到了，朋友已经换好便装，推门而出，满脸洋溢着笑容，仿佛又回到了原来的那个他。"走啊，晚上一起搓一顿，庆祝你身体无恙。"这人变脸真快，我心里想。那一刻，我有点怀疑人生了。

在饭桌上，我有意无意地提起最近的一些医患矛盾，想借着这些故事提醒一下他。他仿佛看穿了我的想法，哈哈大笑："我刚刚是不是太严肃，给你吓到了。这是我们的职业状态，你别放在心上，我们上班都这样。"

医生这种交流方式，主要目的有两个。

1. 无感情的表达，体现专业性

医学院新生的第一课，就是学习《希波克拉底誓言》和《医学生誓言》。我国医学生誓词的第一句是："健康所系，性命相托。"

这些宣誓，都是为了让医生把救死扶伤当作天职，任何人在医生面前都是病人，而非亲戚朋友。自然医生就给人一种专业、冷静的形象。

2. 简洁的语言，降低沟通成本

医生承担着非常大的社会属性，与患者沟通，需要面对复杂的社会情况。简洁的语言听起来像命令，却减少了很多不必要的沟通。

听完朋友的话，我恍然大悟，原来医生是这么想的，瞬间释然了。

不过，这也让我开始思考，采购人身上是否也有类似问题，让与采购打交道的人误解呢？我就曾经听到过，有人背后评价某人："她呀？做采购的，就那样。"我在想，采购人做了什么，给大家这样一个印象呢？

本章将着重探讨，如果我们仅从"采购身份"出发，可能会对供应商造成什么不良影响，以至于削弱采购领导力。

第二节 降本至上，找错了方向

采购是花钱的部门，大家提到采购，就是希望多多降本，似乎采购的身份就是降本。这说明很多人没有站在战略层面看采购，没有看到采购可以帮助公司创造其他价值，比如创新。

谈到这个问题，我总爱引用沃尔沃的例子。沃尔沃汽车一直主打安全性，如果我们是沃尔沃的采购，那么我们是更关注价格还是更关注质量呢？

香港富商李嘉诚，白手起家创建了长江实业，成为很多企业家的偶像。关于他，有很多传奇的故事，最让人津津乐道的一个小故事就是李嘉诚的手表。李嘉诚是千亿富商，也是名表百达翡丽亚洲最大的收藏家，动辄几十万上百万的手表，在李嘉诚的手表收藏中不胜枚举。但李嘉诚经常佩戴一块西铁城的手表，价值仅在几千元左右，这对于李嘉诚的身价来说，略显"寒酸"。李嘉诚为何钟情这块表？他的解读是，几千元的表可以带着它游泳、打高尔夫，不必小心翼翼地保护它，其他豪表却可能成为日常行动的累赘。可见李嘉诚是位非常讲究实用主义的富豪。

本章我们不讨论如何降本，而是思考，如果我们总是把降本作为头等大事，而不将供应商的诉求考虑其中，会带来哪些问题。

优秀的知识模型总是相通的，任何管理都不能违反人性，否则就会损害领导力。思考这个问题时，我们再次引用马斯洛的需求层次理论。

让我们看看如果站在供应商的角度，采购在意的降本问题，是否符合供应商的发展期待。

第一层次：生理需求

对于人来说，生理需求就是保持活着，如空气、水源、食物等。对于供应商来说，订单和现金流是企业存活的基本条件。

因为降低成本而导致供应商没有利润或者拿不到钱，就等于断了供应商的活路，自然别提一同发展了。

第二层次：安全需求

用淘汰来威胁供应商，肯定无法满足供应商的安全感。一个双方认可的准入、退出机制、一份正式的合同，就是供应商安全感的保障。

这就是为什么，我们在要求供应商提前开发模具或者提前备货时，经常受到阻力。虽然看似为自己降本了，但是增加了供应商的风险，供应商一定会从其他地方将利润找回来。一只饥饿且感觉不安全的羊，可能比一只狼更有攻击性。

第三层次：社交和归属需求

能不能和供应商培养感情呢？有人可能会担心合规问题，但是我在调研中发现，许多行业的头部企业甚至百年跨国企业，都有关系很近的供应商。

例如丰田，它就建立了自己的供应商组织——协丰会、荣丰会等，相当于丰田供应商协会。采购通过这些组织影响供应商，对供应商开展帮扶，供应商之间也可以相互交流，从而让供应商产生强烈的归属感。如果你只是砍价，和你合作总是赚不到钱，供应商又怎么会有归属感，和你绑定成为忠诚的伙伴呢？

第四层次：尊重需求

买卖双方是平等的，需要相互尊重。大家还记得我们采购合同中，开篇总有一句话："甲乙双方本着自愿、平等、协商一致的基础上达成此协议。"这是法律框架下对双方身份的约定，不能强卖，当然也不能强买。

只在法律层面尊重肯定不够。在降本过程中，我们同样应该积极倾听供应商声音，尊重他们的意见。很多供应商都是自己专业领域的佼佼者，对自己的产品有着特有的理解。通过它们的专业建议来优化我们的生产工艺或流程，这可能比直接降低采购价格带来更大的降本增效。有的公司就设有供应商日，专门倾听供应商的声音。

第五层次：自我实现需求

供应商也有自己的经营目标、发展战略和企业愿景，我相信大部分供应商是愿意伴随自己的客户一同成长的。

在竞争激烈的供应市场，人人都想有稳定的供应关系。那么，我们制订的一系列供应商帮扶计划，就是在打造一个可持续的、稳定共赢的供应关系。

企业的发展需要供需双方的相辅相成。采购端应时刻考虑供应商的五层次需求,它正好对应我在谈判课程中所讲的三字真言"求、最、怕"。你若能一句话道破供应商的心里所想,必然会增加采购领导力。

 小师妹插嘴
真没想到,马斯洛需求理论也可以用在供应商的管理上。

 学霸掉书袋
管理是相通的。另外,书中不是讲了嘛,做采购就是做人的工作。

第三节 低调被动,弱化了形象

很多公司把采购称为后端,很多采购人也把自己放在了公司二线的位置,这只是因为采购不直接接触客户。

如果把销售作为一线,那么公司其他部门确实都是二线。因为任何一个公司都要将自己的产品或服务销售出去才能盈利和存活。但是,对于采购人来说,每天与供应市场对接,与供应商的销售对接,这不就是在一线作战吗?

长期的二线地位、甲方角色、合规管理,让采购趋于被动保守,不愿意站出来挑战现状,表现自我。我发现,在各种活动上,主动递名片的多为销售;大小论坛上,主动表现自己的多为销售。销售总是在想办法让大家记住他,有事去找他,而采购则相反。我在想,采购总是这么低调,怎么能有影响力呢?怎么提升领导力?

1. 主动改变,才能突破

很多公司在销售端培养"狼性文化",我们接触的销售很多也都是斗志昂扬的。那么,与之对应的采购呢?

打个不恰当的比喻,销售和采购两军对战,一边摩拳擦掌、跃跃欲试,一边被动防守、坐等支援。请问哪边看起来更有士气,更能在公司获得各部门的支持呢?

采购作为甲方，被人评价为朝南坐的部门。因为供应商会主动上门推销产品，这让很多采购养成了被动处理的习惯，甚至有些采购负责的品类较多，每天电话被供应商和需求部门打爆，仿佛只能被动处理工作。再加之供应商有时采用各种销售手段，千方百计满足采购的需求，甚至是恭维采购本人。

需求是申请部门主动提的，解决方案是供应商主动给的，采购大多是被动地接收。长期的被动身份，让很多采购逐渐放大了自己的能力，增长了强烈的自尊心。导致采购不愿主动挑战，不敢主动挑战，也不能主动挑战。很多采购被动保守，害怕出头，害怕变化，畏惧难题，所有事情总是被动应对，处处处于被动局面。

前面讲过，管理是维持秩序，领导是引发变革。所谓维持秩序，就是按部就班、不越雷池、循规蹈矩、满足现状；引发变革，则是挑战现状、引领变化。只有变化，才能体现领导力。

改变，只需要采购心念的一个小转变；主动，也只需要采购的一个小动作。怎么做？那就主动走出去，改变自己。

2. 主动沟通，才能突破

本书中多次提到沟通的重要性，我们强调管理就是沟通、沟通、再沟通。作为有领导力的采购人，我们需要主动沟通，而非被动应答。不做那个被找、被逼、被要求的部门，而是做主动沟通、主动告知、主动改善的部门。

沟通能力并不是表达能力，不是一切都能解释清楚，而是要主动沟通，表达自己、接受他人，做到彼此之间信息同步、认识一致，沟通的目标是让别人听你的。沟通不仅是理解，更重要的是说服。这样的沟通，才能让采购具有领导力。

具体的行动在本书其他部分有详细介绍，建议大家反复阅读。

3. 挑战难题，才能突破

供应链管理追求组织之间高效协同，供需之间精准对接。这些管理问题，基本涉及公司的各个部门，绝对不是采购一个部门的事。在企业高度重视供应链问题的今天，采购应该主动发声，敢于表达自己在供应链问题上的立场。采购应该向公司传递在本章提到的诸多方法和场景中学习和领悟到的新知识、新方向。

领导力是解决难题，供应链管理中有那么多难题，每个难题都是提升领导力、展示领导力的好机会。

采购工作始于接收需求，终于满足需求。可很多时候，需求部门提出的需求并不合理，可能需求模糊，可能交期过短，林林总总。我在《全品类间接采购管理》一书中总结了间接采购的八大痛点，其中第一个痛点就是"需求管理难"。怎么办？

那就加强需求管理。供应链管理，一端是供应管理，另一端是需求管理，结果就是精准对接。可以看一下我讲过一门线上课程，名字就叫"加强需求管理，避免采购入坑"。

第四节　甲方思维，难时无人帮

采购通常是合同里的甲方，人们常说顾客就是上帝，很多销售也经常将"解决采购一切烦恼"作为自己的销售技巧。无论多强势的供应商，在面对采购时，多少都会保持较低的姿态，来博得采购人员的好感。

不知不觉，采购就真的把自己当"上帝"了，陷入了身份陷阱。时常可以看到这样的画面，一个刚毕业的年轻采购员对着有着一定资历的供应商老板，趾高气昂地提出"你必须满足我的要求"，大声地骂"这么简单的错误都会犯"。

常见的哪些甲方思维，会削弱采购领导力呢？

1. "我可以提任何要求"

其实，不切实际的要求害人害己。作为采购，确实应该严格要求供应商，但是职位权力有时会让采购产生一种幻觉，认为"我很能"，甚至将"逼供应商让步"作为个人能力的体现。

电影《甲方乙方》，对甲方和乙方的塑造尤为经典，因此它成为贺岁喜剧片的巅峰之作。

电影讲述了四个年轻人（乙方），以满足客户的一切梦想为宗旨，开办了"好梦一日游"业务，为自己的客户圆梦的故事。电影中的甲方都有强烈的身份反差，比如卖书的板儿爷想当会巴顿将军，过一把战场梦；"嘴快"的川菜厨师想过把"嘴严"的瘾，体验一回宁死不屈、守口如瓶的义士梦。

这些甲方的诉求南辕北辙，但是电影中的乙方，都帮甲方完美实现了。通过这些故事，讲述了一种关系，那就是乙方是帮助甲方实现愿望的。

电影可以让所有甲方都实现愿望，但现实生活中，许多甲方的愿望可能比电影更天马行空，前几年火遍全网的"五彩斑斓的黑"㊀，就是其中的典型。

这让我反思，在我的采购生涯中，因为自己常年处在甲方地位，不知不觉就有了甲方思维。当我成为咨询师后，突然从甲方转为乙方，这时才发现，站在甲方立场非常正常的逻辑，站在乙方不一定正确。

很多时候，采购的要求并不合理，也并不合适。如果我们平等对待供应商，供应商可能提出更为合适的建议，提供更"对的"产品，而不是"符合要求"的产品。

2. "供应商靠我活着"

"我是供应商的饭碗，供应商靠我活着。"其实没有供应商采购自己也活不下去。

甲方思维本是一个中立词，是建立在甲乙合同关系中一种合作共赢的思考模式。试想一下，如果一切都能自给自足，甲方还需乙方吗？这

㊀ 意思是嘲弄一些完全不懂设计的客户瞎指挥。

么看，反倒是甲方更需要乙方。

近年来，我常对"供应链"概念鼓与呼。我发现，很多人对于"链"的概念并不清晰。其实，一句话就能解释"链"，那就是我们从小就知道的：一根绳上的蚂蚱。

在疫情期间，大家感受尤为真实。上游企业想复工复产，但由于供应商无法开工，物流无法运输，甚至由于门口拉面店没开门导致员工没饭吃而无法复工复产。缺任何一个环节都不能复工复产，这就是链。

采购部门连接内外资源，必须具有"链"的意识。而强烈的甲方思维只考虑自己这个点，忽略了链上其他因素，这是发挥领导力的重要阻碍。

3. "我可以处罚供应商"

很多人习惯说对供应商进行罚款，其实在《中华人民共和国民法典》里，合同约定的通常都是违约金、定金，并没有罚金、罚款的说法，而且合同中出现罚金是无效的。罚金是《中华人民共和国刑法》规定的一种附加刑，是人民法院或行政机关的处罚方式，如交通违章罚款。

注意，对供应商没有处罚之说，尽管很多人这样说。只有违约和索赔，尽管我们很少用。虽然买方常处优势地位，但法理上是平等的。

其实，我们在说罚款、罚金的时候，已经角色错位了。我们是合同中的甲方，供应商是平等的乙方，遇事要平等协商。就像有的领导，总是居高临下、盛气凌人，这样只会削弱领导力。并且，总是处罚供应商，也会挫伤供应商积极性。

在我培训和咨询过的数千家企业中，大部分企业都建立了相对完善的供应商管理制度。但纵观这些管理制度的细则，尤其是在合同中，我发现，都提到了如何处罚供应商，几乎没有提如何奖励供应商。与供应商交往，不能只是惩罚，一定要有奖励，这样才能激发供应商的长期合作意愿，激发其创造力。

用淘汰代替管理，只会削弱采购领导力。

第五部分开篇曾有一个自测题：你是经常被人说服，还是经常说服别人?

这里再加一个问题:是采购更会说服别人,还是销售更会说服别人?

我的一位朋友,他先是做销售,后来升任总经理。他和我讲过一句话,对我触动很大。他说,做销售最大的感受就是习惯帮别人解决问题,时时想着为别人创造价值。而你们采购,总是等待别人创造价值,对别人提出要求。这提醒我自己,采购应该放弃甲方思维,摒弃成本至上的观念,摆脱身份陷阱,主动向销售学习说服力,继而提升领导力。

思考题:

1. 自己有哪些角色认知需要改善?
2. 列举其他岗位值得学习的地方。

后　　记

世界上有两种人最厉害：一种是把别人的钱装进自己的口袋里，另一种是把自己的想法装进别人的脑袋里。因此，销售和老师往往都具有强大的说服力和影响力。我们发现，人们称领袖为导师，很多企业家都是销售或老师出身，相信他们都具有强大的领导力。

如果你要问我，提升采购全方位领导力的第一步是什么？我推荐序言中这句话：读十本领导力的书，也不如按照本书做出一项改变。这句话不是我的原创，是我根据《逆向管理》一书的核心思想——"先行动再思考"改编的。

最后通报一下，导论中提到的王总成功地推动了"两个集中"，后来升了总经理，现在自主创业去了，听说很成功。

参考文献

[1] 库泽斯，波斯纳.领导力：如何在组织中成就卓越：第6版[M].徐中，沈小滨,译.北京：电子工业出版社，2018.

[2] 道森.优势谈判：一位王牌谈判大师的制胜秘诀[M].刘祥亚,译.重庆：重庆出版社，2008.

[3] 杰伊，格兰特.高难度沟通：没有解决不了的事，只有不会沟通的人[M].美同,译.北京：中国友谊出版公司，2018.

[4] 榎本英刚.企业教练：发挥员工潜能的管理艺术[M].崔柳,译.北京：机械工业出版社，2008.

[5] 赫雷比尼亚克.有效的执行：成功领导战略实施与变革[M].范海滨,译.北京：中国人民大学出版社，2006.

[6] 特雷热.逆向领导力[M].信任,译.北京：中国友谊出版公司，2018.

[7] 伊贝拉.逆向管理：先行动后思考[M].王臻,译.北京：北京联合出版公司，2016.

[8] 阿马比尔，克雷默.激发内驱力：以小小成功点燃工作激情与创造力[M].王华,译.北京：电子工业出版社，2016.

[9] 欧文.领导力陷阱[M].杨献军,译.北京：科学技术文献出版社，2019.

[10] 格罗斯.360度领导力：中层领导者全方位领导力提升技巧：钻石版[M].贡晓丰，孔婧倩,译.北京：电子工业出版社，2019.

[11] 西奥迪尼.影响力[M].闾佳,译.北京：北京联合出版公司，2021.

[12] 惠特默.高绩效教练：第4版[M].林菲，徐中,译.北京：机械工业出版社，2013.

[13] 兰西奥尼.克服团队协作的五种障碍[M].柳波,译.北京：电子工业出版社，2011.

[14] 樊登. 可复制的领导力 2：樊登的 7 堂管理课 [M]. 北京：中信出版集团，2022.

[15] 刘澜. 领导力：解决挑战性难题 [M]. 北京：北京大学出版社，2018.

[16] 宫迅伟. 如何专业做采购 [M]. 北京：机械工业出版社，2015.

[17] 宫迅伟，等. 供应商全生命周期管理 [M]. 北京：机械工业出版社，2019.

[18] 宫迅伟，等. 全面采购成本控制 [M]. 北京：机械工业出版社，2019.

[19] 宫迅伟，等. 采购全流程风险控制与合规 [M]. 北京：机械工业出版社，2019.

[20] 宫迅伟，等. 全情景采购谈判技巧 [M]. 北京：机械工业出版社，2020.

SCAN专业采购四大核心能力

书号	书名	定价	作者
978-7-111-51574-6	如何专业做采购	49.00	宫迅伟
978-7-111-58520-6	中国好采购	49.90	宫迅伟
978-7-111-61388-6	采购2025：数字化时代的采购管理	69.00	宫迅伟 等
978-7-111-64175-9	采购全流程风险控制与合规	69.00	宫迅伟 等
978-7-111-64176-6	全面采购成本控制	69.00	宫迅伟 等
978-7-111-64200-8	供应商全生命周期管理	69.00	宫迅伟 等
978-7-111-64267-1	中国好采购2	79.00	宫迅伟
978-7-111-65621-0	全情景采购谈判技巧	69.00	宫迅伟 等
978-7-111-65664-7	采购之道	89.00	宫迅伟 等
978-7-111-69564-6	中国好采购3	79.00	宫迅伟
978-7-111-70772-1	全品类间接采购管理	79.00	宫迅伟 等

如何专业做采购

书号	书名	作者	定价
978-7-111-49413-3	采购与供应链管理：一个实践者的角度（第2版）	刘宝红	59.00
978-7-111-48216-1	采购成本控制与供应商管理（第2版）	周云	59.00
978-7-111-51574-6	如何专业做采购	宫迅伟	49.00
978-7-111-54743-3	麦肯锡采购指南	【德】彼得·斯皮勒　尼古拉斯·赖内克　【美】德鲁·昂格曼　【西】亨里克·特谢拉	35.00
978-7-111-58520-6	中国好采购	宫迅伟 主编	49.00